_____ 님의 소중한 미래를 위해
이 책을 드립니다.

주린이도
술술 읽는
**친절한
금융책**

주식 초보자를 위한 최소한의 금융 공부

주린이도 술술 읽는 친절한 금융책

최정희 지음

메이트북스

메이트북스 우리는 책이 독자를 위한 것임을 잊지 않는다.
우리는 독자의 꿈을 사랑하고,
그 꿈이 실현될 수 있는 도구를 세상에 내놓는다.

주린이도 술술 읽는 친절한 금융책

초판 1쇄 발행 2025년 7월 1일 | **초판 2쇄 발행** 2025년 8월 14일 | **지은이** 최정희
펴낸곳 (주)원앤원콘텐츠그룹 | **펴낸이** 강현규·정영훈
등록번호 제301-2006-001호 | **등록일자** 2013년 5월 24일
주소 04607 서울시 중구 다산로 139 랜더스빌딩 5층 | **전화** (02)2234-7117
팩스 (02)2234-1086 | **홈페이지** matebooks.co.kr | **이메일** khg0109@hanmail.net
값 19,000원 | **ISBN** 979-11-6002-950-5 03320

잘못 만들어진 책은 구입하신 서점에서 교환해 드립니다.
이 책을 무단 복사·복제·전재하는 것은 저작권법에 저촉됩니다.

금융 시장은 과거와 현재 그리고 미래의 가치를 반영한다.

• 벤저민 그레이엄(미국의 경제학자, 투자가) •

지은이의 말

좀더 일찍 금융 공부를 했더라면…

제2차 베이비부머(1964~1974년생) 세대들의 은퇴를 다룬 한 다큐멘터리를 본 적이 있습니다. 이들의 가장 큰 고민은 매달 꼬박꼬박 나오던 월급이 어느 한순간 끊기면서 '소득 공백'이 생기는 것이었습니다. 국민연금을 받기까지 몇 년 더 있어야 하고, 앞으로 뭐하면서 100세 시대를 살아갈까에 대한 고민이었습니다.

그러다 술자리에 앉아 있던 한 사람이 말합니다. "금융 공부를 좀더 일찍 해놓을걸"이라고 말입니다. 퇴직금을 한꺼번에 받게 되었는데 갑자기 생긴 이 목돈을 안정적이면서도 수익이 잘 나게끔 어떻게 굴려야 할지 모르겠다고 말합니다.

은퇴한 상황에서 퇴직금을 앞에 두고 금융 공부를 논한다는 것이 씁쓸했습니다. 먹고사느라 바빴기 때문에 주변을 둘러볼 여유조차 없는 상황에서 금융 공부까지 하는 것은 어쩌면 사치였을지도 모릅니다. 하지만 좀더 젊었을 때 금융 공부를 했더라면 세상을 바라보는 눈이 달라졌을 것입니다. '지금 알고 있는 걸 그때도 알았더라면'이라고 후회하지 않을 수도 있습니다.

"집값이, 주식이, 비트코인이 왜 이래" 했던 시절이 있었습니다. 바로 2020년 코로나19 팬데믹 때였습니다. 전 세계 금융시장이 초저금리의 유동성을 누리며 급등세를 보였기 때문입니다. 그러면서 부작용도 커졌습니다. 어설프게 알고 금융시장에 덤비던 사람들의 자산이 '바사삭' 하고 부서지기도 했으니까요. 넘치는 유동성으로 인해 자산 가격이 오르는데, 왜 오르는지는 관심 없고 무조건 오르는 주식과 폭등하는 비트코인에 돈을 넣기 바빴을 수도 있습니다.

지금부터라도 제대로 된 '금융 공부'를 할 필요가 있습니다. 세상이 움직이는 대로 휩쓸리지 않기 위해서는 경제, 금융시장이 어떤 메커니즘으로 돌아가고 어떤 키워드에 의해 움직이는지를 파악할 수 있어야 합니다.

물론 금융 공부가 처음부터 쉽지는 않을 것입니다. 떨어지는 주식이 있다면 계속 떨어질 것 같고, 올라가는 주식이 있으면 계속해서 끝도 없이 오를 것처럼 느껴질 테니까요.

그래서 금융시장에선 '왜'라는 질문을 많이 해봐야 합니다. 왜 하락할까, 왜 오를까에 대한 궁금증부터 시작할 필요가 있습니다. 그러다 보면 내가 가진 주식이 오를 때보다 하락할 때 더 감사하게 될지도 모릅니다. 내가 찜한 주식이 하락했다는 것은 내가 선택한 좋은 주식을 더 많이 살 기회가 생긴 것이니까요.

이재명 더불어민주당 후보가 제21대 대통령이 되고 나서 주식, 부동산 할 것 없이 자산 가격의 오름세가 커졌습니다. 2025년 경제성장률이 0%대로 예측되는 상황에서 자산 가격만 올라 상대적 박탈감이 커지고 있습니다. 그동안 누적되었던 유동성이 새 정권에 대한 '희망'을 먹고 자산 가격을 키우고 있는지도 모르겠습니다.

2024년 말 가계 및 비영리단체의 단기부동자금은 1,958조 원 규모 2천조 원에 달합니다. 1년 전보다 136조 원으로 7.5% 증가했습니다. 만기 1년 이하 저축성 예금, 단기채권 등은 마땅히 투자할 곳을 찾지 못한 자금으로 어디든 이동해 자산 가격을 자극할 수 있습니다. 기준금리가 연말까지 더 떨어질 것이므로 단기부동자금은 더 늘어날 것입니다.

2024년 코스피 지수는 10% 가까이 하락해 주요 지수 중 최악의 성적을 거두었던 만큼 올해는 '저가 매수' 등의 유입세도 예상됩니다. 2020년 코로나19 팬데믹 당시 금리 인하와 유동성 장세의 무서움을 경험했던 우리의 자금은 어디로 향하게 될까요?

이 책은 거시경제와 금융시장 전반을 다루고 있습니다. 어떤 관점에서 거시경제와 금융시장을 바라봐야 할지를 제시하고자 노력했습니다. 이를 바탕으로 각자가 금융시장을 바라보는 시야를 키우길 바랍니다. 그래야 금융시장이 폭락할 때 겁먹지 않고 담대할 수 있으며, 급등할 때 경거망동하지 않을 수 있습니다. 이 책이 많은 사람에게 어렵고 복잡하게만 느껴졌던 경제와 금융시장을 좀더 친근하게 느끼는 데 조금이나마 보탬이 되었으면 좋겠습니다.

하루하루 부딪히는 일상이 때로는 버겁지만, 모르고 서툰 것들이 여전히 많기에 아주 가끔은 설렙니다. '금융 공부'도 그렇게 시작하기를 바랍니다.

최정희

차례

지은이의 말 _ 좀더 일찍 금융 공부를 했더라면… 6

PART 1 경제의 흐름을 알아야 금융도 보인다

경제가 성장하고 있는지 도대체 어떻게 알 수 있나? 17
수출로 먹고사는 한국! 반도체와 중국을 보라 25
정부는 경제를 살리기 위해 돈을 찍을까, 빚을 낼까? 32
고물가의 역습, 경제의 복병 39
저출생과 고령화는 왜 걱정거리인가? 46
"세계화로 행복해졌나요?" 전 세계의 트럼프화 55
One Point Lesson 우리나라는 선진국인가, 아니면 신흥국인가? 62

PART 2 미국을 모르고는 금융시장 근처에도 못 간다

매월 첫째 주 금요일, 시장은 떨고 있다	69
매월 셋째 주에도 시장은 심란해진다	76
미국 제조업·서비스업 PMI를 중요하게 여기는 이유	83
무시무시한 연준의 힘, 새벽에도 잠을 못 잔다	89
금융위기 때도 돈 풀었는데 그땐 왜 고물가가 아니었나?	98
AI를 주도하는 미국, 마치 신흥국처럼 성장한다	104
SVB 사태로 살펴본 은행의 적나라한 실체	111
One Point Lesson 달러 스마일 vs. 흔들리는 달러 위상	118

PART 3 돈을 움직이는 마법지팡이, 금리의 엄청난 힘

'금리'를 알면 금융시장의 절반을 아는 것	125
금리란 놈이 그렇게 무서운 줄 몰랐다	133
기준금리를 올렸는데 시장금리가 왜 떨어져?	139
금리는 '경기'도 예측한다, 장단기 금리의 신호	147
달러 유동성이 어떤지도 '금리'로 알 수 있다	153
투자할 곳 없는 남아도는 돈, 어디로 가는 걸까?	160
One Point Lesson 금융시장 경보음인 'CDS프리미엄'	166

PART 4 더 크고 더 길게 보려면 '환율'을 봐야 한다

흔들리는 편안함, 환율은 아무도 모른다	173
우리나라로 돈이 들어오나, 나가고 있나?	180
외환 당국을 빼놓고 외환시장을 논하지 말자	189
복잡하고 어렵다면 그냥 '달러' 하나만 봐라	197
미국보다 금리가 낮으면 환율이 오른다고?	201
원화가 저평가되었다고? 그걸 어떻게 알아?	206
환율 전쟁과 역환율 전쟁, 왜 일어나는 걸까?	212
One Point Lesson 외환시장과 외화자금 시장이 다르다고?	219

PART 5 주식과 채권이 친구처럼 보였다면 그건 착각!

주식이 웃으면 반대로 채권은 운다	225
주식시장 '키워드'만 잘 읽어도 반은 먹고 들어간다	231
주식 투자를 하려면 필수 용어 이해는 필수!	237
돈을 잘 벌면서 주가는 싼 종목을 찾기	245
기업 재무제표, 어렵지만 이것만 체크하자	249
채권금리와 가격은 반대로 움직인다	255
주식회사 대한민국에 '국채'로 투자하기	260
One Point Lesson 물가연동국채와 BEI	265

PART 6 원자재와 가상자산, 너네는 왜 오르고 내리니?

왜 이렇게 금값이 올라? 안전자산 '금'의 미스터리	271
제조업이 살아나려나? '구리' 값을 보라	276
우리나라 물가가 오르려나? '유가'를 보라	281
극심한 기후변화가 인플레이션을 부추긴다	286
세계 10대 자산인 비트코인, 어떻게 볼 것인가?	290
One Point Lesson 원자재 최대 생산·소비국인 중국을 보라	295

PART 7 국민연금만 알면 퇴직한 후에 '쪽박' 찬다

퇴직 후 나를 지켜줄 든든한 '3대 연금'	301
낮은 퇴직연금 수익률, 어떻게 극복하나?	306
연말정산 때 돈 토해 낸다면 '연금저축'이나 'IRP'	313
퇴직연금은 세금도 다르게 매긴다	317
One Point Lesson 정부가 키우는 ISA계좌 활용하기	322

'경제'라는 말만 들어도 그냥 어렵다는 사람들이 많다. 그러나 한 발 떨어져 곰곰이 생각해보면 경제가 그리 어려운 게 아니다. 경제학으로 석사, 박사까지 딴 경제학자보다 남대문 시장 사장님, 수출업체나 수입업체 사장님이 우리나라 경제가 좋은지 나쁜지를 더 잘 안다. 물가가 비싼지 안 비싼지는 매일 장을 보는 주부가 제일 잘 알 것이다. 생생하게 살아 돌아가는 '경제'는 우리 삶에 이미 녹아들어 있다. 관심 한 방울만 톡 하고 떨어트려준다면 세상을 보는 눈이 달라질 것이다.

PART 1

경제의 흐름을 알아야 금융도 보인다

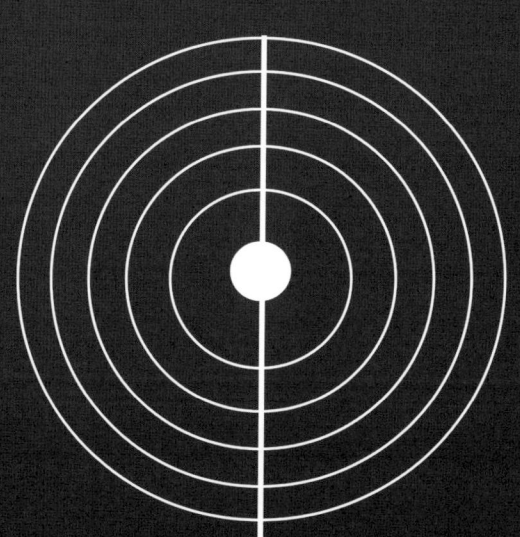

경제가 성장하고 있는지
도대체 어떻게 알 수 있나?

우리나라 경제가 좋았던 적이 정말 있긴 했어?
경제 성장률이 높아졌다는 뉴스, 나는 안 믿어!
내 지갑은 항상 텅텅 비어 있는데 무슨 성장?

"경제가 어떤가요?"라고 누구한테든 물어봐라. 아마 경제가 좋다고 말하는 사람은 찾기 어려울 것이다. 외환위기나 글로벌 금융위기가 터져서가 아니다. 체감 경기가 좋았던 적은 별로 없다.

그런데 많은 사람이 느끼지 못하겠지만 경제는 꾸역꾸역 성장해 왔다. 비가 오면 우산 가게는 장사가 잘되어 살맛 난다고 하고, 부채 가게는 경기가 나쁘다고 한다. [우산도 팔고 부채도 팔면 되지, 뭘 고민하는 거냐고 할 수도 있겠다.] 우리나라 경제가 좋은지 나쁜지를 조사하는 정부 입장이라고 하면, 누구 말을 들어야 할까? 각자 자기 나름의 사정에 따른 것이니 누가 틀렸다고 말하기 어렵다. 우리 경제 전체의 모습을 알려면 어느 한쪽에도 치우치지 않는 기준점이 필요하다. 그것이 바로 국내총생산(GDP)이다.

　GDP는 한 나라의 가계·기업·정부 등 모든 경제 주체가 일정기간 동안 생산한 재화, 서비스의 부가가치를 시장가격으로 합산한 것이다. GDP를 기준으로 그 나라가 성장하고 있는지, 경제 규모가 쪼그라들고 있는지를 평가한다. 그중에서도 '실질 GDP 증가율=실질 경제 성장률'을 기준으로 경제가 잘 돌아가고 있는지를 판단한다.

　실질 경제 성장률은 가격변수를 고려하지 않은 성장률을 말한다. 햄버거가 작년에 9천 원 기준으로 100개 팔렸는데, 올해 1만 원으로 올랐음에도 100개 팔았다고 생각해보자. 1년간 생산된 햄버거 가격의 합을 우리나라 GDP라고 가정할 때, 명목 GDP는 작년 90만 원에서 올해 100만 원으로 약 11% 증가했다. 그런데 실질 GDP는 특정 시점의 시장가치를 고정해 계산한다. 즉 햄버거 가격이 올해도 9천 원이라고 보고 실질적으로 생산된 햄버거의 양을 측정한다. 그렇게 되면 실질 GDP 증가율은 '작년 햄버거 100개, 올해 100개'로 변화가 없어 0%가 된다.

GDP, 100점 만점에 몇 점?

　실질 경제 성장률은 무조건 높을수록 좋은 것인가? 1960~1970년대 우리나라는 10% 안팎의 경제 성장률을 보였다. 2020년 팬데믹 때는 실질 성장률이 마이너스(-) 0.7%를 기록하다가 2021년

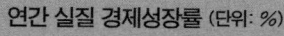

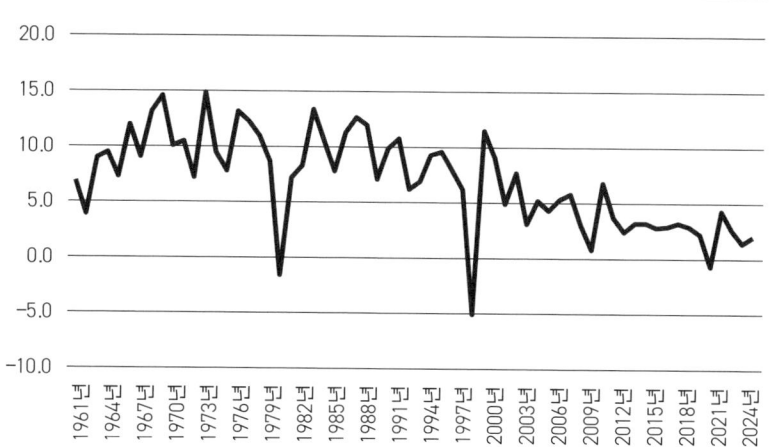

출처: 한국은행

4.3%, 2022년 2.6%, 2023년 1.4%, 2024년 2.0%를 보였다. 그러다 이창용 한국은행 총재는 2025년 경제 성장률을 1.5%(2025년 5월 기준 0.8%로 하향 조정)로 제시하면서 "이게 우리 실력"이라고 했다. 1960~1970년대보다 성장률이 대폭 줄었지만 누적된 성장 덕에 객관적으로 과거보다 더 잘살게 된 것이 사실이다.

1960~1970년대와 오늘날 경제 성장률 성적표의 만점 기준이 달라졌다. 이를 '잠재성장률'이라고 한다. 잠재성장률은 한 나라가 갖고 있는 노동, 자본 등 생산요소를 최대한으로 투입했을 때 인플레이션 없이 달성할 수 있는 최대 성장률을 말한다. 실질 경제 성장률이 이보다 높다면 경제가 잘 굴러가고 있다고 말할 수 있다. 이때 등장하는 개념이 'GDP갭'이다.

GDP갭은 잠재 GDP와 실질 GDP의 차이를 말한다. GDP갭이 플러스이면 GDP가 최대 달성할 수 있는 잠재 수준을 넘었다는 의미이고, 마이너스이면 경제 성장세가 잠재 수준에 미치지 못했다는 것을 의미한다.

잠재성장률이 2%이고 어느 해 경제가 1.8% 성장했다고 해서, GDP갭이 마이너스라고 보지는 않는다. GDP갭은 추세적인 성장세를 기준으로 평가하기 때문이다. 그러나 잠재성장률은 어느 기관이 어떤 방식으로 추정하느냐에 따라 그 숫자가 조금씩 달라서 GDP갭 추정치도 제각각이다.

대통령이 경제 성장률에 흥분하는 이유

2024년 4월, 한국은행은 1분기(1~3월) 실질 경제 성장률이 전기비 1.3%를 기록했다고 발표했다. 한은, 정부 그리고 주요 전망기관에서는 전기비가 0.5~0.6% 성장할 것이라고 내다봤으나 그 예상이 완전히 뒤바뀌면서 '서프라이즈' 실적을 냈다.

당시 기획재정부에선 이례적으로 브리핑까지 하며 "1분기 성장률은 우리 경제의 성장 경로에 '선명한 청신호'다"라며 내수와 수출이 고루 성장한 "교과서적 성장으로의 복귀"라고 자평했다. 당시 윤석열 대통령은 그다음 달 9일 '취임 2주년 기자회견'에서 "세계 3대 신용평가기관 중 하나인 스탠더드앤드푸어스(S&P)가 2026년 1인당

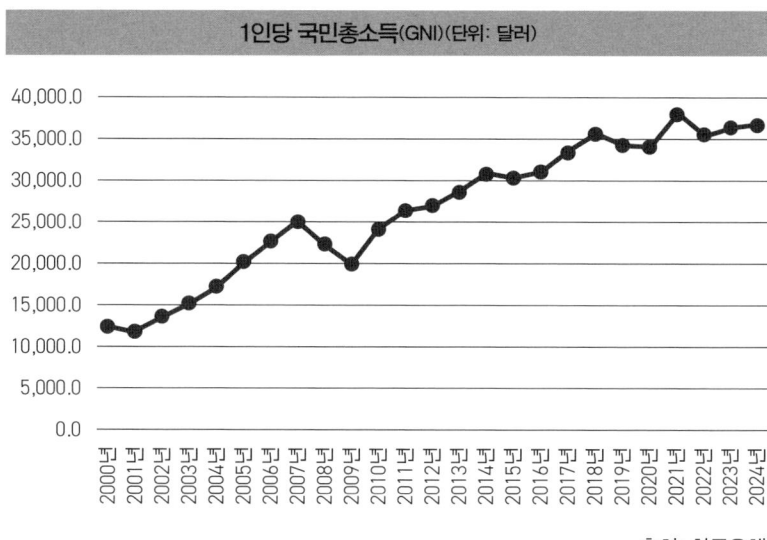

출처: 한국은행

GDP가 4만 달러를 넘을 것으로 전망했다"라며 "민간 주도 경제 성장 추세가 이어지면 국민소득 5만 달러도 꿈이 아니다"라고 밝히기도 했다.

한국의 역대 대통령들은 '국민소득 1인당 몇 만 달러' 달성에 집착해왔다. 이명박 정부 시절에는 '747' 공약으로 연평균 7% 성장, 국민소득 4만 달러 달성, 선진 7개국 진입을 내세웠고, 박근혜 정부 때는 '474' 공약으로 잠재성장률 4%대, 고용률 70%대, 국민소득 4만 달러를 공약으로 제시했다. 그만큼 경제 성장률이라는 숫자가 주는 메시지는 정권을 좌우할 정도로 영향력이 크다.

1인당 국민소득을 달러화 기준으로 다른 나라들과 비교한 지표는 '해당 정권이 경제를 잘 성장시켰냐, 그 결과 국민의 소득이 늘어났느냐'로 연결된다. 2023년 1인당 국민소득은 3만 6,194달러로 2022년(3만 5,229달러)보다 2.7% 증가했지만 10년째 3만 달러에서 벗어나지 못하고 있다. 2007년부터 '국민소득 4만 달러'를 부르짖었으나 결과적으로 7년 뒤에야 3만 달러 진입이 가능했으니 얼마나 허황한 공약이었는지 알 수 있다. [한국은행은 2024년 6월 '2020년 기준년 1차 개편안'을 발표했다. 국민 경제의 구조 변화 등에 대응해 국내총생산, 국민총소득 등 국민계정 통계의 현실 반영 수준을 높이기 위해 5년마다 기준년을 개편하고 있다. 그 결과 국민소득 3만 달러 달성 시점이 2017년에서 2014년으로 앞당겨졌다.]

경제는 왜 성장해야 하나?

'성장하고 있는가'는 중요하다. '경제는 심리'이기 때문에 경제가 성장하고 있고 그럴 것이라고 믿는다면 경제는 훨씬 더 잘 돌아갈 것이다. 그런데 왜 성장해야 하는가? 결국엔 국민의 행복과 연결된다. 이 모든 일들은 국민이 행복하기 위해서다.

경제가 성장을 통해 국민의 행복으로 이어지기 위해선 무엇보다도 '고용'이 중요하다. 고용 없는 성장은 오히려 사회적 갈등을 일으킬 수 있다.

통계청에선 매달 '고용동향'을 통해 고용 지표를 발표한다. 경제활동참가율, 고용률, 실업률이 어떠한지를 비롯해 연령별·성별에 따른 통계를 낸다. 박근혜 정부 당시 목표로 제시했던 '고용률 70%'는 아직도 꿈의 숫자다. 2024년 5월과 6월에 달성한 63.5%가 역대 최고 수치다. 그러나 이제는 '고용률 70%'에 집착하지 않는다. 고용률 자체보다는 누가, 어떤 분야에서 가장 많이 고용되고 있는지가 더 중요하다.

팬데믹 이후엔 여성과 고령층에서 가장 많이 취업자 수가 증가했다. 통계청에 따르면 여성 취업자 수는 2024년 1,265만 2천 명으로, 팬데믹 이전인 2019년 말(1,166만 명) 대비 99만 2천 명(8.5%) 증가했다. 반면 남성 취업자 수는 이 기간 1,546만 3천 명에서 1,592만 4천 명으로, 46만 1천 명(3.0%) 증가했다. 여성 취업자 수 증가 폭이 남성보다 2배 이상 많아진 것이다.

이는 연령별로 보면 더 뚜렷해진다. 20대(20~29세), 30대(30~39세), 40대(40~49세) 취업자 수는 2024년 각각 361만 2천 명, 544만 7천 명, 617만 9천 명으로 3.6%(13만 5천 명), 1.5%(8만 2천 명), 5.0%(32만 5천 명) 감소했다. 가장 일자리 최전선에 있어야 할 20~40대 취업자 수가 줄어들었다. 반면 50대(50~59세) 취업자 수는 4.1%(26만 1천 명) 증가했다. 60대 이상 취업자 수는 무려 38.0%(178만 8천 명) 급증했다. 팬데믹을 거치면서 고령 친화적이고 여성 친화적인 일자리의 공급과 수요가 증가했다는 얘기다.

돈벌이를 목적으로 일주일에 한 시간 이상 일을 했다면 취업자로 보기 때문에 이들의 노동시간이 짧더라도 엄연히 '취업자'로 분류된다. 실제로 주당 36시간 미만 일하는 근로자 수는 881만 명으로 무려 63.1%(340만 8천 명) 증가했지만 36시간 이상 근로자 수는 1,931만 9천 명으로 9.4%(199만 5천 명) 감소했다. 단기 근로를 하는 취업자가 늘어난 만큼 고용률은 높아졌을지 몰라도 벌어들인 수익은 고용률에 비해 크지 않을 수 있다.

여성, 고령층은 대부분 보건업 및 사회복지 서비스업 등에 취업한 것으로 추측된다. '보건업 및 사회복지 서비스업' 취업자 수는 이 기간에 33.3% 증가했다. 반면 대표적인 남성 일자리로 분류되는 제조업 취업자 수는 0.6% 증가하는 데 그쳤다.

수출로 먹고사는 한국!
반도체와 중국을 보라

미국 눈치도 보이고, 중국도 신경 쓰이네!
우린 메모리 반도체 하나만 보고 사는데
요즘 영 기분이 찝찝하고 힘들구먼!

'소규모 개방경제', 우리나라 경제를 표현할 때 가장 많이 쓰는 말이다. 2018년 한때 명목 국내총생산(GDP)이 세계 8위까지 오르며 주요 7개국(G7)에 가까워졌지만 '소규모 개방경제' 타이틀에서는 여전히 벗어나지 못하고 있다. 가장 큰 이유는 '수출로 먹고사는 나라'이기 때문이다.

한국은행에 따르면 우리나라의 명목 GDP에서 수출(재화, 서비스)이 차지하는 비중은 2023년 기준 42%에 달한다. 명목 GDP에서 수입이 차지하는 비중도 41%로 높은 수준이다. [GDP는 수출에서 수입을 뺀 '순수출'로 계상된다.] 미국과 중국의 경우 GDP에서 수출·수입이 차지하는 비중이 10%대인 것에 비해 우리나라는 무역 의존도가 높은 편이다.

특히 우리나라는 주요 수출국인 미국과 중국의 경제에 가장 크게 영향을 받고 있다. 미국, 중국이 기침만 해도 우리는 바짝 긴장해야 한다. 경제 규모는 선진국이라고 할 만하지만 다른 나라 눈치를 많이 봐야 한다. 우리나라가 성장할 것인지 아닐 것인지를 살펴보려면 미어캣처럼 고개를 바짝 들고 주변을 사정없이 두리번거려야 한다. 특히 딱 2가지만 신경 써서 보면 된다. 첫 번째는 반도체이고, 두 번째는 중국이다.

반도체 파도를 타는 한국 경제

반도체는 우리나라의 최대 수출품이다. 문제는 반도체가 꾸준히 잘 되는 산업이 아니라는 데 있다. 삼성전자, SK하이닉스가 판매하는 '메모리 반도체'는 사이클을 타는 산업이다. 즉 몇 년 주기로 좋았다 나빴다를 반복한다.

통상 반도체 호황 사이클이 오면 약 2년은 좋다고들 본다. 2023년은 반도체가 '침체'했던 해이다. 반도체 업황이 죽어버리니 그해 우리나라 경제 성장률은 1.4%로 2000년 이후 가장 낮았다. 글로벌 금융위기나 팬데믹으로 0%대, 마이너스 성장을 한 것을 제외하면 최악의 성장률이다.

반도체가 우리나라 전체 수출에서 차지하는 비중은 2018~2023

년 연평균 기준으로 19% 수준이다. 그러나 사이클을 타다 보니 반도체가 잘나갈 때는 수출 비중이 확 늘어났다가 침체에 빠지면 확 줄어드는 경향을 반복한다. 반도체 호황기였던 2018년에는 반도체 수출 비중이 전체의 5분의 1인 21%를 차지했다. 반면 삼성전자와 SK하이닉스가 반도체 감산을 선택할 정도로 반도체 업황이 침울했던 2023년에는 16%로 쪼그라들었다.

반도체 업황이 좋을 때와 좋지 않을 때의 언론 기사도 확 달라진다. 반도체 업황이 호황이면 '반도체 쏠림 현상'이 심각하다며 다른 산업도 키워야 하지 않겠느냐는 기사가 많아진다. 반면 반도체 불황이면 '반도체가 살아야 우리나라 경제가 산다'라며 정반대의 기사가 나온다.

반도체가 죽었다가 다시 살아날 때의 신호도 있다. 우리나라가 잘하는 '메모리 반도체'의 경우 디램과 낸드의 가격 등이 중요하다. 디램 등은 대부분 분기 기준으로 계약이 이뤄지는데 계약 가격이 오르고 있는지, 디램의 평균 가격은 어떻게 되는지 등을 통해서다. 반도체를 사가는 스마트폰 제조업체나 데이터센터를 보유한 구글, 애플 등 고객사의 재고가 어떤지도 관심이다. 재고가 많다면 반도체를 수입하려는 수요가 줄어들 것이기 때문이다.

반도체는 전자제품 어디에도 안 쓰이는 곳이 없다. 데이터센터, 스마트폰, PC 등의 산업이 잘 된다면 반도체 수요는 늘어나기 마련이다. 최근엔 인공지능(AI) 수요가 증가하면서 고대역폭메모리(HBM), 좀더 비싼 메모리 반도체가 주목받고 있다. HBM은 복잡한

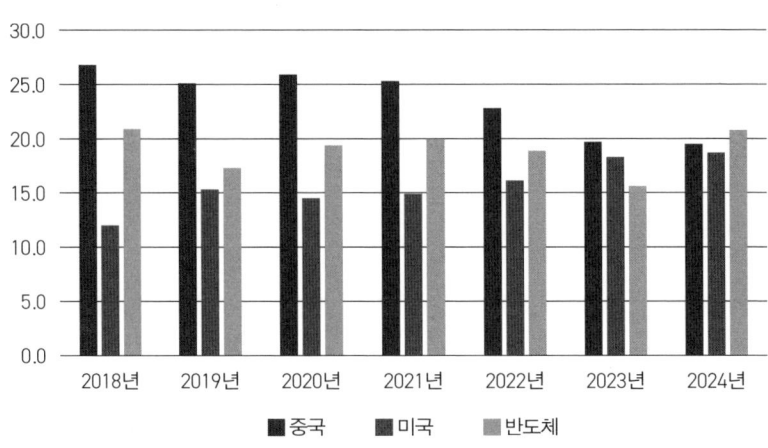

출처: 산업통상자원부

AI 응용 프로그램에서 생산되는 방대한 양의 데이터를 처리하는 데 필수다. 반도체 업황이 돋트기 전에 반도체 수출 물량이 먼저 증가한 후 디램 등의 가격이 오르면서 수출 증가세 전반을 이끌게 된다. 2023년 반도체 침체기에도 반도체 수출 물량은 2023년 5월부터 전년동월비 기준으로 증가하기 시작했고, 7개월 뒤인 11월에서야 반도체 수출 금액도 상승세로 전환했다.

반도체 외에 우리나라가 가장 잘할 수 있는 산업이 개발된다면 상황은 달라질 것이다. 하지만 아직은 우리나라가 여전히 반도체를 가장 잘하기 때문에 반도체 업황 사이클에 따라 우리나라 경제 성장률이 크게 달라진다고 할 수 있다.

우리나라의 수출 1위국인 중국이 달라졌다

우리나라의 수출 1위 국가인 중국의 경제가 어떠한가도 중요하다. 중국은 2018년부터 2023년까지 연평균 우리나라 수출의 24.3%를 점유할 정도로 우리 경제에 막강한 영향력을 발휘했다. 2018년에는 대중국 수출 비중이 무려 26.8%에 달하기도 했다. 전체 수출의 4분의 1이 중국에서 발생했으니, 중국만 쳐다보면 우리나라 경제의 답이 나왔다.

중국은 '전 세계의 공장'으로 불리는 만큼 중국에서 제품이 생산되어 전 세계로 뻗어나갔다. 우리나라 대중 수출의 80%가 중간재다. 중국은 우리나라로부터 수입한 품목의 40%가량을 가공무역으로 활용한다. 예컨대 애플의 아이폰이 중국에서 생산되어 미국으로 수출된다고 가정해보자. 이때 아이폰 생산을 위한 부품 중 우리나라 기업의 유기발광다이오드(OLED) 패널이 중국으로 수출되는 식이다. 그러니 중국이 수출로 경제가 성장한다는 것은 우리나라 역시 대중 수출이 증가함을 의미한다. 그래서 중국이라는 우산 속에서 우리는 잘 먹고 잘살았다.

문제는 이런 것들이 '과거형'이라는 것이다. 이창용 한국은행 총재는 2023년에 "중국 특수가 끝났다"라고 선언했다. 단순히 중국의 고성장 시대가 끝나서는 아니다. 팬데믹을 지나 시진핑 3기 체제에 들어서면서 중국은 '수출'이 아닌 '내수' 위주로 성장 전략을 바꾸고 있다. 중국이 내수 중심으로 성장하면 우리나라 입장에선 중국에 팔아먹을 수 있는 품목이 많지 않다. 우리나라에서 중국으로 수출되는 소비재 비중은 고작 4% 미만이다.

중국은 미국과의 무역분쟁 지속으로 웬만한 것들은 자체 생산해서 사용하자는 전략으로 변하고 있다. 그런데 중국이 그럴 능력은 되는가? 능력이 된다. 과학기술정보통신부에 따르면 주요 11개 산업 분야에 대한 기술력을 평가해봤더니 2022년 기준으로 미국을 100이라고 볼 때 중국은 82.6으로 우리나라(81.5)를 처음으로 추월했다. 한국은행 분석도 마찬가지다. 2019년 기준 중국이 세계 수출시장 점유율 1위를 기록한 품목이 1,759개인 반면 우리나라가 점유율 1위를 기록한 품목은 69개에 불과하다. 반도체 등 전기·전자, 석유제품, 화학제품, 1차 금속, 운송장비 등은 우리나라 수출 경쟁력이 더 높지만 섬유제품, 비철금속, 고무 및 플라스틱, 기계 등은 중국이 우리보다 더 낫다.

그 결과 2023년 우리나라의 대중국 수출 비중은 19.7%로 쪼그라들어, 2위였던 대미 수출 비중(18.3%)과 유사해졌다. 2024년에도 대중 수출은 19.5%로 대미 수출 비중(18.7%)과 유사한 수준이다.

2023년 우리나라의 대중 무역수지는 181억 달러 적자를 보였다. 31년 만에 적자다. 2024년 역시 68억 6,700만 달러 적자를 기록했다. 중국은 더 이상 우리나라의 수출품을 크게 필요로 하지 않는다는 얘기다. 반면 중국은 세계 최대 원자재 생산국이다. 우리나라가 잘하는 반도체나 2차전지를 생산하기 위해선 중국으로부터 불화수소, 네온, 리튬 등 원자재를 수입해야 한다.

중국이 잘나가면서 우리까지 덩달아 잘나가는 시대는 저물어가고 있다. 중국은 이제 수출 시장을 놓고 우리나라와 경쟁하는 관계다. 그나마 중국보다 눈에 띄게 잘하는 것이 반도체다. 중국 수출의 40%(홍콩 등 중화권까지 포함)가 반도체다. 반도체 업황이 살아나면 중국 수출이 증가하는 등 상호작용이 크다. 중국은 우리나라의 반도체를 따라잡겠다는 의지를 보이고 있지만 아직은 우리나라 기술이 우위다. 그러나 가만히 있다가는 결국 따라잡힐 수 있으니 경계해야 한다.

중국 대신 미국이 우리나라 최대 수출국이 될 가능성이 커지면서 미국 소비와 투자 시장에 우리가 수출할 품목을 개발하는 것이 중요해졌다는 평가도 나온다. 반도체, 2차전지, 자동차 위주로 수출이 이루어지고 있다. 그런데 너무 잘 팔아먹어도 우리가 미국의 눈 밖에 날 수 있다.

2024년 대미 무역흑자 규모는 556억 달러로 전년(444억 달러) 역대 최대 흑자폭을 경신했다. 한국은행은 2024년 4월 '우리나라의 대미국 수출구조 변화 평가 및 향후 전망'이라는 보고서에서 대미 무역흑자가 커질 경우 미국이 우리나라에 무역제재를 할 수 있다고 우려했다. 쉽게 말해 우리가 미국 물건도 어느 정도 구매해 흑자액을 낮춰야 한다는 얘기다. 이처럼 우리나라 경제 규모가 '선진국'이라지만 미국과 중국의 눈치 보기에 바쁜 것이 냉엄한 현실이다.

정부는 경제를 살리기 위해 돈을 찍을까, 빚을 낼까?

나라가 빚내서 국민들 계좌에 돈 꽂아줄까?
금리를 내려서 너도나도 대출을 받게 할까?
그게 어떤 식이든 '공짜'는 없다는 게 함정!

나라 경제가 어려워지면 국민은 '정부는 뭐하는가'를 보게 된다. 2020년 팬데믹으로 어려울 때도 그랬다. 미국에선 국민 통장에 1인당 얼마씩 돈을 꽂아준다던데 우리나라 정부는 뭐 안 해주나 하면서 말이다.

팬데믹, 글로벌 금융위기, 외환위기 같은 굵직한 위기 상황이 아니더라도 경제 성장률이 크게 떨어지거나 소비가 위축되는 상황이 닥쳤을 때는 어김없이 정부가 등판한다. 정권을 유지하는 차원에서, 쉽게 말해 '표'를 얻기 위해서라도 정부는 위기 때 구원투수가 될 수밖에 없다.

가끔 위기는 아닌데 정부가 '위기'라면서 영웅 역할을 자처할 때도 있다. 위기를 조장하기는 쉽다. 국내총생산(GDP) 증가율, 즉 경제 성장률이 높더라도 모든 국민이 잘살지는 못할 뿐 아니라 체감 경기는 늘 그렇듯이 좋지 않다. 나라에서 주는 돈을 마다할 국민도 별로 없다.

그런데 정부가 나라 경제를 살리기 위해 어떤 방식을 선택하느냐에 따라 거시경제나 금융 상황까지 다 바뀔 수 있다. 성장률은 쉽게 끌어올릴 수 있지만 공짜는 없다.

정부가 가계 지갑에 돈을 꽂아준다면?

팬데믹 당시 지급되었던 '전 국민 재난지원금'같이 정부가 내 통장에 직접 돈을 꽂아준다고 생각해보자. 정부는 과연 이 돈을 어떻게 마련할까? 세금을 거둬서다. 그런데 경제가 위기에 빠졌는데 가계와 기업이라고 돈을 잘 벌겠는가. 결국 가계와 기업도 낼 세금이 많지 않을 것이다. 그러니 정부는 빚을 낼 수밖에 없다. 즉 국채를 발행한다.

국채는 국고채, 재정증권, 외화표시 외채 등을 포함한 것이다. 은행 등 금융회사, 외국인들이 이를 사들여 거래한다. 은행, 증권, 보험 등 금융회사들은 안정적인 금융상품에 투자해 수익을 내는데, 이들에게 국채는 안정성과 유동성을 모두 갖추면서도 일정 수익을 낼 수 있는 주요 투자처다. 국채 발행이 많아지면 국채 금리가 높아진다.

국채를 사는 금융회사와 외국인들의 자금 규모는 정해져 있는데, 정부가 국채 발행을 확 늘리면 이를 받아주는 투자자 입장에선 이전보다 금리를 더 높게 줘야 투자 유인이 생긴다. 국채 공급이 많아진다는 것은 기존에 보유하고 있던 국채 가격 하락, 즉 평가손실이 날 수 있음을 의미하기 때문이다.

국채 금리가 상승한다는 것은 다른 금리도 오를 수 있다는 뜻이다. 국채 금리는 은행채 금리, 회사채 금리 등의 지표가 되는 금리다. 신용도가 가장 높은 정부가 발행하는 금리가 4%인데, 이보다 신용도가 안 좋은 은행과 기업(회사)들의 금리는 더 높을 수밖에 없다. 은행채 금리가 올라간다는 것은 내 대출금리가 오른다는 의미다. 은행들이 자금을 빌려오는 데 돈을 많이 썼으니까, 결국 은행도 이익이 나려면 대출금리를 높일 수밖에 없다.

동시에 국채 금리가 오른다는 것은 나라가 내야 할 이자 비용이 증가한다는 것을 말한다. 이 이자 비용을 누가 낼까? 결국엔 내 세금이다. 지금 내 통장에 들어온 '나라 공돈'은 나 또는 내 자식이 나중에 낼 세금으로 만들어진 것이다.

여기서 그치지 않는다. 내 통장에 '공돈'이 생겼다. 이 공돈을 도대체 나라에서 왜 줬나? 쓰라고 준 것이다. 동네 전통시장도 가고, 어느 지역에 놀러 가서 먹고 마시고 자고 하면서 여행도 좀 하라는 것이다. 그래야 경제가 돌고 '내수 시장'이 살아난다. 내수 시장을 적당히 살리는 것은 큰 문제가 아니다. 그런데 너무 지나치게 돈을 줘버리면 '물가'까지 오른다.

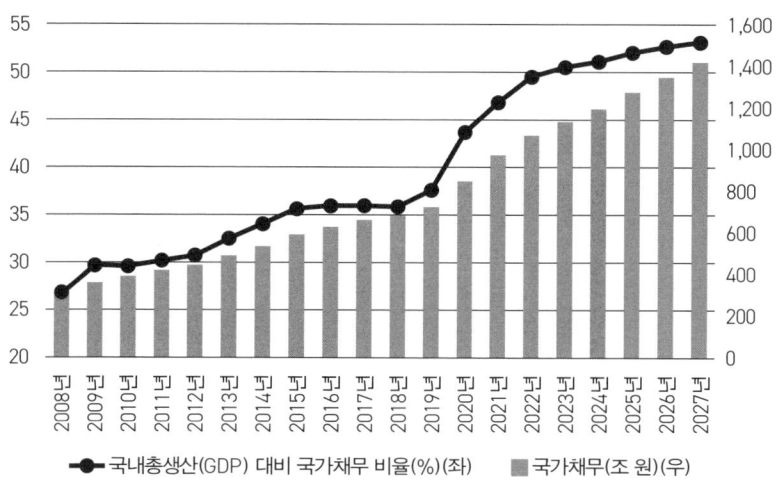

2022년 결산 기준, 2023년은 본예산 기준
2024년 이후는 2023~2027년 국가채무관리계획 전망 기준
차기 갱신: 2024년 9월 이후
*국가채무는 중앙정부 채무와 지방정부 순채무 합계

출처: e-나라지표

　　미국의 사례를 살펴보자. 미국은 2020년 말 미국인 1인당 코로나 지원금으로 600달러를 지원했다. 원·달러 환율이 1,400원이라고 치면 원화로 84만 원이다. 4인 가족이면 300만 원이 넘는 돈을 받았다. 실직했다고 하면 300달러를 더 줬다. 이런 식의 재정지출 남발은 결국 2년 뒤 물가 상승으로 이어졌다. 2022년 6월 미국 소비자 물가 상승률은 전년동월비 9.1%를 기록할 정도로 크게 올랐다. 물가를 잡기 위해 미국 중앙은행인 연방준비제도(Fed, 연준)는 기준금리를 한꺼번에 0.75%P 올리는 '자이언트스텝'으로 네 차례 연속

금리를 올렸다. 2022년 2월 0~0.25%였던 기준금리는 2023년 7월 5.25~5.50%로 높아졌다. 1년 5개월 만에 기준금리가 5.25%P나 뛰었다. [연준은 2024년 9월 기준금리를 0.5%P 내렸고, 같은 해 11월과 12월 각각 0.25%P씩 내렸다.]

나랏빚 안 내고는 안 돼? 신사임당이 있다

나랏빚(국채 발행)을 내지 않고 정부가 경기를 부양시키는 방법이 있긴 하다. 한국은행이 기준금리를 내리면 된다. 금리를 내리면 국민 수요가 높은 5만 원짜리 등, 시중에 돈의 공급이 늘어난다.

2020년 팬데믹 때 한은은 기준금리를 연 0.5%로 사상 최저치까지 내렸다. 당시 주택담보대출 금리는 최저 1%대로 떨어졌다. 우리나라뿐 아니라 전 세계적으로 금리를 사상 최저 수준으로 내리는 등 주요국 중앙은행들이 적극적으로 나서서 돈을 풀어댔다. 코스피 지수 등 주요국 주가지수가 '브이자(V)' 자로 반등했다. 금융시장은 금세 안정을 찾았다.

당시에 역대급 금리를 맛본 사람들은 한둘이 아니었다. 지금 빚 내지 않은 사람 '바보'라며 '빚투(빚을 내서 투자)' '영끌(영혼까지 끌어모아 투자)' 열풍이 불었다. 주식만 오르겠냐며 부동산 투자가 붐이었다. 한국부동산원에 따르면 전국 아파트 실거래가 지수는 2019년 12월 102.8에서 2021년 10월 144.8까지 치솟아 2년이 채 안 되는

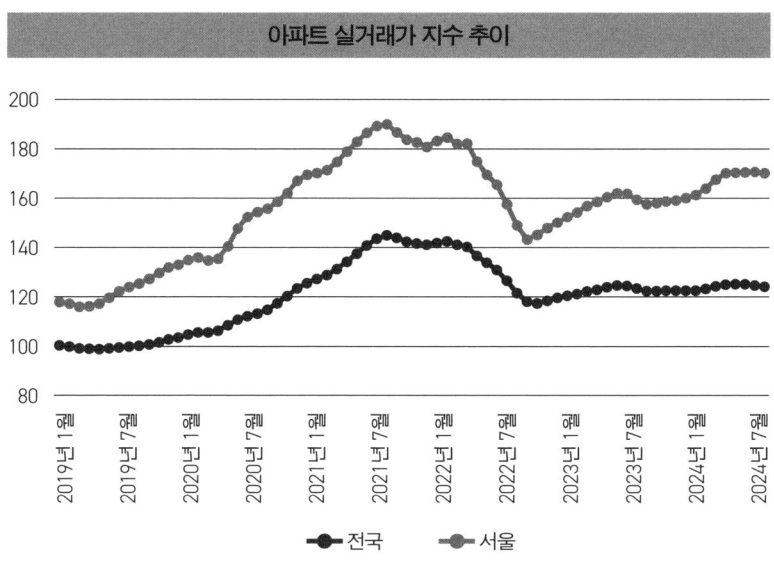

출처: 한국부동산원

동안 무려 40.8%가 급등했다. 그 뒤로 하락해 2024년 12월 124.2로 낮아지긴 했지만, 여전히 2019년 말과 비교하면 24%가량 오른 수준이다. 집이 있고 없고에 따라 부의 격차가 커지면서 '벼락거지'라는 절망감 가득한 신조어가 한국 사회에 만들어졌다.

팬데믹을 거치면서 금리의 달콤함과 쓴맛을 동시에 알게 되었을 것이다. 그렇다고 해서 금리를 낮춘 만큼 경기가 과연 살아났는지는 의문이다. 팬데믹으로 온 세상이 단절되자 온라인 소통 등 비대면 활동 강화로 우리나라가 잘하는 '메모리 반도체'가 2020년 중반부터 2022년 중반까지 호황기를 맞이한 덕분에 경기가 살아났을 수도 있고, 한국은행이 금리를 낮춰서 살아났을 수도 있다. 다만 분명한 점은

경제의 흐름을 알아야 금융도 보인다

주식, 부동산 등 자산 가격은 높아졌고 그 덕분에 가계부채가 급속도로 증가했다는 것이다.

대형 위기가 왔을 때 정부가 조기 대응을 강화해야 하는 것은 불문율이다. 그런데 어떤 방식으로 어느 정도까지 할 것이냐가 문제다. '마중물'이나 '심폐소생술' 정도여야지, 그 이상 욕심을 부리면 그 대가는 결국 국민이 짊어져야 한다.

고물가의 역습,
경제의 복병

고물가란 놈을 한 40년 만에 보는 것 같은데,
이렇게 갑툭튀 하면 내가 너무 당황스럽잖아!
네 이놈, 이번에도 내 돈을 갉아먹으려고?

2020년 팬데믹이 지나간 자리에 '고(膏)물가'가 왔다. 당황스럽기 짝이 없다. 사실 우리나라에서 고물가란 1960년대생이 20대 때 경험했던 정도다. 1980년대 초반에 한 해 물가 상승률이 20%대였을 정도로 높았고, 1990년대 초반에 8~9%, 외환위기였던 1998년에 7%대의 물가 상승률을 보였다. 그 뒤로는 지속적으로 낮아졌고, 2019년과 2020년에는 한 해 물가 상승률이 0%대로 떨어졌다.

그러다 보니 일본처럼 디플레이션(Deflation, 물가 하락이 전반적이고 지속적으로 계속되는 현상)으로 장기간 경기침체에 빠지는 것 아니냐는 우려가 컸다. 물가 상승률이 마이너스로 가서 물가가 갈수록 떨어질 것이라는 인식이 국민에게 자리 잡게 되면 '소비'가 멈춘다.

지금 살 바에 1년, 2년 뒤에 사면 가격이 싸니까 말이다. 결과적으로 경제가 돌아가질 않는다.

언론이나 학계에선 '디플레이션 가는 것 아니냐, 일본처럼 잃어버린 20년, 30년 가는 것 아니냐' 등의 우려가 컸다. 그럴 때마다 정부나 한국은행은 '아니다'라고 할 수밖에 없었다. '그렇다'라고 하면 정말 그렇게 될까 봐.

생애 처음 보는 인플레이션이란?

그런데 팬데믹이 지나면서 한순간에 우리는 정말 다른 고민을 하고 있다. '인플레이션(Inflation, 물가 상승이 전반적이고 지속적으로 계속되는 현상)'이 덮친 것이다.

팬데믹은 우리나라와 해외 간에 오갔던 물건마저 단절시켰다. 하루이틀이면 조달받았던 물건들이 한 달 두 달이 걸리면서 수입이 어려워졌고, 그런 부품 한두 개로 자동차 공장이 멈추는 일들이 발생했다. 물건들은 보통 배를 타고 오는데, 물건을 내려주고 올려줄 사람들이 코로나에 걸리면서 배 운행 자체가 어려워졌고, 그러다 보니 뱃삯이 올랐다. 어떤 나라에선 자기네 나라도 부품이 없다며 수출 자체를 중단하기도 했다.

전 세계에 분열 조짐이 하나둘씩 나타나더니 2022년 2월에는 러시아와 우크라이나가 전쟁을 시작했고, 2025년 현재까지도 이어지

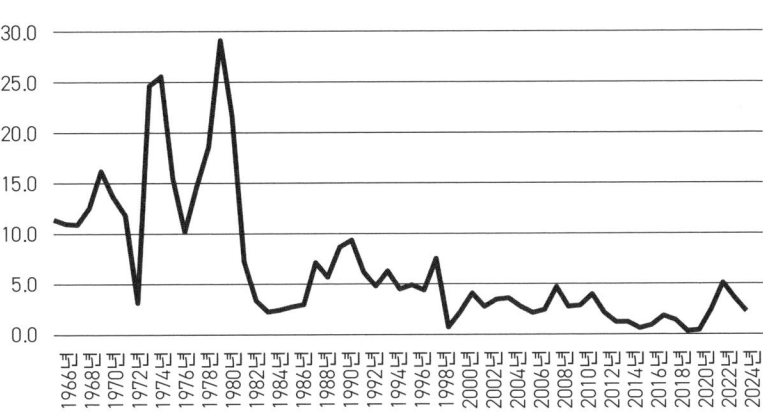

출처: 한국은행

고 있다. 2024년에는 이란과 이스라엘까지 분쟁을 치렀다.

국제유가뿐 아니라 각종 원자재 가격에 곡물 가격까지 오르면서 이른바 '모든 것이 오르는 랠리(Everything rally)'가 펼쳐졌다. 공급 측 물가 상승은 각국 정부와 중앙은행이 팬데믹 극복을 위해 풀었던 돈과 만나 시너지를 내기 시작했다. 2022년 미국은 9%대, 유럽은 10%대, 우리나라는 6%대의 물가 상승률로 역대급 물가 상승의 고통을 겪었다. 1980년대 이후에 처음으로 경험하는 인플레이션이다. [우리나라는 2022년 7월에 물가 상승률이 6.3%로, 1998년 11월에 6.8%를 기록한 이후 가장 높은 수준이었다. 다만 1998년 당시엔 경기침체로 1999년 2월 물가 상승률이 0.2%로 뚝 떨어질 정도로 고물가보다는 경기침체 우려가 더 컸다.]

경제활동을 활발하게 해나가는 30~50대에게도 당황스러운 물가 상승률로, 살아가는 동안 별로 경험해보지 못한 세계였다. 그러다 보니 어떻게 끝이 날지 알 수가 없었다. 그것은 정책당국자들도 마찬가지였다. 지금의 물가 상승기가 나중에는 디플레이션을 걱정할 수준으로 돌아갈지, 아니면 비교적 높은 수준의 물가 상승률이 지속될지도 알 수 없다.

국제통화기금(IMF)은 2023년에 발간한 '100개 인플레이션 충격: 7가지 정형화된 사실'이라는 연구 보고서에서 1970년대 이후 56개국에서 발생한 100개가 넘는 인플레이션 충격 사례를 분석했다. 그 결과 물가 안정기로의 진입에 성공한 사례의 경우 최초 인플레이션 충격 발생 이후 충격 발생 전의 수준으로 돌아가는 데 평균 3.2년이 소요되었던 것으로 나왔다.

한은은 2024년 1월 '물가 안정기로의 전환 사례 분석 및 시사점'이라는 제하의 한국은행(BOK) 이슈노트를 발간하고 IMF 보고서에 대해 다음과 같이 설명했다. "물가 안정 성공 사례를 보면 통화 긴축(고금리)이 상당 기간 일관되게 시행되었을 뿐 아니라 금융, 외환, 실물 등 거시경제 안정을 위한 정책 노력도 병행되었다." 그러면서 "유가 충격 외에는 추가적인 공급 충격이 없었던 행운도 일부 작용했던 것으로 보고 있다"라고 설명했다. 실패 사례의 경우, 물가 상승률이 전년도에 높았으면 그 이듬해 기저효과로 인해 낮아지는데 이를 물가를 잡았다고 착각해 금리를 내릴 때 종종 발생했다.

물가, 얼마나 떨어져야 '물가 안정'인가?

한은의 제1의 목표는 '물가 안정'이다. 한은은 정부와 2년에 한 번씩 '물가 목표치'를 정한다. 2019년부터 소비자물가지수 전년동월비 상승률을 기준으로 2%를 목표로 하고 있다.

2013~2015년까지만 해도 물가 목표치를 2.5~3.5%로 정해, 목표 자체에 어느 정도의 범위를 두었다. 그러나 2016년부터 2%라는 단일 목표로 바꾸었다. 2013~2015년의 연평균 물가 상승률은 1%로, 목표에 크게 못 미쳤다. 그러자 2016년에는 물가 목표를 하향 조정했다. 2016년 2% 목표를 정할 때도 2016년부터 2018년까지 해당 목표를 유지하기로 했다. 2016~2018년 연평균 물가 상승률은 소폭 올랐으나 1.5%에 불과했다. 이렇게 3년 단위로 바꾸던 물가 목표치는 2019년부터는 2년마다 정부와 만나 재점검하는 방식으로 바뀌었다.

2% 물가 목표를 어느 정도 기간에 걸쳐 달성해야 하는지는 모른다. 한은에서는 그냥 '중장기에 걸쳐 달성한다'가 목표다. 중장기가 얼마나 되는지, 언제부터 언제까지를 기준으로 삼아야 하는지도 보는 이에 따라 제각각이다.

0%대 물가와 5%대 물가 상승률을 오갔던 2019년부터 2023년까지 5년을 평균하면 대략 2.4% 수준이다. 그런데 최근 3년(2021~2023년)을 기준으로 보면 연평균 3.7%로, 목표치 2%보다 1.7%P나 높다. 한은뿐 아니라 다른 나라의 중앙은행 역시 물가 목표

치를 2%로 정하고 있는데, 물가만 보고 정책을 펴지는 않는다. 그러니 물가 목표제는 어느 때는 살아 있는 것처럼, 어느 때는 죽어 있는 것처럼 보인다.

그나마 물가 목표치 2%를 유지하는 자체로 효과가 있다는 분석도 나온다. 2022년 물가 상승률이 급등했지만 '5년 후 기대인플레이션율' 같은 장기 물가 기대는 크게 달라지지 않았다는 점이다. '중앙은행이 물가 목표치를 2%로 하니까 언젠가는 물가가 2%로 되돌아가겠지'라는 심리가 발동했다는 얘기다. 뉴욕 연방준비은행이 발간한 일반인의 5년 후 기대인플레이션율은 물가 상승률이 9%대에 달하는 기간에도 2% 후반대에 머물렀다. 우리나라도 5년 후 전문가들의 기대인플레이션율은 1.9~2.1% 수준이었다. 전문가들의 기대인플레이션율이 일반인보다 낮은 편이긴 하다.

그렇다면 무엇이 물가 안정일까? 한은은 앞선 BOK이슈노트를 통해 물가 안정기의 특징으로 '△물가에 대한 합리적 무관심 △특정 부문에서 발생한 물가 충격이 여타 부문으로 파급되지 않고 부문 내 자체 소멸 △물가가 일시적으로 등락하더라도 기조적으로 장기간 목표 수준 근방에서 벗어나지 않은 상태'라고 언급했다. 한은 분석에 따르면 물가에 관한 관심이 높았다가 낮은 수준으로 가려면 물가 상승률이 2% 미만으로 떨어져야 한다고 예측했다. 반대로 물가에 관심이 없던 상태에서 관심이 높아지는 수준으로 가려면 2.5%를 넘어야 한다고 예측했다.

고물가가 지속되면 무엇보다 국민의 고통이 커진다. '경제고통지

수'라는 지표가 있는데, 이 지표는 실업률과 물가 상승률을 더해 구해진다. 경제고통지수는 2022년 7월 물가 상승률이 6.3%를 보였던 때 9.2로 높아졌는데, 2001년 5월(9.2) 이후 최고 수준이었다.

물가가 오른다는 것은 화폐 가치가 하락해 10만 원으로 마트 가서 살 수 있는 품목이 줄어든다는 의미다. 옛날엔 자산 10억 원만 있으면 노후를 편하게 지낼 수 있었겠지만, 지금은 10억 원으로는 어림도 없다. 가만히 앉아만 있어도 내 자산가치가 떨어진다는 것을 의미한다.

고물가는 정부의 손발을 묶는다. 경기가 나빠져도 경기 부양책을 쓰기가 어렵다. 혹시나 물가 상승을 자극할지도 모르기 때문이다. 우리나라 물가는 국제유가에 가장 크게 영향을 받아 물가 통제권이 약하다.

그런데 유가가 오를 것인지, 떨어질 것인지는 예측하기 어렵다. 국제유가 전망기관들이 많지만, 유가에 영향을 주는 중동 전쟁이 어떻게 될지는 '신(God)'만이 아는 영역이다. 정부가 할 수 있는 것은 유류세나 낮춰주는 정도다. 물가 안정을 내세우는 한은이라도 금리를 내려서 유가를 낮추기는 어렵다. 경제도 수출에 의존하듯이 물가도 국내 상황보다는 대외 영향을 크게 받는다.

저출생과 고령화는
왜 걱정거리인가?

세계에서 가장 빠른 한국의 저출생과 고령화!
외국에서 일할 사람이라도 수입해와야 하나?
아이 낳아봤자 나보다 잘살 것 같진 않은데….

우리나라의 가장 큰 문제점으로 세계에서 가장 낮은 출산율, 세계에서 가장 빠른 고령화를 지적하는 사람들이 많다. 정권을 불문하고 저출생을 해결하기 위해 노력해왔다. "아이 낳으면 돈 줄게"로 말이다. 그 금액이 이제는 아이 1명당 1억 원 수준으로 올라갔다. [부영그룹은 출산한 직원에게 자녀 1인당 1억 원의 출산장려금을 지급하면서 2024년에 대통령 표창을 수상하기도 했다.]

그러나 여전히 저출생은 해결될 기미가 보이지 않는다. 해외에서도 우리나라 저출생을 걱정해줄 정도다. 조앤 윌리엄스 미국 캘리포니아주립대학교 법대 명예교수는 2022년 우리나라 합계출산율(한 여성이 평생 낳을 것으로 예상되는 평균 자녀 수)이 0.78명이라는 말을

듣고 "한국 완전히 망했네요"라고 말해 화제를 모았다.

2023년에는 더 줄어 0.72명까지 하락했고, 0.6명대로 진입할 것이라는 전망도 많다(2024년 합계출산율은 0.75명으로, 2015년 이후 9년 만에 반등했지만 지속될 상승세인지는 알 수 없다). 고령화는 바꿀 수 없는 미래라고 하지만 저출생은 바꿀 수 있다는 것이 지금까지의 생각이다.

합계출산율, 2010년대 중반부터 급격하게 뚝

합계출산율이 급격하게 하락하기 시작했던 때는 2010년대 중반부터다. 2017년 1.05명으로 한 명을 간신히 턱걸이하더니 그 뒤로는 급락했다. 이를 두고 '주택비용 부담 급증'을 원인으로 꼽는 목소리들이 많다.

2008년 글로벌 금융위기를 극복하기 위해 대규모 재정정책과 금리 인하 정책들이 쏟아졌고, 2010년엔 전 세계 경기가 반짝 회복세를 보였다. 2011년에는 국제유가가 100달러를 훌쩍 넘어서는 등 기간은 짧았지만 높은 물가 상승률이 나타났다.

그 시기를 기점으로 전국 전셋값은 2011년 한 해 한국부동산원 기준 15.4% 급등했고, 2012년 1.9%, 2013년 6.7%, 2014년 5.2%, 2015년 7.0%, 2016년 1.9%로 높은 상승세가 반복되었다. 누적된 전셋값 상승은 2011년 이후 2016년까지 금리가 하락하면서 대출 증

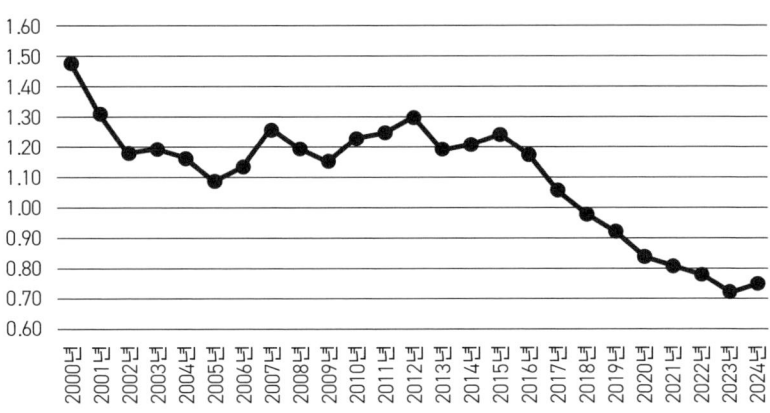

출처: 통계청

가세로 이어졌다. 때마침 청년층(15~29세) 실업률도 2014년 이후 계속해서 상승했고, 2016~2017년에는 9.8%로 역대 최고치를 찍었다. 그 뒤 2020년 팬데믹을 거치면서 폭발적인 집값 상승을 경험한 세대들은 주거 불안에 시달리며 출산은 물론 결혼마저 꺼리는 암울한 분위기가 형성되었다.

저출생과 고령화가 가속화될수록 인구가 감소하고, 일할 사람은 더 빠르게 감소한다. 통계청이 2023년 말 발표한 장례추계인구에 따르면 총인구수는 2024년 5,175만 명에서 2030년 5,131만 명, 2072년 3,622만 명 수준으로 감소할 것으로 전망되었다. 이 중에서 노동시장에 직접 투입되어 일을 할 의지가 있는 15세 이상 64세 이하 인구를 의미하는 생산연령인구는 2024년 3,633만 명에서 2030

년 3,417만 명, 2072년 1,658만 명으로 줄어들 것으로 예측되었다. 총인구 중 경제활동을 할 수 있는 인구의 비중이 2024년 70.2%에서 2072년에는 45.8%로 쪼그라든다.

일본 꼴 날라, 성장률이 뚝뚝 떨어진다

노동력 감소는 경제 성장률 추락으로 이어져 저출생·고령화를 더 일찍 겪었던 일본처럼 장기 저성장의 늪에 빠질 것이라는 우려가 커지고 있다. 한국은행이 2023년 말 발표한 '한국 경제 80년 및 미래 성장동력' 보고서에 따르면 연간 성장률은 1970년대 8.7%에서 1980년대 9.5%로 최고치를 달성한 후에 10년마다 2~2.5%P씩 하락했다. 2010년대에는 2.7%, 팬데믹이었던 2020~2022년에는 2.1%로 낮아졌다.

한 나라의 경제가 성장하기 위해선 노동, 자본, 총요소생산성(기술력 등으로 평가)이라는 3가지 요소가 핵심인데, 3가지 요소 모두 성장세가 둔화하고 있다. 1년에 한 자동차 공장에서 10명의 노동자를 투입해 100대의 자동차를 생산하고 있다고 하자. 인구수가 급격히 늘어나던 1960~1970년대에는 그 다음 해에 노동자를 20명 투입하면 200대의 자동차가 생산되었다. 즉 노동력 투입이 더 일어나면 경제는 더 크게 성장했다. 그런데 노동력이 언제까지 마구 늘어나는 것은 아니다. 1990년대에는 노동력 투입 둔화가 성장세를 둔화시켰다.

그런데 노동력 대신 기업이 설비투자를 많이 해서 성능이 좋은 기계를 들이게 되면 어떨까? 노동자 20명은 그대로인데 똘똘한 기계가 들어오면서 한 해 생산되는 자동차가 400대로 늘어나면서 경제 성장세로 이어진다. 그런데 노동력도, 자본도 어느 정도 성장에 이르러서는 더 투입해봤자 과거만큼 획기적인 성과를 내지 못한다.

외환위기 이후 2000년대에는 자본투자 부진이 성장률 하락으로 이어졌다. 외환위기는 기업들이 달러 빚을 내 대규모 투자를 일으켜 부채비율이 급증하고 그로 인한 생산과잉이 위기로 이어진 결과다. 이 때문에 그 뒤로는 더이상 이런 방식의 투자는 이루어지지 않았다.

총요소생산성(TFP, Total Factor Productivity)은 노동, 자본이 1만큼 투입되었을 때 얼마만큼의 생산성을 만들어내는지를 측정한 지표다. 주로 증기기관차 발명, 인터넷, 스마트폰 등 기술 발달로 생산성이 급증하는 것을 의미한다. 2007년 아이폰이 출시된 후 스마트폰 시대가 열리면서 신세계가 펼쳐졌으나 2010년대에는 총요소생산성의 정체가 성장률 하락의 주된 요인으로 꼽히고 있다. 로버트 고든 미국 노스웨스턴대학교 교수는 『미국의 성장은 끝났는가(The Rise and Fall of American Growth)』라는 책에서 "20세기 초반의 혁신들이 미국 경제 성장에 큰 기여를 했지만 현대의 기술 혁신은 생산성 향상에 덜 기여하고 있어 미래의 경제 성장세는 둔화할 것"이라고 밝혔다.

노동, 자본, 총요소생산성을 모두 최대한 활용해 달성할 수 있는 최대의 성장률을 '잠재성장률'이라고 하는데, 잠재성장률도 노동, 자본 투입의 감소로 하락할 것이란 전망이 나온다. 경제협력개발기구(OECD)는 2023년 6월 우리나라의 2024년 잠재성장률을 처음으로 2%보다 낮은 1.9%로 제시하고, 2025년에는 1.7%로 제시해 충격을 주었다. 2025년 미국의 잠재성장률 추정치는 1.9%였는데, 우리나라 잠재성장률이 미국보다 낮을 것으로 추정했기 때문이다. OECD가 2024년 5월 발표한 잠재성장률도 마찬가지였다. 우리나라와 미국의 잠재성장률은 2024년에 각각 2.03%와 2.08%, 2025년에 2.04%와 2.05%였다. 2%보다 높아졌으나 2023년부터 미국의 잠재성장률이 우리나라보다 높은 것으로 추정했다.

국회예산정책처(예정처)는 2040년대부터 제로 수준의 잠재성장률을 예측한다. 저출생은 해결될 기미를 보이지 않고, 외국인 노동자로 채운다고 해도 한계가 있어 '노동'을 통한 성장률 상승을 기대하긴 어렵다. 자본 투입을 통한 '성장'도 한계가 있다. 선진국으로 갈수록 같은 자본을 투입하더라도 뽑아낼 수 있는 성장세가 낮아진다. 2023년 예정처 발표에 따르면 잠재성장률은 2018~2022년 2.4%에서 2023~2027년 2.1%로 낮아질 전망인데, 자본의 잠재 성장 기여도는 같은 기간 -0.2%P에서 -0.3%P로 떨어질 전망이다.

한은에선 잠재성장률을 높이기 위해 "생산성 자체를 끌어올려야 한다"고 주장한다. 한은은 보고서에서 "향후 30년간 우리나라 경제성장은 노동 투입이 마이너스로 돌아서고 자본 투입도 증가세가 크게 낮아지면서 생산성의 역할이 점점 중요해질 것"이라며 "총요소생산성이 높게 유지될 경우, 성장률은 2030년대에 0.9%, 2040년대에 0.2%로 전망되나, 총요소생산성이 낮게 유지된다면 같은 기간 성장률은 0.6%, 마이너스(-) 0.1%로 하락할 것"이라고 경고했다.

어떻게 노동생산성을 높일까?

보수 정치권과 재계에서 시시때때로 등장하는 단어가 '노동시장의 유연성'이다. 노동시장이 유연해지면 노동생산성(노동 시간당 총부가가치)이 높아질 것이라는 기대 때문이다. 그러나 노동시장이 유연해져도 반드시 노동생산성이 높아지는 것은 아니다. 쉽게 해고하고 쉽게 고용할 수 있게 된다고 하더라도 생산성이 높은 곳으로 노동력이 이동해야만 비로소 노동생산성이 높아진다.

2020년 OECD 노동시장 유연성 지수 보고서(OECD index of labour market of flexibility)에 따르면 영국은 미국, 일본, 뉴질랜드 다음으로 노동 유연성이 높은 나라로 꼽힌다. 그런데 영국의 노동생산성은 날이 갈수록 하락하고 있다. 2023년 한국은행 런던사무소가 작성한 '영국의 노동생산성 둔화 원인 및 시사점'이라는 보고서에 따르면 영국의 노동생산성 지수는 1972~2007년 중 연평균 2% 초반의 추세로 증가했으나 2010년 이후에는 추세선을 벗어나 0% 중반대로 증가하고 있다. 보고서는 "오랜 기간 이어진 투자 부진으로 자본 축적이 부족한 데다 디지털 기술 등의 도입에 소극적인 점, 노동력 구성이 저생산성 업종에 쏠린 점, 자금의 비효율적 배분 등에 주로 기인했다"고 밝혔다.

우리나라의 노동 유연성 순위는 OECD 기준으로 41개국 중 37위를 기록할 정도로 낮은 편이다. 우리나라의 노동생산성도 낮은 편에 속한다. 시간당 국내총생산(GDP per hour worked, OECD)을 기준으로 살펴보면 우리나라는 2022년 43.1달러(2015년 고정가격 기준)로 같은 해 미국(75.5달러), 영국(60.3달러), 일본(48.3달러), 유럽연합(55.7달러)보다 낮다.

그러나 노동 유연성이 반드시 노동생산성을 보장하지 않으므로 노동생산성을 높이기 위해서는 노동 유연성 외에 다른 조건이 필요함을 영국의 사례를 통해 알 수 있다. 그런 측면에서 미국의 사례는 시사하는 바가 크다. 노동 유연성이 크다는 장점을 활용, 팬데믹 위기 때 노동력이 저생산성에서 고생산성으로 대거 이동했다는 분석이 나온다.

미국 노동통계국 보고서에 따르면 2020년 2분기 미국의 노동생산성은 연율 11.2% 증가했다. 2020년 3월 팬데믹으로 불과 몇 주 만에 약 2천만 개의 일자리가 사라졌다. 그런데 사라진 일자리의 대부분이 레저·레스토랑 종업원 등 저임금 노동자에게서 발생했고, 상대적으로 고임금·고숙련 노동자의 비중이 높아져 노동생산성이 높아졌다고 설명했다. 높아진 노동생산성의 약 64%는 노동력 구성 변화 때문에 발생했다는 것이 보고서의 핵심 내용이다.

한국은행은 2024년 3월 한국개발연구원(KDI)과 공동 개최한 노동시장 세미나에서 미국의 노동생산성 증가율은 팬데믹 이전 2011~2019년까지 연평균 0.9% 증가했는데 팬데믹 이후인 2020~2023년에는 1.4%로 더 높아졌다고 밝혔다. 반면 우리나라는 팬데믹 이전의 노동생산성 증가율은 1.6%였으나 이후 0.7%로 둔화했다고 밝혔다. 우리나라의 경우 팬데믹이라는 위기를 겪으면서도 생산성이 낮은 곳에 여전히 노동이 투입되면서 노동생산성 개선 효과가 낮았다는 평가가 나온다. 그래도 희망은 있다. 전 세계에서 가장 발달한 미국은 노동시장 구조 변화, 인공지능(AI)의 혜택을 받으며 생산성 향상에 대한 기대가 커지고 있다.

"세계화로 행복해졌나요?"
전 세계의 트럼프화

'세계화' 해봤는데 나 잘살게 된 거 맞냐고요?
남들 좋은 일만 하게 한 거 아니냐고요?
자선사업하는 것 같은 이 찝찝함, 어쩌냐고요?

2008년 전 세계를 강타한 글로벌 금융위기는 리더 국가 '미국'에 대한 의심을 키웠다. 미국처럼 잘살려면 미국처럼 하면 되는 줄 알았는데 그곳이 바로 위기의 진원지였다는 것이 충격인 것이다.

미국은 달러 패권을 이용해 달러화를 살포했고, 그 결과 미국은 가장 빠르게 수렁에서 건져졌다. 그런데 미국으로 인해 발생한 당시의 금융위기는 다른 국가를 멍들게 했다. 2013년 당시 벤 버냉키 미 연준 의장이 양적완화(QE, Quantitative Easing, 중앙은행의 국채 매입) 규모를 축소할 수도 있다고 발언하자 남유럽 국가 등 재정 취약 국가들은 통화가치가 급락하는 등 금융시장이 난리가 났다. 이름하여 '테이퍼 텐트럼(taper tantrum)', 우리말로 '긴축 발작'이라고 불릴 정도의 엄청난 충격이었다.

'미국 너희 때문에 발생한 위기인데 너희가 괜찮아졌다고 우리 생각 안하고 그냥 긴축한다고?' 전 세계인이 잘살아보자고 하는 '세계화' 말고 미국 우선주의를 하겠다는 1등 국가에 대한 불신이 생겼다. 세계화, 미국에 대한 믿음에 금이 갔다.

탈세계화, 트럼프는 왜 탄생했나?

미국에 대한 불신이 스멀스멀 올라오던 차에 2010년대 들어서면서 '4차 산업혁명'이 키워드로 등장한다. '기술'을 가진 이가 성공한다는 것이다. 반도체·인공지능(AI) 등 기술력을 확보하면 미국 자리를 넘볼 수도 있다는 것에 대한 욕구가 커졌다. 이 와중에 미국 입장에서 가장 거슬리는 나라가 있었으니 바로 중국이다.

중국은 어떤 나라인가 보면, 2001년 세계무역기구(WTO)에 가입하면서 미국 주도의 세계화 시대에서 가장 수혜를 본 나라다. 세월이 지나고 보니 중국은 미국 다음으로 국내총생산(GDP)이 높아져 G2(미국, 중국)로 불리는 위치까지 와 있다.

이런 와중에 2016년 '도널드 트럼프'라는 역사적인 인물이 미국 대통령으로 당선된다. 대통령이 된 트럼프는 중국을 향해 무자비한 관세 카드를 날린다. 이는 미국의 무역확장법 232조를 근거로 한 것이다. 미국의 통상 안보를 해친다고 판단되면 수입량 제한, 고율 관

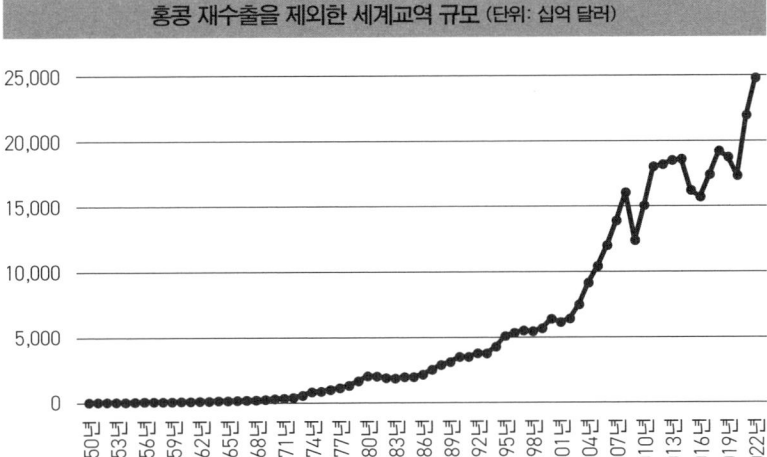

출처: 세계무역기구(WTO)

세 부과 등을 할 수 있도록 규정된 법인데 1962년에 제정되었다. 이 법은 1995년 WTO 발족 이후 장기간 사문화되었다가 트럼프 집권 당시인 2017년에 부활해 중국 철강, 알루미늄 등에 관세를 부과하기 시작한다.

트럼프 행정부의 뒤를 이은 조 바이든 행정부도 이를 승계했다. 2024년에는 중국이 전기차, 배터리, 철강 등으로 저가 공세를 벌여 중국 외 국가의 제조업을 망가뜨리고 있다며 중국산 전기차에 100% 관세를 부과하는 조치를 취했다.

2020년 팬데믹은 '자국 우선주의'에 불을 붙이는 사건이었다. 팬데믹은 전 세계 기술 전쟁이 여전한 상황에서 그 기술을 만들기 위해 필요한 광물, 원재료, 중간재 등을 안정적으로 확보하기 힘들 수 있음을 의미했다. 글로벌 공급망이 '비용 아끼기' 중심에서 '안정성 확보'로 전환된 것도 이때다.

이것은 단순히 미국과 중국 간의 무역분쟁만을 의미하지 않는다. 전 세계가 자국의 이익을 위해 언제든 무역을 중단할 수 있다는 것을 의미한다. 글로벌 무역경보(Global Trade Alert)가 연도별 무역 거래를 방해하는 정부의 규제를 정리한 결과 2019년에는 226건에서 2023년에는 684건으로 급증했다. 트럼프의 재선 성공 이후 2025년 3월 기준 500건이 넘고 있다.

전 세계의 트럼프화, 왜 인기 있나?

트럼프식 자국 우선주의, 탈세계화가 '대세'가 된 근간에는 '표'가 있다. 즉 국민에게 인기를 끌 수 있는 정책이라는 점이다. '세계화가 나에게 해준 게 뭐가 있냐'는 근본적인 질문을 하기 시작한 것이다. 미국은 '이민자'의 나라인데, 트럼프는 '반이민' 정책을 캐치프레이즈로 삼는다. 이민자들이 일자리를 빼앗아 백인들이 가난해졌다는 메시지가 먹힌 것이다.

이는 단순히 미국만의 문제가 아니다. '전 세계에서 쏟아지는 난민을 받아줄 것이냐'로 이어진다. 예컨대 스웨덴은 2015년부터 적극적으로 난민을 받았는데, 스웨덴 국민은 옆 국가들보다 점점 경제가 쇠퇴하고 사회가 불안정한 것을 느끼며 동요하고 있다. 난민을 받은 결과 인종 갈등, 범죄율 증가 등 사회적 문제를 겪고 있기 때문이다. 유럽 국가들에서 "난민을 추방하자"고 주장하는 극우 정당들이 지지를 받고 있다.

특히 2024년은 76개국, 42억 명 이상이 투표를 하는 '슈퍼 선거의 해'였다. 극우 정당들의 집권으로 '자국 우선주의'는 더 활개를 펼 것이다. 각 국의 국민들이 '전 세계인이 다 같이'가 아닌 '나만 잘살기'를 원하며 이런 정당들을 지지하는 한 탈세계화 움직임은 바뀌지 않을 것이다. 금융위기 때 살짝 금이 갔던 '세계화'에 대한 신뢰가 4차 산업혁명, 팬데믹 등을 거치며 와장창 무너지는 분위기다.

미국 대선이 가져올 엄청난 후폭풍

2024년 11월 미국 대통령 선거에서 트럼프가 재선에 성공했다. 트럼프가 재집권하면서 전방위적인 관세 전쟁이 한창이다. 2017~2021년 대통령 당시 중국산 제품에 25%의 관세를 부과했는데 이보다 2배 이상 높이겠다며 '관세 총'을 사방으로 쏘고 있다.

바이든 행정부는 그래도 동맹국들과 손을 잡고 같이 중국을 견제하는 방식이었으나, 트럼프는 동맹국 따위는 없으며 '미국이 법이다'라는 식이다. 바이든 행정부는 전기차·배터리 업체 등에 대해 미국 또는 미국과 자유무역협정(FTA)을 맺은 국가에서 40%의 광물을 조달할 경우 세액공제 혜택을 주는 '인플레이션 감축법(IRA)'을 도입했다. 웬만하면 중국이나 러시아 등 미국 적대국에서 채굴·제조한 광물과 부품을 쓰지 말라는 얘기다. 이에 맞춰 우리나라 기업들도 미국에서 공장을 짓는 등 투자를 늘리고 있다. 그러나 트럼프의 눈에 IRA는 중국산 광물에 미국 정부가 보조금을 주는 법이라 폐기할 것이라고 엄포를 놓고 있다.

배터리를 만들 때 리튬이 필수재인데, 중국은 전 세계에서 리튬 정제의 72%(2022년)를 차지한다. 즉 중국산 리튬 없이는 배터리를 만들기 어렵다. 그래서 '40%' 규정이 생긴 것이다. 다만 트럼프의 말은 언제든 바뀔 수 있어 미리 예측하기는 어렵다.

고래 싸움에 새우 등 터져본 한국

수출로 먹고사는 우리나라로서는 '탈세계화'는 쥐약 같은 존재다. 미국과 중국은 우리나라의 최대 수출국이다. 이들이 우리나라 수출에서 차지하는 비중은 38%(2024년 기준)에 달한다. 미국과 중국이 싸우면 가장 크게 손해를 보는 건 우리나라다. 2019년 때 이미 경험했다. 대외경제정책연구원에 따르면 2018~2019년의 미중 무역분쟁으로 우리나라는 최대 4조 원의 수출이 감소했다. 트럼프가 집권한 만큼 미국이 목표로 하는 대상이 중국뿐 아니라 우리나라가 될 가능성도 배제할 수 없다. 우리나라의 죄목은 '미국을 상대로 돈을 잘 번 죄'다. 우리나라의 2024년 대미 무역흑자 규모는 560억 달러에 이르렀다. 트럼프 1기 당시 무역수지가 100억~200억 달러였던 때도 주한미군 유지비용 인상, 주한미군 철수를 운운했는데 이보다 2배 이상 많은 흑자다.

게다가 우리나라는 중국의 비위도 맞춰야 한다. 중국은 우리나라가 잘하는 반도체 수출의 40%를 차지한다. 그뿐 아니라 중국에서 불화수소, 네온 등을 수입해야 반도체를 만들 수 있다. 불화수소, 네온은 중국에서 3분의 2를 수입하고 있다. 그런데 중국은 자국 이익을 위해 어느 날 갑자기 "수출 안 해"라고 말할 수 있다.

2021년 중국 정부는 '요소' 수출을 금지해 우리나라에서는 요소수 대란이 불었다. [요소수는 경유 차에서 배출되는 유독가스를 분해해 질소·수증기로 배출하는 역할을 하는데, 요소수가 부족하면 자동차 시동이 안 걸린다.] 2023년에는 배터리 소재인 갈륨, 게르마늄, 흑연 등의 수출을 금지하기도 했다. 우리나라는 중국에서 전체 수입의 22.2%(2023년)를 들여와 중국은 1위 수입국이다. 2022년 한국은행의 분석에 따르면 우리나라는 수입 품목 5,391개 중 44.2%인 2,381개를 중국으로부터 수입한다. 각종 광물을 갖고 있는 중국은 무시할 수 없는 무역 상대국이다.

이러한 결과는 무역 성적에 잘 나타나 있다. 2023년 대중 무역수지가 31년 만에 적자를 기록했다. 우리나라가 중국에 물건은 덜 팔고 수입은 많이 했다는 얘기다. 2024년에도 대중 무역수지 적자는 계속되었다.

One Point
Lesson

우리나라는 선진국인가, 아니면 신흥국인가?

우리나라 경제는 선진국일까, 신흥국일까? 우리나라는 경제 규모를 기준으로 보면 선진국으로 분류된다. 국내총생산(GDP) 규모를 기준으로 30년 넘게 전 세계 10~14위를 유지해왔다.

그러나 경제 규모가 선진국인 것은 사실상 별 의미는 없다. 외환위기를 겪었던 1998년에도 경제 규모는 14위였다. 2023년 기준으론 15위로 밀렸다. 2023년에는 우리나라보다 선진국이라 불리는 미국이 2.5% 성장하는데도 우리나라 경제 성장률은 고작 1.4%에 그쳤다.

신흥국일 때는 선진국을 향해 돌진하며 큰 폭의 성장세를 보이지만 어느 정도 성장해서는 '중진국의 함정'에 빠지기 쉽다. 신흥국에서 벗어났지만, 선진국으로 진입하지 못하면 장기간 성장 정체가 나타날 수 있다는 의미다.

실제로 2025년 우리나라 경제성장률은 한국은행 전망치 기준 연간 0.8%로 예측되고 있다. 트럼프 행정부 출범 이후 관세 전쟁이 본격화하는 등 무역 분쟁에 수출 둔화가 나타나고 있다. 소비 구조가 오프라인에서 온라인으로 바뀌는 구조 변화에 자영업자 살림살이가 악화하는 등 내수도 약화되고 있다.

잠재성장률의 성장을 막는 요인들

우리나라는 메모리 반도체 분야에선 세계 1위국이지만 나머지는 이렇다 할 강점을 보이지 못하고 있다. 수출이 호조세를 보이면 경제가 성장하고 그렇지 않으면 성장세가 떨어지는 등 대외 의존도도 높은 편이다. 여기에 세계에서 가장 빠르게 진행되는 저출생과 고령화가 잠재성장률의 상승을 막고 있다. 그래도 2018년과 2020년에는 GDP 기준 세계 10위를 기록하면서 10위권 내로 진입할 것이라는 기대감이 커졌으나 3년 연속 순위가 하락하면서 이러한 기대감이 뚝 떨어진 상황이다.

우리나라는 경제 규모로 따지면 '선진국'에 속한다고 할 수도 있지만 금융시장으로 오면 아직까진 명백히 '신흥국'이다. IT 발달로 금융시장의 인프라는 나무랄 것이 전혀 없지만 외환·주식 등 금융시장의 변동성은 신흥국 수준에 가깝다. 여전히 "미국이나 중국이 기침하면 한국은 감기 걸린다"거나 "한국 증시는 외국인들의 ATM기"라는 오명을 완벽하게 씻지 못하고 있다. 그나마 신흥국 중에서는 우두머리에 속한다는 것이 위로라면 위로다.

우리나라 증시가 선진국 시장이 되려면

MSCI, FTSE 러셀 등의 지수 사업자는 각국의 주식시장과 채권시장을 묶어 '선진국, 신흥국'으로 구분해 지수(Index)를 만들고 있다. 문재인 정부 때는 코스피 지수를 MSCI 선진국 지수에 편입해보려고 시도했고, 윤석열 정부에서는 MSCI보다 국고채를 FTSE의 세계국채지수(WGBI)에 편입하려고 시도했다. 그 결과 FTSE는 2022년 9월 처음으로 우리나라 국채에 대해 WGBI 관찰 대상국 레벨을 1단계에서 2단계로 높였고, 2024년 10월에는 우리나라 국채를 WGBI에 편입하는 결정을 내렸다. 2025년 11월부터 실제 지수에 반영되며, 그로부터 1년간 단계적으로 편입된다.

WGBI는 26개 주요국 국채가 편입되어 있는 선진채권지수로 추종자금 규모만 2조 5천억 달러로 추정되는 세계 최대 채권지수다. 이는 WGBI를 추종하는 자금들이 대거 우리나라 국채로 유입될 수 있음을 의미한다. 외국인들이 장기투자로 우리나라 국채를 매입하게 되면 국채금리가 낮아져 정부가 더 저렴한 이자로 자금을 조달할 수 있게 된다.

우리나라 국채가 WGBI에 편입될 수 있었던 것은 정부가 외국인 투자자들이 더 쉽고 편리하게 국채에 투자할 수 있도록 각종 제도를 개편한 영향이다. 2022년부터 외국인의 국채, 통화안정증권 관련 이자·양도소득에 비과세를 추진한 데다가 외국 기관투자가가 유로클리어 등 국제예탁결제기구(ICSD) 계좌에 보유한 원화를 국내에 있는 외국인 투자 전용 계좌에 바로 송금할 수 있게 했고, 증권대금 결제 때 원화가 부족할 경우 마이너스통장처럼 원화 차입이 가능해지도록 했다. 외환위기 트라우마가 있는 우리나라로서는 아주 큰 결심을 한 것이다.

외국 기관투자가들이 국내 상장 증권에 투자하기 위해선 사전에 '외국인 투자자 등록제(IRC)'에 등록해야 했으나 2023년에 이런 제도를 30여 년 만에 폐지했다. 사전 등록 없이 법인에 부여하는 국제표준 식별번호(LEI)도 도입했다. 또한 2024년 1월부터 외국 기관투자가들(RFI, Registered Foreign Institution, 정부에 등록한 해외 소재 외국 금융회사)이 국내 외환시장에 직접 참여해 거래할 수 있도록 문턱을 낮췄고, 같은 해 7월부터는 외환시장 마감 시간을 오후 3시 30분에서 다음 날 새벽 2시로 대폭 연장했다.

그러나 우리나라 증시가 MSCI의 선진국 시장에 편입되기는 쉽지 않을 것이다. MSCI는 2024년 6월 시장 분류 보고서(Market Classification Review)에서 "2023년 11월 공매도가 전면 금지되는 등 시장 규칙이 갑자기 변했는데 이는 바람직하지 않다"고 밝혔다. 그러는 사이 MSCI 신흥국(Emerging) 지수 내에서 한국의 비중은 점차 쪼그라들고 있다. 신흥국 우두머리 행세를 하고 싶지만, 입지가 좁아지고 있는 것이다. 2008년까지만 해도 MSCI 신흥국 지수 내 한국 비중은 13.8%, 중국은 13.9%로 유사해 지수 내 비중이 3위였으나 2024년 6월에는 중국이 25.1%, 대만이 19.4%, 인도가 19.2%, 한국이 12.2%로 한국은 대만과 인도에 밀리며 4위로 밀려나버렸다.

 FTSE가 우리나라 국채를 선진국으로 분류했다고 해서 갑자기 국내 금융시장이 선진국 수준으로 올라섰다고 볼 수는 없다. 외국인 투자금이 국내 국채 시장으로 유입될 기회를 얻었다고 보는 것이 더 정확하다. FTSE는 국내 증시를 선진국 시장으로 분류하고 있지만 이에 따른 효과는 별로 없다. 선진국 시장이라면 유동성이 풍부한 것은 물론 제도의 예측 가능성이 높아야 하는데, 공매도를 국민 여론에 따라 금지 기한을 연장해오고 있는 것이 현실이다. [2023년 11월 공매도가 전면 금지된 이후, 한 차례의 연장을 거쳐 17개월 만에 2025년 3월 31일 공매도가 전면 재개되었다.]

전 세계에서 가장 잘 사는 나라가 어디인가, 전 세계에서 가장 많은 혁신 기업을 보유하고 있는 나라가 어디인가, 전 세계에서 가장 강한 통화를 갖고 있는 나라가 어디인가? 미국 경제와 그들의 정책을 이해하지 못하고는 금융시장 전체를 이해할 수 없다. 탈세계화, 지정학적 시대라고 해도 금융은 오히려 더 끈끈하게 연결되어 있다. 금융시장에서 미국의 영향력은 여전하다. 역사적으로 미국은 자국에 도전하는 것들을 그냥 두고만 보지 않았다. 한때 국내총생산(GDP) 기준 2위였던 일본을 '잃어버린 30년'으로 밀어넣는 데 시초가 된 1985년 플라자합의, 지금의 미국과 중국 간 갈등이 그 증거다. 미국은 아직까진 그렇게 할 힘을 갖고 있다.

PART 2

미국을 모르고는
금융시장 근처에도
못 간다

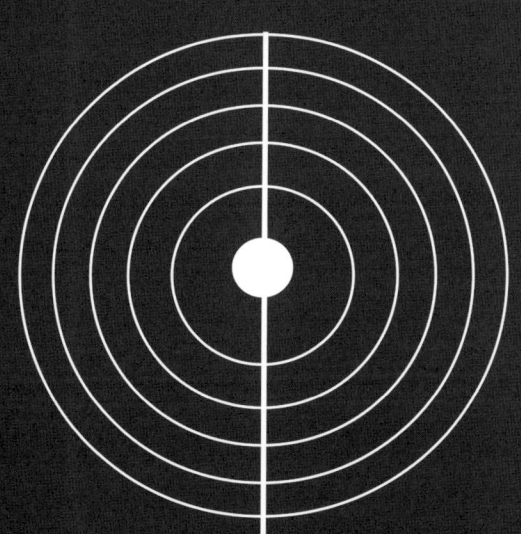

매월 첫째 주 금요일, 시장은 떨고 있다

미국의 고용지표가 우리의 '불금'을 지켜줄까?
미국의 고용지표 따라 내 주식도 출렁출렁.
미국은 노동 시장이 중요하다고!

미국 연준은 고용 안정과 물가 안정, 이 2가지를 목표로 운영되고 있다. 연준이 2022년 미친 듯이 오르는 물가를 잡기 위해 금리를 무지막지하게 올렸음에도 미국의 경기는 크게 꺾이지 않았다. 물가 상승률은 서서히 꺾이고 있는데도 경기는 멀쩡해 미국 경제에 대해 '골디락스(Goldilocks, 경제 성장을 지속하면서도 물가가 안정되는 경제 상황)'라는 평가까지 나왔다.

그 근거는 미국의 '고용 지표'였다. 미국은 월급제가 많은 비중을 차지하는 우리나라와 달리 월급이 아닌 '주급'으로 받는 노동자들이 많은데, 노동자 상당수가 팬데믹 때 경제적·사회적 활동이 중단되면서 대거 일자리를 잃게 된다. 세계보건기구(WHO)가 코로나19를 팬데믹으로 지정한 후 한 달이 지난 2020년 4월, 미국의 실업률은 14.7%를 기록했다. 당시엔 실제 미국의 실업률이 20%를 넘어섰다는 평가까지 나왔다. 1920~1930년대 대공황 때 기록한 미국의 실업률인 25%에 육박했을 정도였다.

우리나라와 유럽은 경제 위기가 왔을 때 노동시간을 줄여 일자리를 나누는 등 어떻게든 실업이 발생하지 않도록 정책을 썼는데, 미국은 팬데믹이 왔는데도 그렇게 하지 않았다. 일단 노동자는 실업을 하고, 정부는 실업자에게 실업 수당을 주는 식이다. 그러니 미국의 실업률이 오를 수밖에 없었다.

팬데믹이 지나간 자리에 식당, 카페 등이 영업을 재개하면서 일할 사람을 구하기 시작한다. 그런데 미국 정부가 실업자들에게 너무 많은 지원을 하다 보니 굳이 일해서 버는 돈보다 일하지 않고 정부가 주는 돈을 먹는 게 더 유리한 경우가 생겼다. 식당, 카페 등 고용주들은 일할 사람을 구하기 어려웠다. 그러면서 임금이 오르고, 이는 물가 상승세를 더 자극하게 되었다.

미국의 노동 불균형은 서서히 해소되었지만 미국의 고용 지표는 장기간 호조세를 지속했다. 채권시장은 '연준이 금리를 인하하려면 아직도 멀었구나'라는 생각에 약세(채권금리 상승, 채권 가격 하락)를 보였고, 주식시장은 고금리에도 불구하고 경제가 잘 돌아가니 호조를 보이기도 했다.

매월 첫째 주 금요일에 발표되는 '비농업 고용 지표'

　미국 노동부는 매월 첫째 주 금요일, 전달의 고용 지표를 발표한다. 신규 취업자 수가 얼마나 늘어났는지, 실업률은 얼마인지, 시간당 임금이 얼마나 올랐는지 등이 주요 관심사다. 통상 연준이 금리를 올리면 시차를 두고 고용 지표 등이 악화하면서 경기가 나빠진다.

　2022년 연준이 정책금리를 한꺼번에 0.75%P씩 연속 네 차례 올리는 등 빠르게 금리를 올리면서 미국 경기가 언제 꺾이느냐가 시장의 최대 이슈로 떠올랐다. 그러나 미국의 고용 지표는 굳셌다. 어느 때는 신규 취업자 수 증가 수가 시장 예상치의 2배 이상을 뛰어넘기도 했다. 2022년에는 단 한 차례를 제외하고 신규 취업자 수가 예상치를 웃돌았고, 2023년에는 여덟 차례 신규 취업자 수가 예상치를 웃돌았다. 2024년에는 1~3월 신규 취업자 수가 예상치를 웃돌면서 시장을 실망시켰다. 고용 지표가 좀 꺾이는 모습을 보여줘야 연준이 금리를 내릴 텐데, 탄탄한 고용 지표를 보면 연준의 금리 인하 시기가 멀었음을 보여주기 때문이다.

　취업자 수와 같이 발표되는 지표가 실업률이다. 실업률은 2022년 초반부터 3%대로 낮아진 후 2024년 초반에 3%대를 유지하다가 6월부터 4%대로 올라섰다. 실업률은 연준이 연방공개시장위원회(FOMC) 회의를 하면서 3월, 6월, 9월, 12월에 별도의 전망을 낼 만큼 중요하게 보는 지표다.

　통상 실업률이 3% 중반대를 보이면 '완전고용' 상태로 보고 있다.

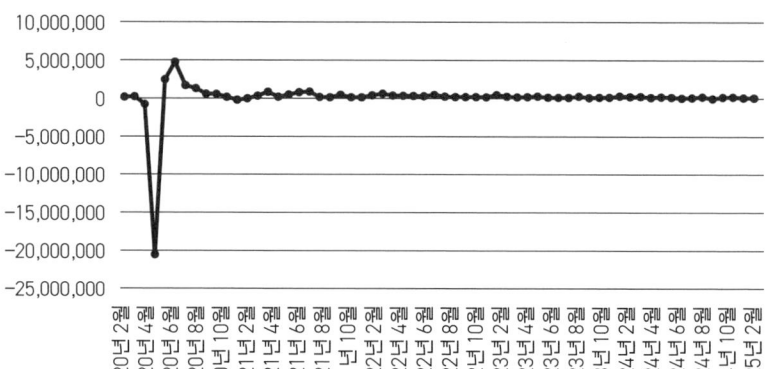

출처: 미국 노동부

경제활동참가율도 미국의 전체 노동시장을 파악할 때 중요 지표로 거론된다. 팬데믹 이후 미국의 노동 구조가 바뀌었기 때문이다.

팬데믹 당시 대규모 실업을 당한 노동자들 중 일부는 다시 노동시장으로 복귀하지 않았다. 아이를 돌보거나 조기 퇴직을 한 경우가 생겼기 때문이다. 그 결과 미국은 노동의 공급(일할 사람)보다 노동 수요(일자리)가 더 많은 상황이 발생한다. 실제로 경제활동참가율은 2025년 2월 62.4%로 팬데믹 이전 수준인 63.3%(2019년 10월부터 2022년 2월까지)를 회복하지 못했다.

일할 사람의 부족은 시간당 임금 상승으로 이어진다. 시간당 임금은 최악의 실업률을 기록했던 2020년 4월 전월비 4.7%까지 올랐으나, 점차 하락하며 0%대 상승률을 보이고 있다. 전년동월비로도

2024년 8월 이후 4% 안팎으로 서서히 둔화되는 모습을 보이고 있다. 시간당 임금이 오른다는 것은 고용주가 일할 사람을 구하기 어렵다는 것을 의미하며, 이는 물가 상승을 자극할 수 있음을 시사한다.

또 다른 미국의 고용 지표들

미국 노동부가 '비농업 부문' 고용 지표를 발표하기 이틀 전 '기출문제'처럼 나오는 지표도 있다. 그것은 바로 ADP 민간 고용 지표다. ADP라는 민간 회사가 발표하는 고용 지표인데, 민간의 비농업 기업을 대상으로 한 일자리 통계를 보여준다. 노동부에선 비농업 기업 외에 정부 기관 일자리, 자영업 등을 포함했다는 점에서 다르다.

ADP 민간 고용 지표는 노동부 고용 지표 발표 전에 나와 시장에 살짝 힌트를 주는 것처럼 보이지만, 사실 두 지표는 거의 상관관계가 없는 것 아닌가 싶을 정도로 방향성이 완전히 다른 경우가 많았다. 그래서 ADP 고용 지표를 보고 '고용시장이 꺾이는구나, 연준이 금리를 내리겠구나'라고 생각했다가 노동부의 고용 지표를 보고 화들짝 놀라 시장이 실망하는 경우가 많았다. 그러니 ADP 고용 지표는 어디까지나 참고용으로 접근하는 것이 좋다.

월말이나 월초에 발표되는 미국 구인 및 이직보고서(JOLTs, job openings and labor turnover survey)도 있다. 일명 '졸트보고서'라고 한다. 이 보고서로 고용주들의 '채용공고(Job opening)' 등 노동 수요를 알 수 있으며, 채용하려는 일자리 한 곳당 실업자 수가 얼마나 되는지도 파악할 수 있다.

2020년 4월에는 채용하려는 일자리 한 곳당 실업자 수가 5명이나 되었으나 2022년 말에는 0.5명으로 줄어든다. 일할 사람이 극히 부족함을 보여준다. 그러다 2025년 1월 0.9명으로 노동 수급의 불균형이 점차 해소되고 있음을 보여주었다. 다만 '졸트보고서'는 9월 초에야 7월 데이터를 볼 수 있을 정도로 지표의 후행성이 강하다.

주간 단위로 확인할 수 있는 고용 지표도 있다. 주간 단위로 발표되는 실업급여 청구 건수가 그것이다. 실업급여 청구 건수는 그 주에 '신규'로 청구되는 '신규 실업급여 청구'와 연달아 실업급여를 받는 '계속 실업급여 청구'가 있는데, 전자가 더 중요 지표로 여겨진다. 신규 실업급여 청구 건수가 최근의 노동시장을 더 잘 보여주기 때문이다. 통상 신규 실업급여 청구 건수가 40만 건을 넘으면 '경기침체' 수준으로 보고 있다. 2020년에는 일주일 기준으로 600만 건을 돌파할 정도로 급증하더니 2021년 말부터는 20만 건대에 머물고 있다.

미국 노동시장에 '이민'이 끼치는 영향

미국 노동시장이 탄탄하면서도 시간당 임금 상승률이 서서히 둔화하면서 '골디락스'라는 찬사까지 받을 수 있었던 비결은 뭘까? 이를 '이민'에서 찾는 분석들이 많다.

미국 의회예산국(CBO)은 2023년 순 이민자 수가 330만 명으로 추정된다고 밝혔다. 2019년 42만 명에 비해 크게 급증한 것이다. 이는 고용주 입장에서 일할 사람을 비교적 저임금에 쉽게 채울 수 있음을 의미한다. 제롬 파월 연준 의장은 2024년 4월 초 한 강연에서 "강한 이민자 유입이 예상보다 경제가 더 성장하고 인플레이션을 낮추는 데 도움이 되었다"고 평가했다.

2024년 초 CBO는 미국 이민자 유입 증가로 국내총생산(GDP) 규모가 이민자 유입이 없을 경우와 비교해 7조 달러 더 커질 것으로 전망했다. 전미경제연구소(NBER)는 2024년 4월 '이민이 임금과 고용시장에 미치는 영향'이라는 보고서에서 이민 자체가 미국인들의 일자리를 뺏지는 않는다고 평가했다. 이민자들이 육체노동을 할 때 미국인들은 의사소통이 많으면서 생산성이 더 높은 일자리를 찾아갈 수 있어 미국인들의 임금과 고용률을 높였다는 분석이다.

그러나 2024년 11월 미국 대통령 선거를 앞두고 '이민'이 최대 쟁점으로 떠오른 만큼 '불법 이민'에 대한 단속을 강화하는 분위기가 나타났다. 특히 트럼프 대통령은 노골적으로 국경 봉쇄, 추방 등의 정책을 펴겠다며 불법 이민에 대한 반감을 드러내고 있다. 이러한 흐름이 미국의 노동시장에 미치는 영향을 살펴볼 필요가 있다.

매월 셋째 주에도
시장은 심란해진다

인플레이션 그까짓 것, 지금까지 많이 싸워봐서
우리가 잘 안다고 착각한 게 큰 '실수'였어.
팬데믹 이후 물가 지표는 공포의 대상이 됐어!

제롬 파월 연준 의장은 2021년 말까지만 해도 물가 상승이 "일시적"이라며 아무런 조치를 취하지 않았다. 2021년 12월 미국의 물가 상승률은 전년동월비 7%에 달했음에도 불구하고 말이다. 연준 의장 출신인 재닛 옐런 미국 재무부 장관은 "인플레이션은 우리가 많이 싸워봐서 잘 안다"라는 말까지 했었다.

연준은 2022년 3월에서야 정신을 차리고 정책금리를 0.25%P 올리며 인플레이션에 뒤늦게 대응했다. 그 뒤 3년이 지난 2024년까지도 물가 상승률이 더디게 하락하며 '물가를 잡았다'는 승리 선언을 하지 못했다. 그러다 2024년 8월 소비자 물가 상승률이 전년동월비 2.5%에 그치면서 연준은 9월 기준금리를 한꺼번에 0.5%P 내렸다.

바야흐로 '금리 인하기'의 시작을 알렸다.

하지만 물가에 대한 고민이 완전히 사라진 것은 아니다. 2008년 글로벌 금융위기 이후 나타났던 저물가 상황으로 다시 갈 것인지, 그때와 같은 0~1%대 물가 상승률은 이제는 구경하기 어려운 유물이 되었는지, 그 누구도 모른다. 다만 '저물가로는 가지 못한다'는 전망이 더 주목받고 있다. 이는 매월 셋째 주에 발표되는 미국 물가 지표에 주목하지 않을 수 없다는 얘기다.

미국 물가는 2가지를 챙겨봐야 한다

미국 노동부는 소비자물가지수(CPI)를 매달 10~15일(현지시간) 사이에 발표한다. 팬데믹이 끝난 후에 미국 물가 상승률은 2021년 중반부터 급격하게 오르기 시작했다. 2021년 3월까지만 해도 물가 상승률은 전년동월비 2.6%였으나 4월 4%대, 5월 5%대 10월 6%대, 12월 7%대로 빠르게 상승한다. 그러다 2022년 6월 9.1%까지 급등한 후 상승 폭을 줄여나가기 시작한다. 2023년 6월에는 기저효과로 인해 물가 상승률이 3.0%까지 떨어졌으나 그 뒤로 물가는 3% 중반대에서 크게 떨어지지 않으면서 골칫거리가 되다가 7월 2.9%, 8월 2.5%로 내려오면서 안도 분위기가 형성되었다. 2024년 1월에는 3.0%로 올라서기도 했다.

연준이 목표로 삼고 있는 물가 지표는 '소비자물가지수(CPI)'가

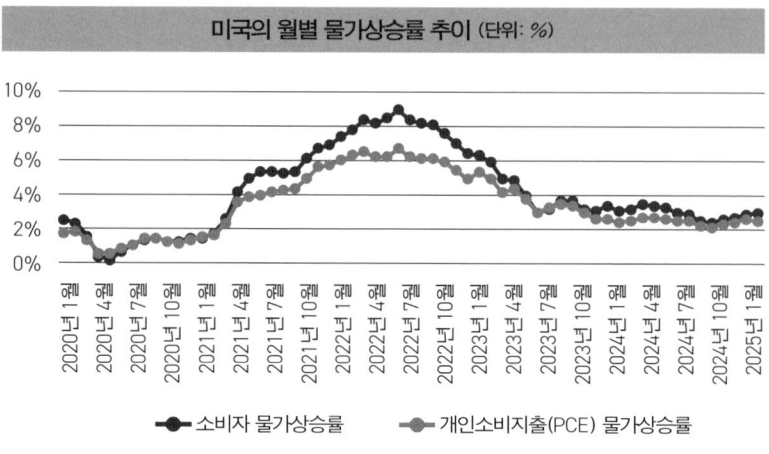

출처: 미국 노동부

아니다. 매월 셋째 주에 발표되는 소비자물가지수는 맛보기다. 연준이 소비자물가지수보다 더 중요하게 생각하는 지표는 매월 마지막 주에 발표되는 개인소비지출(PCE) 물가 지표다. 연준의 물가 목표치 2%의 기준점은 바로 PCE물가다.

미국 상무부가 PCE 물가 지표를 발표한다. 미국 경제(국내총생산)의 70%가 소비에서 발생하는 만큼 소비자들이 집중적으로 지출하는 품목을 대상으로 따로 추려서 만든 물가 지표가 PCE물가다. 연준은 PCE물가가 실제 물가 상황을 더 잘 반영하고 있다고 판단한다. 소비자물가와 PCE물가는 물가 지표에 들어가는 품목 비중 등에서 차이가 난다. 미국의 소비자물가지수에는 임대료 등 주거비 비중이 31%를 넘어서는데, PCE물가는 이보다 비중이 작다.

PCE물가의 변동성은 소비자물가지수의 변동성보다 적다. 팬데믹 이후 미국 PCE물가가 전년동월비 최고점을 찍었던 때는 소비자물가지수와 같은 2022년 6월인데, 그 당시 물가 상승률은 6.8%로, 소비자물가 상승률(9.1%)보다 낮다. PCE물가는 점차 낮아져 2024년 8월 2.2%를 기록하고 있다. 그러다 2025년 초반에는 2% 중반대로 다시 높아졌다.

연준이 PCE물가를 목표치의 기준으로 삼고 있지만, PCE물가보다 더 중요하게 생각하는 것은 식료품과 에너지를 제외한 '근원PCE물가'다. 근원PCE물가는 2022년 전년동월비 5% 초반대를 기록하기도 했으나 점차 낮아져 2024년 8월 2.7%로 낮아졌다. 2025년초에도 2% 중반대 흐름이다. 근원PCE물가 상승률이 둔화하는 속도는 다른 물가에 대비해 더디다. 근원물가는 물가의 추세선을 보여준다는 측면에서 연준이 가장 신경 써서 보는 지표다.

미국 '물가' 추세를 보여주는 힌트들

미국은 물가 지표가 얼마 나올지 예측하는 지표도 있다. 클리블랜드 연방준비은행은 홈페이지에 '인플레이션 나우캐스팅'이라는 이름으로 다음 달 소비자물가지수와 PCE 물가 상승률이 얼마나 나올지를 예측해 공개하고 있다. 일일 유가, 주간 휘발유 가격 등의 지표를 반영해 산출하고 있다. 미국 노동부가 소비자물가지수를 발표한 후 의료 서비스, 대중교통 등 가격 변동이 크지 않은 품목을 따로 모아서 발표하는 일명 '스티키(Sticky) 물가'도 따로 공개된다.

애틀랜타 연방준비은행은 홈페이지를 통해 '스티키-프라이스(Sticky-Price) CPI'를 공개하고 있다. 스티키(Sticky)는 '끈적하다'는 의미인데, 물가가 빠르게 잡히지 않아 물가 상승세가 '스티키'하다는 표현이 등장하기도 했다. 스티키 물가 상승률은 2022년 12월 연율 기준으로 6.7%까지 올랐으나 2025년 2월 3.5%까지 떨어졌다. 팬데믹 이전엔 스티키 물가는 2%대에 머물렀다.

미국 역시 기대인플레이션율이 중요하다. 미국 뉴욕 연방준비은행은 소비자물가지수가 나오는 주 초반에 기대인플레이션율을 발표한다. 소비자들이 느끼는 1년 후, 3년 후, 5년 후 물가 상승률을 설문조사한 후 중간값으로 산출한 수치다. 소비자물가지수가 발표되기 이전에 뉴욕 연방준비은행에서 기대인플레이션율을 발표하는 만큼 물가 지표에 대한 힌트가 될 수 있다.

미시간대학교에서도 1년 후, 5년 후 기대인플레이션율을 발표한다. 우리나라는 한국은행 한 곳에서만 기대인플레이션율을 발표하는 것과 달리 미국은 학계와 중앙은행에서 각각 발표한다는 차이가 있다. 중앙은행은 기대인플레이션율을 중요하게 생각할 수밖에 없다. '소비자들의 물가 심리가 어떠냐'가 반영되어 있기 때문이다. 물가가 계속 오를 것으로 생각하느냐, 떨어질 것으로 생각하느냐에 따라 취해야 할 조치들이 다르다.

달라진 환경을 눈치채지 못한 연준의 실수

2008년 글로벌 금융위기 이후 전 세계는 저물가를 경험한다. 연준은 저물가가 추후 디플레이션으로 가지 않게끔 하는 데 더 신경을 썼다. 연준은 인플레이션이 올지 모르고 2020년 8월 평균물가목표제(AIT)를 도입한다. 연준의 물가목표치는 2%인데 상당 기간 물가 상승률이 0~1%대로 2%를 밑돌았으므로 앞으로 물가 상승률이 일시적으로 2%를 넘어 오르더라도 이를 허용하겠다는 취지다. 그래야 물가 상승률을 평균 2%로 맞출 수 있기 때문이다.

AIT를 야심차게 도입했는데, 2021년 초반 물가 상승률이 월별 기준 2%를 넘기 시작한다. AIT 정신에 입각하면 이는 문제가 아니다. 그런데 2%대, 3%대를 넘어 7%를 훌쩍 넘는 동안에도 "인플레이션은 일시적"이라는 진단이 내려진다. "도입한 지 얼마 안 된 AIT정신을 폐기할 수는 없었기 때문"이라는 평가가 나왔다. 결과적으로 AIT는 그 뜻을 펴지 못한다.

연준이 물가와의 싸움에서 승리를 선언한 후에는 AIT가 유효할까? 그렇지 않다는 평가가 지배적이다. 저물가로 돌아가기 어려운 환경이 되었기 때문이다. 유럽과 중동은 전쟁을 벌이고 있고, 세계 곳곳에선 보호무역주의가 한창이다. 글로벌 공급망의 최대 목표가 '비용 절감'에서 '부품의 안정적인 공급'으로 바뀌었다. 트럼프의 관세 공격도 본격화하면서 수입 물가 상승에 대한 우려도 커진다. 이뿐 아니라 중국은 값싼 노동력을 수출해 '디플레이션'을 전 세계에 공급해왔으나 이러한 중국마저도 '고령화'를 겪고 있다.

　런던정치경제대학교 명예교수 찰스 굿하트, 독립 거시경제 연구회사 토킹헤즈매크로 창립자인 마노즈 프라단은 『인구 대역전』이라는 책을 통해 전 세계 노동인구가 감소하고 고령인구가 증가하면서 인건비 등 생산비용이 올라가고 노인 부양비가 늘어날 것으로 전망한다. 저축 대신 소비가 늘어나 인플레이션 시대가 올 것이라고도 경고했다. 이전과 같은 저물가 시대가 오지 않는다면 전 세계 금융시장을 좌지우지하는 미국의 물가 지표는 앞으로도 챙겨봐야 할 핵심 지표일 수밖에 없다.

미국 제조업·서비스업 PMI를 중요하게 여기는 이유

전 세계 경제의 무려 4분의 1이 미국이니
미국 경제가 어떻게 성장하는지가 중요해!
ISM지수로 한국 수출 경기를 예측할 수 있어!

미국 기업들의 경제 상황 전반을 살펴볼 수 있는 지표도 있다. 미국 공급자관리협회(ISM)가 매달 초에 공개하는 제조업과 서비스업 구매관리자지수(PMI)가 바로 그것이다. 구매관리자지수는 기업체를 대상으로 설문 조사한 결과로 심리지표에 가깝지만, 기업들이 미국 경제가 잘되고 물건이나 서비스가 잘 팔릴 것이라고 기대하는지 그렇지 않은지를 살펴볼 수 있다는 점에서 금융시장에서 중요하게 보고 있다.

그도 그럴 것이 미국은 전 세계 국내총생산(GDP)의 4분의 1을 차지하는 나라일 뿐 아니라 우리나라의 주요 수출국이다. 미국 경제가 우리나라에 미치는 영향이 날이 갈수록 커지고 있다. 미국 경제가 좋아지면 전 세계 경제도 시간을 두고 살아나고, 오고 가는 무역 속에 우리나라 수출 경기도 좋아지게 된다.

ISM 제조업·서비스업 PMI가 뭐길래?

ISM은 매달 첫 번째 영업일에 제조업 PMI를 내놓는다. 그리고 2영업일 뒤에 서비스업 PMI를 발표한다.

미국 국내총생산(GDP)에서 서비스업이 차지하는 비중은 80%에 가깝다. 제조업이 차지하는 비중은 10%대 정도다. 그러나 금융시장에선 제조업 PMI에 더 주목한다. 미국 경제는 서비스업에 의해 좌우되지만 서비스업은 무역이 일어나기 어렵기 때문이다. '미국 제조업이 잘되냐, 안되냐'에 따라 미국에 얼마나 수출할 수 있을지가 가늠되기 때문이다.

ISM은 미국 내 20개 업종, 400개 이상의 대기업을 대상으로 설문조사를 실시한다. PMI는 50을 기준선으로, 50을 넘으면 경기를 긍정적으로 보는 의견이 많다는 의미로 '경기가 확장한다'는 것을 말한다. 반대로 50 이하일 경우엔 '경기 수축'을 의미한다.

제조업 PMI는 신규 수주, 생산, 고용, 물품 배송 기간, 재고 등 5대 주요 지표를 중심으로 발표되는데, 여기서 주목해서 봐야 할 것은 신규 수주와 재고다. 신규 주문은 말 그대로 얼마나 활발하게 물품 매매계약 등 매출이 일어나고 있는지를 보여준다. 재고가 늘어나고 있다는 것은 생산은 이루어지는데 판매가 잘되지 않는다는 것을 의미하니 재고가 쌓이는 것은 부정적인 신호다. 반대로 재고가 줄어든다는 것은 생산이 늘어날 소지가 있고 신규 주문이 활발하게 이루어지거나 이루어질 수 있을 것이라는 기대를 만든다. 그것은 고객 재고(조사 대상 기업이 물건을 판매하는 고객사 재고)를 통해 알 수 있다. 고객 재고가 많다면 이들이 물건을 더 사겠다고 할 가능성이 낮으니 신규 주문이 줄어들 것이다.

팬데믹 당시에는 물건을 받는 데 상당한 시간이 걸렸으니 고객에게 물건이 인도되기까지 얼마나 걸렸냐가 관심이었다. 물가 상승기에 와서는 PMI 내 물가지표도 중요하게 여겨졌다. 원자재·부자재 가격이 많이 상승해 기업들이 물가가 올랐다고 느낀다면 고객들에게 판매하는 소비자 가격을 올릴 가능성이 높기 때문이다.

S&P에서 발표하는 미국 제조업·서비스업 PMI도 있다. 통상 S&P보다 ISM PMI가 더 중요 지표로 여겨진다. ISM은 대기업을 위주로 조사하다 보니 미국 외 지역에서 활동하는 기업을 조사 대상에 포함하나, S&P는 미국 내 지역에서만 활동하는 기업체를 대상으로 중소기업까지 포함해 약 800개 업체를 조사하기 때문이다. 질문 방식도 ISM은 직관적으로 답변하지만 S&P는 '신규 주문이 많다'고 응답했으면 그 근거까지 제시해야 한다. 두 지표는 긴 시계열을 놓고 봤을 때는 방향성이 크게 다르지 않지만 단기간만 살펴보면 방향성이 다를 때가 많다.

미국 제조업 PMI가 나빠진다면?

금융시장에서는 제조업 PMI를 더 중요하게 여기다 보니 미국 경제를 오판할 때도 있다. 미국 경제는 제조업보다 서비스업에 좌우된다. 그런데 대부분의 지표는 제조업 중심이다 보니 미국의 제조업 PMI가 나쁘면 미국 경제도 나쁘다고 여겨질 때가 있다.

2023년이 그랬다. 2023년은 재화보다는 서비스 중심으로 소비가 살아났던 때였다. 미국의 ISM 제조업 PMI는 2022년 11월부터 기준선인 50을 하회하기 시작해 2023년 내내 50을 하회하며 내리막길을 걸었다. 그런데 그 해 미국의 경제 성장률은 2.5%에 달했다.

그 비밀은 서비스업에 있었다. 서비스업 PMI는 50선을 1년 내내 상회하며 안정적인 모습을 보였다. 미국의 제조업 PMI가 좋지 않다는 것은 사실상 미국 경제가 안 좋다기보다 미국에 수출하는 나라들의 경기가 안 좋을 수 있다는 의미다. 2023년 우리나라 경제 성장률은 1.4%에 불과했다.

미국 제조업 PMI가 잘 나와야 한국 수출도 좋다

우리나라 입장에서는 미국의 제조업 PMI가 잘 나와야 한다. 미국 제조업 PMI는 우리나라 수출의 선행지표로 여겨질 정도로 상관성이 높다.

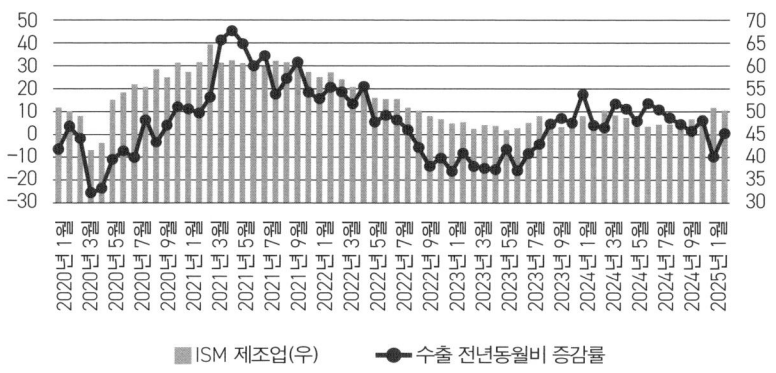

출처: ISM, 산업통상자원부

　팬데믹 이후 경기가 반등하는 과정에서 미국 제조업 PMI가 상승하기 시작했는데, 우리나라 통관수출도 전년동월비 증가세를 보였다. 2023년은 미국 제조업 PMI가 바닥을 기자 우리나라 수출도 감소세를 지속했다. 2023년 하반기 제조업 PMI가 서서히 반등하자 우리나라 수출도 증가세로 전환한다. 반도체 경기가 살아난 것과도 맞물린다. 메모리반도체를 수출하는 우리나라 입장에서 인공지능(AI), 데이터센터 등에 투자할 주요 고객들이 구글, 아마존, 엔비디아 등 미국 대기업이다.

　한국은행은 2024년 4월 '우리나라의 대미국 수출구조 변화 평가 및 향후 전망'이라는 제목의 BOK이슈노트에서 미국의 소비·투자가 대미 수출과 상관관계가 높다고 소개했다. 특히 팬데믹 이후에 그 상관성이 높아졌다고 분석했다. 미국 소비와 대미 수출 간 상관계수는 2000년 이후 0.56이었는데 2020~2023년에는 0.91까지 올랐다. 미국 투자와 대미 수출 간 상관계수는 이 기간 0.72에서 0.86으로 높아졌다. 1에 가까울수록 상관관계가 높다. 예를 들어 미국인들이 자동차를 사겠다거나 스마트폰을 바꾸겠다고 한다면 관련 수출이 증가한다는 의미다. 구글 등이 데이터센터를 설립하겠다고 하면 거기에 들어가는 우리나라의 메모리반도체가 잘 팔릴 것이다.

무시무시한 연준의 힘,
새벽에도 잠을 못 잔다

금융위기가 닥치니까 달러를 막 뿌리더니,
고물가가 되니까 금리를 마구 올리는 연준!
세계의 금융제왕은 스케일이 확실히 남달라!

연준은 위기를 먹고 무럭무럭 자라왔다. 2008년 금융위기를 일으킨 장본인인 미국을 향해 미국의 위상이 흔들린다느니 등등 말들이 많았지만 연준의 위상은 별로 꺾여본 적이 없다.

날이 갈수록 글로벌 금융시장은 거의 한 몸처럼 움직이고 있다. 주요국에 문제가 생기면 그 문제는 단순히 그 나라에 그치지 않고 세계적인 이슈로 등장한다. 세계 경제는 '탈세계화'로 간다고 하는데, 금융시장은 결속력이 더욱더 강해졌다.

돈은 국경 없이 오고 가고, 연준의 힘은 더 세졌다. '물가' 오판으로 연준에 대한 신뢰가 흔들리든 아니든 말이다.

위기 땐 '시장의 생각보다 더 세고 강하게'

 2008년 글로벌 금융위기 당시 연준은 세 차례 양적완화를 통해 위기 극복에 나섰다. 양적완화는 연준이 금융회사가 보유하고 있는 국채, 주택담보증권(MBS) 등을 사들이고 금융회사에 달러화를 지급해 시중에 달러화를 공급하는 방식이다. [벤 버냉키 전 연준 의장은 저서 『벤 버냉키의 21세기 통화정책』에서 양적완화가 아닌 '신용 완화'를 실시했다고 밝혔다. 자세한 내용은 다음에 이어지는 '금융위기 때도 돈 풀었는데 그땐 왜 고물가가 아니었나'에서 소개한다.]

 당시 벤 버냉키 연준 의장에게는 '헬리콥터 벤'이라는 별명이 붙었다. 헬리콥터를 타고 돌아다니면서 달러화를 뿌리고 있다는 뜻에서 붙은 별명이었다. 미국은 달러화가 고갈되던 주요국과 통화스와프 계약을 맺어가며 달러화 공급에 나섰다.

 주요국이 달러화가 부족해지면 각국은 외환보유액을 털어 달러화 공급에 나설 것이다. 이 과정에서 외환보유액이 투자하고 있는 미 국채를 대거 매도할 가능성이 높다. 미 국채·회사채 가격은 폭락(채권 가격과 금리는 반대로 움직이기 때문에 금리는 오른다)하고, 여기에 투자한 미국 금융회사도 어려움이 커진다. 회사채 금리 상승 등에 미국 기업까지 어려움을 겪게 된다. 미국은 이렇게 철저하게 본인들의 금융회사·기업에 위협이 될 만한 상황을 만들지 않는다는 선에서 나라를 선별해 주요국과 통화스와프를 맺었다.

 미국 달러화를 언제든 공급받을 수 있는 '상설 통화스와프 국가'

는 유럽, 일본, 영국, 캐나다, 스위스 등 5개국이다. 우리나라는 여기에는 끼지 못했지만 위기 발생 시 '상설 통화스와프 국가' 다음으로 통화스와프 라인을 가동하는 국가에는 포함되어 있다. 미국은 2008년 금융위기와 2020년 팬데믹 위기 당시 우리나라를 비롯해 호주, 덴마크, 노르웨이, 스웨덴, 뉴질랜드, 브라질, 멕시코, 싱가포르 등 9개국과 통화스와프 계약을 맺었다.

이 당시의 경험은 2020년 팬데믹을 단시간 내 극복하는 데도 도움이 되었다. 금융위기를 겪으면서 얻게 된 교훈이 있다. 이왕 부양책을 쓸 것이라면 '시장이 예상했던 것보다 더 세고 과감하게' 하자는 것이었다. 2008년 금융위기 당시 양적완화를 실시했지만 원했던 효과가 덜 나와, 추가로 세 번이나 추진해야 했기 때문이다.

2008년 11월부터 2014년 10월까지 양적완화로 인해 연준의 자산 규모는 2조 달러에서 4조 5천억 달러 수준까지 늘어난다. 약 6년의 기간 동안 자산 규모가 2배 이상 불어났다. 그런데 2020년 팬데믹 기간에는 어마어마하게 빠른 속도로 자산이 늘어난다. 2020년 3월 초 4조 2천억 달러에서 7조 달러를 달성하는 데까지 고작 석 달도 걸리지 않았다. 2022년 4월 연준 자산은 8조 9천억 달러 수준으로 불어난다. 금융위기 때와는 비교할 수 없는 속도로 달러화를 풀어댄 것이다. 팬데믹으로 실물경기 자체가 마비된 상태였는데도 유동성의 힘에 주요국 증시는 'V자' 회복을 보였다. 전 세계인들이 '유동성의 맛'을 제대로 본 셈이다.

그런데 미국에선 2021년 중반부터 물가 상승세가 심상치 않았다.

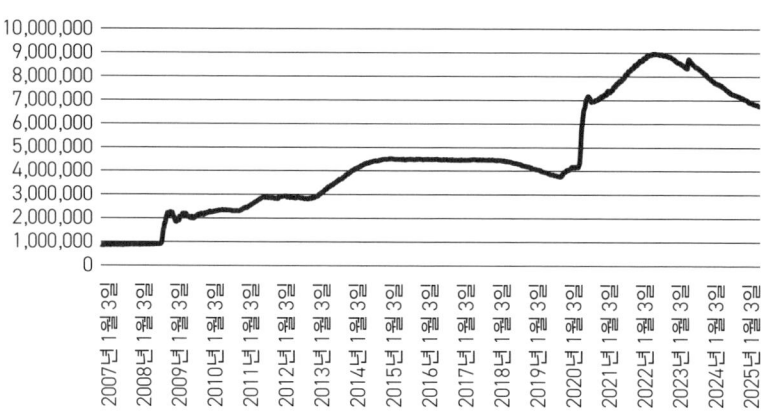

출처: 세인트루이스 연방준비은행

그러나 연준은 "일시적"이라는 평가만 하다가 2022년 금리를 한꺼번에 0.75%P씩 네 차례 연속 올렸다. [통상 중앙은행들은 기준금리를 조정할 때 0.25%P씩 '베이비스텝'으로 움직인다. 그러나 2022년 고인플레이션기에는 0.5%P, 0.75%P씩으로 한꺼번에 금리를 조정했다. 0.5%P는 '빅스텝'으로, 0.75%P는 '자이언트스텝'으로 불렸다.]

연준의 무서운 금리 인상 기세에 달러화가 급등하는 반면 다른 나라 통화들은 약세를 겪었다. 원·달러 환율이 1,400원 중반대를 향해 갔던 것도 이때다. 주요국은 외환보유액을 털어 달러화 공급에 나서야 했다. 우리나라 외환보유액은 2022년 말 4,232억 달러로 한 해에 399억 달러나 감소했다. 스위스는 1,860억 달러, 일본은 1,782억 달러, 중국은 1,225억 달러나 줄었다. 외환보유액이 줄어든 것은 외환

보유액 내 미 국채를 매각해 확보한 달러화를 매각한 영향도 있지만 유로화, 엔화 등이 약세를 보이면서 외환보유액 내 달러화가 아닌 통화 자산의 달러화 환산액이 감소한 영향도 있다.

연준은 금리 인상과 함께 양적긴축(QT)을 통해 만기 도래한 국채, 모기지증권 등을 매각해 달러화를 흡수하면서 연준 자산은 2025년 3월 중순 6조 7천억 달러 수준으로 줄었다. 연준이 금리를 빠르게 큰 폭으로 올리면서 돈줄을 조였음에도 팬데믹 당시 풀어놨던 돈이 어마어마하다는 얘기다. 이 돈들이 나중에 어떻게 움직이며 금융시장을 좌우할지는 사실 그 누구도 알 수 없다.

서학개미, 새벽 3~4시에도 눈이 반짝

연준이 어떻게 금리 등 통화정책을 결정하는지를 잘 살펴볼 필요가 있다. 연준은 연방준비제도 이사회(FRB)라는 본부와 뉴욕 연방준비은행을 비롯한 12개 지역 연방준비은행으로 구성되어 있다. 이사회에는 이사회의 의장과 부의장을 비롯해 7명의 위원이 있고, 12개 지역 연방준비은행 총재까지 총 19명이 회의 결정의 멤버가 된다. 이들 19명은 1년에 8번 열리는 FOMC회의 멤버로서 기준금리를 결정한다.

다만 19명이 모두 투표권을 갖는 것은 아니다. 투표권을 갖는 사람은 총 12명이다. 이사회 위원 7명과 뉴욕 연방준비은행 총재는 항

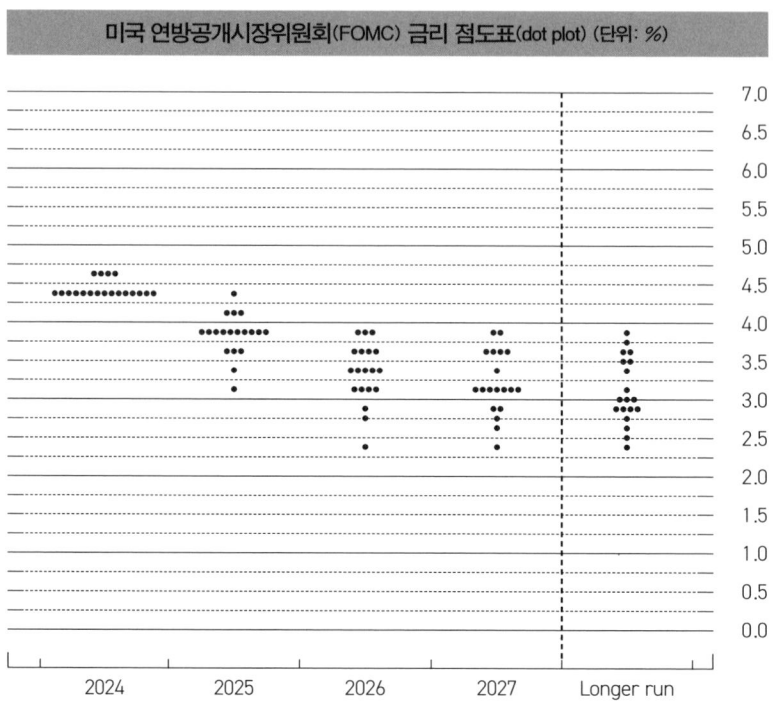

* 2024년 12월 기준
* 점 하나 하나가 FOMC 멤버 19명을 나타낸다. FOMC 멤버들은 시간이 갈수록 금리가 하락할 것으로 전망하고 있다. '롱거 런(Longer run)' 장기금리는 19명의 멤버가 생각하는 장기 중립금리를 의미한다.

출처: 연방준비제도(Fed·연준)

상 투표권을 갖는다. 나머지 4명은 11명의 지역 연방준비은행 총재가 1년 단위로 돌아가면서 투표권을 얻게 되는 구조다.

FOMC 회의는 1월, 3월, 4월, 6월, 7월, 9월, 11월, 12월 등 총 8회 열린다. 우리나라 시각으로 새벽 3~4시 정도에 기준금리 결정 결과가 나온다. 그러다 보니 미국 주식 등에 투자한 서학개미들은 뜬눈으로 밤을 새우기 일쑤다. 3월, 6월, 9월, 12월에는 연준이 생각하는 경제 전망과 함께 금리 점도표를 제시한다.

금리 점도표는 19명의 FOMC 멤버들이 3년간 생각하는 금리의 경로를 점으로 표시한 것이다. FOMC 멤버들이 금리가 앞으로 내려갈 것으로 생각하는지, 그렇게 생각하는 멤버들이 지난번보다 늘어났는지 줄어들었는지가 중요하다. 단, 금리 점도표는 FOMC 멤버들이 현 시점에서 생각하는 금리 수준일 뿐, 이는 반드시 현실화되지는 않는다.

FOMC 멤버들이 어떤 성향을 보이는 인물인지를 파악하는 것도 중요하다. 2018년부터 2025년 현 시점까지 의장직을 유지하고 있는 제롬 파월 연준 의장은 글로벌 투자회사 칼라일 그룹에서 오랜 기간 일한 경력을 갖고 있는 '비둘기 성향'의 인물로 분류된다. [기준금리를 낮춰 경기를 부양해야 한다는 쪽을 dovish, 즉 '비둘기'라고 한다. 반면에 금리를 올려 물가를 안정시켜야 한다는 쪽을 hawkish, 즉 '매'라고 한다.]

연준 의장직은 한국은행 총재와 똑같이 임기가 4년이지만 무제한으로 연임할 수 있다. 1회에 한해 임기 연장이 가능한 우리나라의 한은 총재와는 다르다. 대통령이 바뀌어도 계속해서 연임을 통해 연준 의장직을 유지할 수 있기 때문에 연준 의장이 어떤 생각을 하고 있는지가 중요하다.

1987년 8월 첫 연준 의장이 된 앨런 그린스펀은 2006년 1월 말까지 의장직을 연임했다. 2008년 금융위기 당시 "벤 버냉키가 연준 의장이 아니었다면 양적완화 정책은 나오지 않았을 것"이란 말도 나온다. 버냉키는 1920~1930년대 대공황 당시 경기침체 기간이 길어진 이유를 '은행 실패'로 분석한 논문을 쓴 바 있다. 은행 등 자금 공급의 주체가 무너지지 않았다면 경기침체 기간이 길지 않았을 것이란 내용이다. 때마침 위기가 왔고, 그는 본인이 연구했던 논문을 실험할 기회를 얻었다.

연준의 뼈아픈 트라우마

우리나라 역사상 가장 뼈아픈 경제 위기는 외환위기다. 약 30년이 지났음에도 환율이 크게 오를 때마다 관련 기사의 댓글에는 '외환위기가 오는 것 아니냐' 할 정도로 그 트라우마가 뇌리에 깊이 박혀 있다.

연준도 트라우마가 있다. 연준 역사상 최악의 의장으로 꼽히는 사람이 있다. 1970년대 오일쇼크가 왔을 때 연준 의장으로 있었던 아서 번즈다.

1970년대에는 두 번의 오일쇼크가 오는데, 첫 번째 오일쇼크 당시 기준금리를 올렸는데 경기가 침체하고 물가가 안정된다고 착각해 금리를 내렸다. 그러다 1970년 중후반에 다시 두 번째 오일쇼크가 왔다. 경기침체와 인플레이션이 동시에 나타나는 '스태그플레이션'이 발생한다. 세계적인 경제학자인 밀턴 프리드먼은 이 당시 연준을 '샤워실의 바보'라고 비판했다. 샤워실에서 뜨거운 물이 빨리

나오도록 수도꼭지를 온수로 급하게 돌리게 되면 너무 뜨겁게 되고, 너무 뜨거워 다시 냉수 쪽으로 급하게 틀면 샤워를 못할 정도로 너무 차갑게 된다. '샤워실의 바보'는 기준금리 인상 효과를 보기도 전에 금리 인하로 급하게 방향을 트는 중앙은행을 조롱하는 말로 통용되고 있다.

연준 의장의 트라우마는 '제2의 아서 번즈'가 되는 것이다. 특히 제롬 파월 연준 의장은 인플레이션에 대해 '일시적'이라고 잘못 판단하면서 한 차례 실수한 경험이 있기 때문에 물가를 제대로 잡았다고 판단하기 전에 금리 정책의 방향을 트는 것에 대해 겁을 먹을 가능성이 높다. 실제로 연준은 2024년 9월에 금리를 3년 만에 내린 이후 두 차례 더 금리를 내렸으나 그 속도는 시장 예상보다 느리다(2025년 5월 기준).

그러나 현재의 경제 구조는 1970년대와는 상당히 달라졌고, 트라우마에 얽매이다가 어떤 새로운 실수가 발생할지는 알 수 없다. 트라우마가 미래를 보여주진 않지만 연준 의장이 가진 트라우마를 이해하면 연준이 어떤 생각으로 정책을 결정할지를 대략 알 수 있다.

금융위기 때도 돈 풀었는데
그땐 왜 고물가가 아니었나?

기준금리를 0%대로 내리고 달러를 푼 것 같긴 한데,
그렇게 풀어낸 돈은 도대체 어디로 흘러갔나?
내 호주머니로 왔나, 아니면 연준 통장에 있나?

2008년 글로벌 금융위기, 2020년 팬데믹에는 공통점이 있다. 연준이 기준금리를 연 0~0.25%까지 내리고 양적완화를 시행했다는 점이다. 그러나 결과는 판이했다. 금융위기 때는 달러를 살포했어도 물가가 오르지 않았는데, 팬데믹 이후에는 물가 상승이 나타났다.

팬데믹 때 풀었던 달러화가 훨씬 더 많아서인 것인가, 팬데믹으로 무역 길이 막혔기 때문일까? 연준이 돈을 살포했을 때 어느 때는 물가가 오르고, 어느 때는 물가가 안 오르는지 그 원인이 무엇인지 살펴보자. 연준은 나중에 또 위기가 오면 양적완화를 또다시 시행할 것이 뻔한데, 우리는 이를 통해 그것이 물가 상승으로 이어질지 여부를 가늠할 수 있을 것이다.

버냉키는 말한다, "양적완화한 적 없는데…"

    2008년 글로벌 금융위기 당시 연준 의장을 맡았고 2022년 노벨 경제학상까지 수상한 벤 버냉키의 얘기를 들어볼 필요가 있다. 그는 자신이 쓴 『벤 버냉키의 21세기 통화정책』이란 책에서 2008년부터 2014년까지 실시한 양적완화에 대해 그것은 양적완화가 아니라 '신용 완화(credit easing)'이며 달러를 살포한 적은 없다고 말한다. 헬리콥터 타고 달러 뿌리고 다니는 것 아니냐고 할 정도로 달러를 많이 찍어낸 탓에 '헬리콥터 벤'으로 불리기까지 했는데 이게 무슨 소리인가 싶다.

    그의 얘기는 이렇다. 뉴욕 연방준비은행이 시중은행으로부터 10억 달러 규모의 국채를 매입한다. 국채를 매입하면서 시중은행 계좌에 10억 달러를 매입 대금으로 꽂아준다. 여기서 말하는 시중은행 계좌는 연준 내 지급준비금 계정을 말한다. 은행들은 예금자 보호를 위해 예금의 일정 부분을 중앙은행에 적립해야 하는데 이를 '지급준비금'이라고 한다. 연준이 국채를 매입하면 할수록 연준 내 은행 지급준비금 계정에 돈이 쌓이기 시작한다. 연준의 대차대조표 내 자산에는 국채가 쌓이고 부채 계정에는 지급준비금(연준이 은행에 돌려줘야 하는 돈이므로 부채)이 늘어나는 식이다. 연준이 양적완화를 하면서 국채를 매입하면 할수록 연준 지급준비금 계정에는 필요 이상의 자금이 쌓이게 된다.

    버냉키의 주장은 이렇다. 만약 A은행이 초과 지급준비금을 B은행

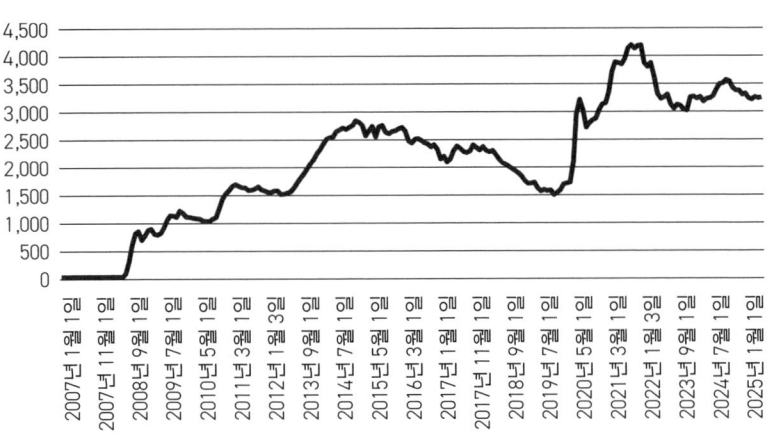

출처: 세인트루이스연방준비은행

에 대출해주고 B은행이 이를 가계·기업에 대출해주었으면 통화량이 증가하면서 물가가 상승했을 텐데, 이 당시에는 그러지 않았다는 것이다.

은행은 대출 장사를 해야 돈을 버는데 당시에는 왜 그러지 않았을까? 연준은 은행이 적립해둔 지급준비금에도 이자를 준다. [한국은행은 은행의 지급준비금에 이자를 주지 않는다.] 연준은 FOMC 회의에서 기준금리를 결정함과 동시에 지급준비금에 대한 지급 이자율(IORB, Interest on Reserve Balances)도 결정한다. 당시 연준의 기준금리가 0~0.25%로 낮으니 은행 입장에서는 가계·기업을 상대로 대출로 돈놀이하는 것보다 연준의 지급준비금 이자를 받는 것이 더 유리했다. 더구나 금융시스템이 망가지는 위기를 겪으면서 경제 주체들은 대

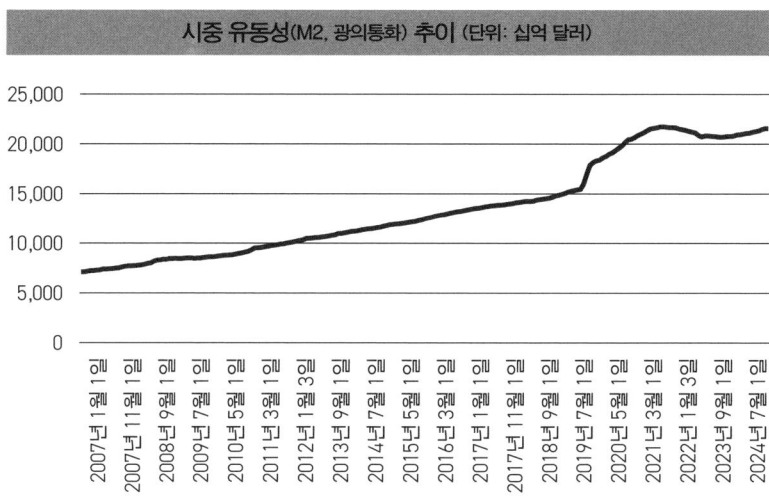

출처: 세인트루이스연방준비은행

출을 일으켜 소비하길 원하지 않았다. 양적완화로 뿌려진 돈은 시중의 유동성 증가로 가지 않고, 연준 내 은행 지급준비금 계정에 차곡차곡 쌓여 있었으니 물가 상승으로 나타나지 않았다는 얘기다. 실제로 연준 계정 내 지급준비금은 2008년 초 449억 달러 수준에서 2014년 8월 2조 8,400억 달러로 급증한다.

그렇다면 당시 연준은 양적완화를 통해 어떻게 경기를 부양했을까? 연준은 당시 10년물 국채 등 장기물을 중심으로 매입했다. 이러다 보면 장기 금리가 하락한다. 연준의 대출금리는 대부분 10년물 등 장기물에 연동되어 있다. 가계·기업이 주로 사용하는 장기 대출금리를 끌어내리는 효과가 있었다는 분석이다. 그래서 버냉키는 이를 '신용 완화'라고 표현했다. 디플레이션을 극복하기 위해 연준보다 더 먼저 2001년 양적완화에 나섰던 일본은행(BOJ)은 국채 매입을 통해 직접적으로 통화량을 늘리길 원했고, 이는 연준의 2008년 신용 완화와는 다르다는 것이 버냉키의 설명이다.

버냉키는 "연준의 2008년 양적완화는 통화량 증가를 원하지 않았다"고 설명했다. 실제로 시중의 유동성을 보여주는 M2(광의통화)는 2009년부터 2014년까지 연평균 6.6% 증가에 그쳤다. 반면 2020년 팬데믹 때도 같은 방식의 양적완화를 실시했지만, 2020년부터 2022년까지 3년간 M2는 연평균 13.5% 증가했다. 2020년, 2021년엔 M2가 연평균으로 각각 19.1%, 16.2% 급증했다.

2020년 팬데믹 때는 뭐가 달랐나?

팬데믹 때는 더 많은 돈이 짧은 시간 내에 뿌려졌다. 2008년 금융위기 때 찔끔찔끔 부양책을 쓰다가 위기가 길어졌다는 반성이 나왔다. 2008년, 2010년, 2012년 세 차례에 걸쳐 양적완화를 해야 했고, 그러는 과정에서 위기를 극복하는 데 시간이 오래 걸렸다는 평가가 있었기 때문이다. 그러나 버냉키의 논리대로라면 양적완화로 뿌려진 돈은 은행의 초과 지급준비금을 늘릴 뿐 물가 상승으로 이어지지 않는다. 그 돈이 아무리 많을지라도 말이다.

여기에 예상치 못한 부분이 있다. 그것은 바로 재정정책의 차이다. 2008년 금융위기 이후 유럽 재정위기가 발발하고, 미국 재정수지 적자 등을 이유로 신용등급이 떨어지는 상황에서 전 세계적으로 재정을 잘 관리해야 한다는 목소리가 커졌다. 그렇다 보니 재정을 마음껏 쓸 수 없었고, 재정정책이 위기를 극복하는 데 역할을 하지 못했다. 그런데 2020년 팬데믹 위기에서는 달랐다. 미국 정부가 전 국민을 대상으로 '지원금'을 손에 쥐어주는 등 과감한 재정정책을 펼쳤다. 이렇게 살포된 지원금은 연준 계좌에서 잠자는 지급준비금과는 차원이 달랐다. 돈을 얼마나 많이 뿌렸는지, 약 4년이 지난 2024년 초까지도 '초과 저축'이 남아 있느니 마니 할 정도였다. 시중에 바로 뿌려진 돈은 팬데믹 확산에 따른 공급난과 함께 물가 상승세를 자극했다.

'공급난' 변수 외에 정책적으로 주목해야 할 점은 '경제 주체는 언제 돈을 쓰느냐'다. 버냉키는 『벤 버냉키의 21세기 통화정책』에서 "통화량을 결정하는 주체는 연준이 아니라 대중의 선택"이라며 "사람들이 예금 계좌에서 돈을 꺼내 크리스마스 선물을 살 때 통화량이 절로 늘어난다"고 말했다. 어쨌든 돈을 쓰는 주체는 가계·기업이라는 말이다. 그 돈이 하늘에서 떨어진 돈(정부가 나눠준 지원금)이라면 쓰는 데는 더 부담이 없을 것이다.

AI를 주도하는 미국,
마치 신흥국처럼 성장한다

알파고가 이세돌 이겼을 때부터 눈치 챘어야지….
가장 돈이 되는 게 뭔지 너무나 잘 아는 미국!
AI에 빠르게 많이 투자하는 곳도 역시나 미국!

구글의 딥마인드(Deep Mind)가 개발한 인공지능(AI) 바둑 프로그램인 알파고가 2016년에 프로 바둑 기사 이세돌을 이겼을 때까지만 해도 AI가 이렇게 빨리 내 삶에 올 줄은 몰랐다. 눈앞의 현실이 되기엔 그래도 시간이 걸릴 듯했다.

그런데 2022년 11월, 2023년 3월 오픈AI가 '챗GPT-3.5, 4' 버전을 순차적으로 출시하면서 뭔가 서서히 위기감이 느껴지기 시작했다. 채팅 방식의 '생성형 AI'라 불리는 이 친구는 순식간에 정보를 찾아주고 글을 쓰고 음악을 만들고 그림을 그려냈다. 이 친구는 저명하신 분들의 축사를 쓰는 데 기가 막혔고, 이메일을 쓰는 데도 유용했다. 챗GPT는 출시된 지 단 두 달 만에 전 세계 1억 명의 사용자를

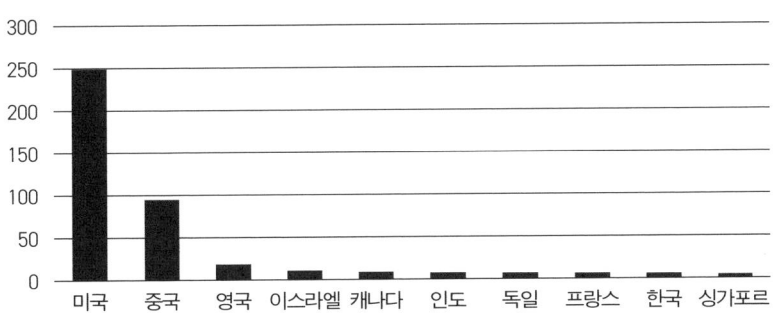

출처: ING

확보해 신제품 출시 사상 가장 빠르게 사용자들을 모았다.

AI 기술의 급속한 발달은 여러 가지 생각을 하게 한다. '내 직업은 AI에 의해 대체될 것인가'부터 'AI 기술이 이렇게 빨리 발달하는데 난 챗GPT에 시답지 않은 질문이나 하고 있고, 제대로 활용하지 못하다가 뒤처지는 것은 아닌가' 하는 불안감이 커졌다. 엔비디아 등 미국 내 AI 관련주들이 무섭게 치솟는 것을 보면서 '불타는 시장에서 나만 못 먹는 것 아니냐'는 포모(FOMO, Fear of Missing out, 소외감) 심리도 강해졌다.

'남들 벌 때 나도 같이 벌어야지' 하다가도 2000년대 초반 닷컴버블(1990년대 후반에서 2000년대 초반 사이 인터넷 기업들의 주가가 과도하게 상승하다가 급락한 현상)처럼 되는 것 아니냐는 등 별의별 생각을 하게 한다. 그러나 닷컴버블 이면에는 대규모 자본의 인터넷 이동이 있었다. 그 자본은 애플의 아이폰, 테슬라 등 '스마트' 세상을 만들어

냈다. AI 관련주의 급등은 대규모 자본이 AI로 이동하고 있음을 시사한다. 그러므로 'AI 세상에 누가 주도권을 갖게 될 것이냐'가 질문의 핵심이어야 한다.

AI도 컴퓨터·인터넷처럼 시나브로 바꾼다

AI를 컴퓨터·인터넷의 탄생과 비교하는 보고서들이 많아지고 있다. 관건은 AI가 세상을 바꾸는 속도일 뿐이다. "AI가 세상을 바꿔 생산성을 높일 것이긴 한데, 다만 시간이 걸릴 것"이라는 의견이 지배적이다.

세인트루이스 연방준비은행의 'AI and Productivity Growth' 보고서에 따르면 1968년 세계 최초의 데스크톱 컴퓨터가 생산되었지만 약 20년 뒤인 1984년 가정과 근로자의 컴퓨터 사용 비중은 고작 각각 약 8%, 25%에 불과하다가, 2012년에야 미국 가정 내 약 79%가 데스크톱·노트북 등을 사용했다. 어떤 기술이 나온 후에 상당수가 이를 직접 이용하기까지 상당한 시간이 걸린다는 얘기다. 즉 컴퓨터가 발명되었을 때 업무에는 변화가 컸지만 곧바로 즉각적인 생산성 향상이 나타나지는 않았다는 얘기다.

1987년 노벨경제학상을 받았던 로버트 소로우는 컴퓨터와 생산성에 대해 "컴퓨터 시대는 생산성 통계를 제외하고는 모든 곳에서 볼 수 있다"며 기술 혁신이 생산성에 바로 영향을 주지는 않는다고 밝혔다. 1980년대부터 컴퓨터·IT기술이 급격하게 발전했음에도 이러한 기술들이 경제 생산성 향상에 큰 기여를 하지 않았다는 점에서 나온 발언인데, 이를 '소로우의 패러독스(Solow's Paradox)'라고 한다.

오히려 기술 혁신이 발명된 초기에는 생산성이 감소한다는 의견도 나온다. 에릭 브린욜프슨 스탠퍼드대학교 교수 등은 2021년 한 논문('The Productivity J-Curve')에서 "생산성을 높이는 기술 혁신이 먼저 생산성을 감소시키는데, 그것은 기술 혁신의 잠재력을 실현하려면 대규모 무형 투자와 생산 조직 자체의 근본적인 재검토가 필요하기 때문"이라며 AI 도입 역시 마찬가지일 것이라고 밝혔다. 다만 시간이 지나면서 기술 혁신이 생산성을 크게 끌어올릴 것이라고 설명했다.

실제로 ING 보고서('AI productivity gains may be smaller than you're expecting')에 따르면 미국에서는 1995년부터 2005년까지 생산성이 연평균 2.3% 증가했다. 1985년부터 1995년까지는 1.3%에 그쳤는데 컴퓨터가 드디어 생산성을 높이는 데 기여하기 시작한 것이다. ING는 "전기 발명, 컴퓨터 발명 모두 새로운 기술이 등장한 지 약 20년 후, 즉 기업의 약 절반이 기술을 도입한 시점에 미국에서 대대적인 생산성 붐이 일어났다"고 밝혔다. AI도 마찬가지일 것이라는 전망이 많다.

2023년 골드만삭스가 기업과 경영진을 대상으로 한 설문조사('AI may start to boost US GDP in 2027')에 따르면 향후 1~3년간 AI가

기업 활동과 고용 수요에 미치는 영향은 미미하지만 향후 3~10년 후에는 훨씬 그 영향이 클 것으로 조사되었다. 인터넷이 연결되지 않은 곳이 없는 상황에서 AI가 이전의 컴퓨터·인터넷보다는 더 빠르게 보급될 수 있지만 AI가 퍼지기 위해서는 대규모 반도체 투자가 선행되어야 할 뿐 아니라 정보보호 등 사이버 보안, 규제, 에너지 부족 등도 극복해야 한다.

국제에너지기구에 따르면 전 세계 데이터센터의 전력 수요는 2026년까지 1천Twh(테라 와트시)가 소요되어 2022년의 2배 수준에 달할 것으로 전망되었다. 이는 독일의 총 전력 수요와 맞먹는 수준이다. 명백한 점은 시간이 걸릴 뿐 결국 그 길로 간다는 것이다.

AI 주도권을 가지고 있는 미국

2025년 기준, 지금으로부터 10년 뒤에는 AI가 생산성을 끌어올릴 것이라는 전망이 지배적이다. 특히 미국이 AI로 인한 수혜를 가장 크게 볼 것으로 예측되고 있다.

골드만삭스는 2023년 보고서에서 "미국과 다른 선진국이 역사적으로 획기적인 기술 도입을 주도해왔기 때문에 다른 지역보다 더 생산성 향상이 빠르게 나타날 수 있다"며 "미국의 경우 최소 2027년부터, 다른 선진국은 2028년부터 경제 성장률이 AI로 인해 높아질 수 있다"고 설명했다. 미국은 2034년까지 AI로 인해 연평균 성장률이

0.4%P 높아질 것으로 분석했다.

미국은 AI 투자 규모가 전 세계에서 가장 크다. ING에 따르면 미국의 2013년부터 2022년까지 민간 부문 AI 투자 규모는 2,489억 달러를 기록해 압도적으로 많다. 중국은 951억 5천만 달러로 2위를 기록했다. 투자 규모를 보면 중국에서 딥시크(챗GPT와 유사한 서비스를 제공하는 AI)가 나온 것도 이상한 일은 아니다. 우리나라는 55억 7천만 달러 규모로 미국, 중국 대비 극히 적은 편이다. 국내총생산(GDP) 대비 AI 투자 규모를 보면 이스라엘이 2.8%(108억 3천만 달러)로 가장 많고, 미국도 1.3%로 2위에 달한다.

생성형 AI에서 가장 앞서 있는 챗GPT도 미국에서 시작되었다. AI 등 신기술에 적극적으로 투자하려면 모험자본에 대한 과감한 투자가 일어나야 하는데, 이것 역시 미국이 다른 나라 대비 자유로운 편이다. ING는 유럽의 경우 인터넷·컴퓨터가 나오는 상황에서도 미국과 달리 생산성이 둔화했다며, AI 역시 비슷한 상황이라고 밝혔다. [미국의 노동생산성은 1985~1995년 연평균 1.3% 성장에서 1995~2005년 2.3%으로 상승한 반면, 유럽은 이 기간 2.2%에서 1.1%로 노동생산성이 둔화되었다.] 특히 유럽연합(EU)은 2024년 3월 세계 최초로 AI법(AI 활용 과정에서 발생하는 위험을 구분하고 법 위반 기업에 전 세계 매출의 최대 7% 과징금 부과)을 통과시켰다. 이 법은 2026년 발효 예정이다.

미국은 2020년 팬데믹 초기 저생산성 일자리들이 사라지면서 노동생산성이 급증했다. 2020년 2분기, 3분기에는 노동생산성 지수가 전분기 대비 각각 19.9%, 5.8%나 급증했다. 그 뒤로 오르락내리락하더니 2023년 2분기 3.3%, 3분기 4.6%, 4분기 3.5%, 2024년 1분기 0.4%, 2분기 2.5%로 꾸준한 증가세를 유지하고 있다. 5분기 연속 증가세다. 팬데믹 초기의 노동생산성 급증은 저생산성 일자리들이 탈락하면서 노동시장에서 고생산성 일자리 비중이 늘어난 영향 때문이라는 해석이 많지만, 2023년 2분기 이후 생산성 향상은 AI 등 기술 혁신으로 설명하는 경우가 많다.

OECD(2024.5)에 따르면 미국의 잠재성장률은 2021년 1.9%에서 2022년 2.0%, 2023년 2.06%, 2024년 2.08%로 상승할 것으로 전망되고 있다. AI가 일자리 불평등, 기술 격차, 보안 침해, 에너지 과다 소비 등 갖가지 문제를 일으키겠지만 인터넷 발명 초기 때를 떠올려 보면 거부할 수 없는 대세인 것은 사실이다. AI로 인해 생산성을 한 번 더 끌어올릴 기회가 왔고, 이를 어떤 방식으로 도입하고 대비하느냐가 관건이다.

SVB 사태로 살펴본 은행의 적나라한 실체

단기로 당겨서 장기로 빌려주는 은행,
딱 망하기 쉬운 구조인 걸 명심해야 해!
'정부가 살려주겠지?'라며 은행을 다 믿진 말자.

은행들이 예대마진으로 내 돈을 날로 먹는다며 "다 도둑놈"이라고 비판하면서도 우리는 여전히 은행에 돈을 맡기고 있다. 우리가 은행에 맡긴(빌려준) 돈은 다시 안전하게 돌려받을 것이라고 믿는다. 한 은행당 예금자보호한도가 5천만 원이라는 사실을 모르는 것이 아니다. 누군가는 그 금액을 꼼꼼하게 따져 여러 은행에 분산해서 넣기도 하지만 그 한도를 신경 쓰지 않고 '은행은 안전하다'고 믿고 예금을 한다.

어디서 이런 용기가 났을까? 아마도 그 밑바탕에는 '설마 은행이 망하겠냐, 은행이 망한다는 것은 나라가 망한다는 것인데 그러면 나라가 망하겠냐'라는 생각이 있을 것이다.

그런데 냉정하게 따져보라. 1997년 외환위기 시절에 실제로 수많은 은행이 망했고 나라가 망했다. 2008년의 미국은 어떤가? 세계 4위 은행인 리먼브라더스가 파산했다. 미국처럼 힘이 제일 센 통화를 갖고 있는 나라도 리먼브라더스를 구제하지 못했다. 일부 넘어갈 뻔한 은행들은 구제가 되었지만, 구제해주고 싶어도 리먼브라더스에는 그럴 만한 자산이 없었다고 전해진다.

연준은 은행에 대출을 해주지만 항상 국채 등 안전자산을 담보로 잡는다. 국채가 없다면 연준은 은행에 대출을 해줄 수가 없다. 즉 은행도 망할 수 있다는 얘기다.

대마불사이던 은행이 망했다

은행의 구조를 살펴보자. 은행은 단기로 예금을 받아서 장기로 대출해준다. 은행에 길어야 5년, 3년, 짧으면 1년짜리 정기적금·정기예금을 들고 있지만 은행에서 대출받는 기간은 만기 10년, 30년, 50년으로 길다. 갑자기 어떤 이유에 의해 특정 은행이 불안해 보인다면 너도나도 '내가 맡긴 예금을 돌려달라'고 달려들 것이다. 이렇게 뱅크런(Bankrun)이 발생해버리면 세상의 그 어떤 은행도 살아남을 수가 없다.

이런 사태가 2023년 3월 미국에서 실제로 발생했다. 미국 실리콘밸리은행(SVB)은 3월 8일 뉴욕증시가 종료된 후에 주주 서한을 통해 유상증자(신주 발행)를 하겠다고 밝혔다. 이 직후 국제신용평가사 무디스는 SVB의 신용등급을 한 단계 하향 조정한다고 발표했다. 이때 사람들은 SVB에 무슨 일이 생겼다고 느꼈다.

SVB는 실리콘밸리의 기술, 의료 관련 신생 스타트업을 대상으로 영업하는 은행이다. 스타트업이 주요 고객인데, 예금 잔액 등이 2021년 말 1,258억 5천만 달러에 달했다. SVB는 자산이 2,120억 달러(2022년 9월 말)로 미국 은행 중 18위를 기록했다.

스타트업이 잘 될수록 SVB에는 예금 등 현금이 늘어났고, SVB는 자산의 55%를 미 국채, 모기지증권(MBS) 등 안전자산에 투자했다. SVB는 예금자가 찾아와 "내 예금을 주세요" 할 때를 대비한 유동성을 거의 확보하지 않았다. 자산 대부분이 미 국채로 되어 있는데, '팔아버리지'라는 생각은 연준이 금리를 빠르게 올리면서 채권 가격이 급락하자 의미 없게 되어버렸다. 금리가 올라 자금 조달 비용 또한 높아졌다. 그래서 SVB는 유상증자를 하려고 했으나 '신용등급 하락' 소식이 함께 전해지면서 투자자들은 불안감을 느꼈고, 결국 유상증자에 실패했다.

그러자 SVB 예금은 순식간에 빠져나갔다. 스타트업이 뭉칫돈을 예금하면서 예금자보호한도를 넘어선 예금들이 많았기 때문에 예금이 빠져나가는 속도는 너무나도 빨랐다. 결국 3월 10일, SVB는 영업을 중단한다. 시그니처은행 등 몇 군데 은행도 비슷한 처지로 폐쇄 조치되었다.

은행의 사고, 어떻게 대해야 하나?

금융시장에서 중요한 것은 '은행의 사고를 정부와 중앙은행이 어떤 태도로 처리할 것인가'다. 2023년 벌어진 SVB 사태를 보면 연준은 그 어느 때보다 빠르게, 그 어느 때보다 광범위하게 구제 조치를 했다.

미국 연방예금보험공사(FDIC)는 SVB를 즉각 인수하고 예금자보호한도(1인당 25만 달러)를 초과하더라도 예금자들의 예금을 전액 보장한다고 밝혔다. SVB처럼 비슷한 구조의 중소형 은행으로 뱅크런이 번져 나가는 때였다. 이런 사태를 막기 위해 '예금 인출'을 멈추도록 한 것이다.

동시에 유동성이 부족한 은행들이 티 안 나게 돈을 빌려갈 수 있는 창구도 만들었다. 재무부, FDIC, 연준은 '은행기간자금프로그램(BTFP)'이라는 제도를 통해 은행들이 갖고 있던 국채, MBS 등을 자산으로 맡기면 1년 만기의 대출을 해주었다.

BTFP를 이용한다고 소문나지 않도록 2년간 이용 사실을 비밀에 부치고, 국채 담보 가치를 시장가격이 아닌 '액면가격'으로 평가하도록 하는 혜택도 주었다. 국채 금리 상승에 10만 달러짜리 국채 가격이 똥값이 되었어도 10만 달러로 담보 가치를 쳐주겠다는 것이다. 이 같은 특혜는 과연 어떻게 가능했을까?

은행이 망하면 나라가 망한다

벤 버냉키 전 연준 의장, 더글러스 다이아몬드 미국 시카고대학교 교수, 필립 딥비그 세인트루이스 워싱턴대학교 교수는 2022년 노벨경제학상을 수상한다. 이들은 '은행과 금융위기 연구'에 기여했다는 공로로 상을 받았다. 버냉키는 1920~1930년대 대공황을 연구했던 학자로 유명하다. 그 당시 실물경제 침체가 장기간 지속되었는데 왜 이렇게 심한 침체를 겪었는가 봤더니 은행이 무너지면서 자금 중개 기능이 망가졌기 때문이라고 분석했다. 아무리 괘씸하더라도 은행 등 금융시장을 중개하는 기관이 망가지게 그냥 둘 수 없다는 것이 전 세계 정부의 컨센서스로 자리 잡았다.

특히 디지털뱅킹으로 뱅크런이 24시간 내에 순식간에 발생할 수 있는 현재의 금융시스템 안에서 정부와 중앙은행의 조치는 더 빨라지고, 더 광범위해질 수밖에 없다. 정부와 중앙은행이 보호해야 할 금융회사들은 늘어나고 있다. 은행뿐 아니라 증권사 등 비은행의 금융시장에 대한 영향력이 커지고 있기 때문이다.

은행은 단기예금으로 자금을 조달해 장기대출하면서 영업하는데, 증권사는 환매조건부채권(RP)이나 자산유동화기업어음(ABCP) 등 하루짜리나 3개월짜리 등 더 단기로 자금을 조달해 채권·부동산 등 좀더 장기자산에 투자한다. 그러니 유동성 불일치가 나타날 가능성은 언제든지 열려 있다.

대마불사 논란과 도덕적 해이

FDIC 홈페이지에는 2000년 10월부터 망한 은행들의 리스트가 올라와 있다. 2024년 4월까지 569개 은행이 망했다. 금융위기 때는 2008년부터 2010년까지 3년간 322개 은행이 망했다. 정부와 중앙은행도 은행을 모두 구제해주는 것은 아니다. 나라 경제를 휘청이게 할 만큼 크고 중요한 은행이냐에 따라 다르다.

리먼브라더스는 세계 4위로 그 규모가 크고 영향력이 컸지만 중앙은행에 맡길 만한 안전한 담보자산이 부족했다. 그 외에 씨티, AIG 등은 구제를 받았다. 정부와 중앙은행이 은행을 살려줬던 당시에는 '대마불사(Too big to fail)' 논란이 번졌었다. 이에 반대하는 월가 운동이 일어나기도 했다.

은행가들은 은행이 망해도 성과급 파티를 한다. 2023년 3월 SVB 영국 법인은 HSBC에 고작 1파운드, 한화로 약 1,700원에 인수되었으면서도 해당 임원들은 1,500만~2천만 파운드에 달하는 성과급 잔치를 했다. 한화로 260억~350억 원에 달하는 규모다.

은행에 대한 사전 금융규제 강화

정부와 중앙은행은 경기를 심하게 꺼뜨리지 않으려면 미우나 고우나 은행 등 주요 금융회사를 구제할 수밖에 없다. 그런데 이러한 조치는 국민의 인기를 끌기 어렵다. 도덕적 해이 문제도 따른다. 결국에는 '사전에 금융회사가 망하지 않도록 관리 감독을 잘해야 한다'는 논쟁으로 귀결된다.

미국에서는 "금융위기 이후에 자산 규모 500억 달러 이상의 은행들이 매년 스트레스테스트를 받도록 하는 내용의 '도드-프랭크법'을 제정하는 등 금융규제를 강화했는데 왜 SVB 사태가 터졌냐"는 반성이 나왔다. 어쩌다가 금융회사를 감독하는 연준이 알아채지 못하는 사이, 삽시간에 뱅크런이 일어났냐는 말이다. 트럼프 1기 시절인 2018년 자산 2,500억 달러 이상으로 스트레스테스트 범위를 축소하면서 SVB가 빠져나갔다는 데로 쟁점이 옮겨갔다. SVB 같은 지역은행이 자본·유동성 규제에서 제외되었던 것이다. 이후 바이든 정부는 자본·유동성 규제 대상을 자산 규모 1천억 달러 이상으로 낮췄다.

은행에 돈을 맡길 때는 한 번쯤 생각해봐야 한다. 은행은 망할 수도 있다. 나라가 망하지 않아도 은행이 망할 수 있다. 정부가 은행을 구제해줄 수도 있을 것이다. 그러나 리먼브라더스처럼 대형은행도 망한 전례가 있다. SVB 사태 때처럼 예금자보호한도를 넘어서는 금액까지 정부가 보장해줄 것이라고 기대하지 말자.

One Point Lesson

달러 스마일 vs. 흔들리는 달러 위상

제2차 세계대전 말 브레턴우즈 체제(달러화를 기축통화로 해 금 1온스를 35달러에 고정해 통화 가치 안정을 꾀하는 통화 체제)가 도입된 후 달러화는 전 세계 기축통화로서의 지위를 80년 가까이 누려왔다.

달러화는 가장 많이 사용되는 통화다. 전 세계 외환거래액의 90%가 달러화다. [각 거래에 2가지 통화가 관련되므로 개별 통화의 백분율 지분 합계는 100%가 아닌 200%다.] 무역거래 후 결제하는 통화도 상당 부분 달러화로 이루어진다. 국제은행간통신협회(SWIFT)에 따르면 달러화 결제 비중이 60%에 이른다.

전 세계 외환보유액의 54.8%가 달러화다. 그래서 '달러스마일'은 여전히 유효한 듯 보인다. 달러스마일은 미국 경제가 나홀로 회복세를 보일 때도, 전 세계 경제가 악화되어 불안감이 커지면서 안전자산 선호 심리가 높아질 때도 달러화가 강세를 보인다는 의미에서 붙여진 말이다.

달러화가 약세를 보일 때는 미국뿐 아니라 전 세계 경제가 살아나면서 위험자산 선호 심리가 커질 때다. 달러화는 80년 가까운 세월 동안 기축통화로서의 지위를 누리면서 다른 나라보다 더 저렴하게 국채를 발행해왔다. 달러화를 아무리 찍어대도 달러화가 오르는 마법도 누렸다.

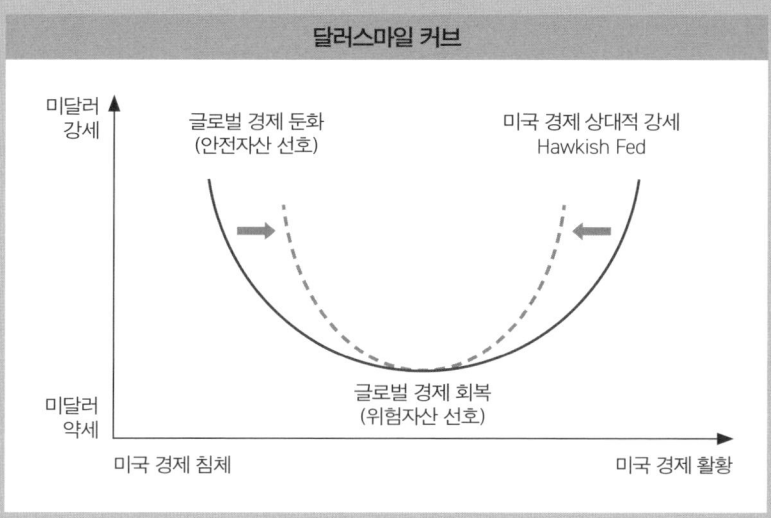

도전을 받고 있는 달러화의 위상

그러나 달러화의 위상은 계속해서 도전을 받고 있다. 외환보유액에서 달러화가 차지하는 비중은 1999년까지만 해도 70%를 넘었다. 과거 패권국이었던 영국의 〈파이낸셜타임스(FT)〉를 중심으로 달러화의 위상과 지위가 약해졌다는 평가가 나온다.

이런 평가가 나온 것은 2008년 글로벌 금융위기 경험 때문일 것이다. 자본주의의 중심지, 금융시장의 메카였던 미국에서 미국 금융당국도 제대로 알지 못하는 금융위기가 발생했고, 이에 대응해 달러화를 찍어댔으니 말이다. 당시 달러화는 크게 하락한다. 더구나 2011년 8월 역사상 처음으로 미국의 국가 신용등급이 강등되는 사태가 일어난다. 스탠더드앤드푸어스(S&P)는 미국의 국가 신용등급을 트리플A(AAA)에서 AA+로 하향 조정한다. 장기간 누적되어왔던 미국의 재정적자 때문이다.

팬데믹 이후로도 대규모 재정지출을 감행하며 재정적자가 누적되어왔다. 그로 인해 미국 정부는 시시때때로 셧다운 리스크를 겪고 있다. 정부 예산안이 미국 의회를 제때 통과하지 않아 공무원들이 급여를 받지 못해 일시적으로 휴직하는 등 정부 기관 자체가 폐쇄된다는 의미다. 재정적자는 미국 정부에 대한 의구심을 불러일으키며 달러 약세를 자극하는 요인이 된다.

달러화 위상이 흔들릴 만한 이벤트는 또 있다. '페트로 달러(Petro dollar)' 시대가 끝이 났다는 것이다. 달러화가 기축통화로서 굳건히 자리매김할 수 있었던 것은 1973년 세계 최대 산유국 사우디아라비아와 '석유는 달러화로 결제'라는 협정을 체결했기 때문이었다. 모든 석유 거래를 달러화로 처리하고 미국이 군사 지원을 하는 대신, 석유를 팔고 얻은 수익을 미 국채에 투자하기로 합의했다. 이 협정은 2024년 6월 9일 종료되었다.

50년의 세월 동안 유지되었던 '석유는 달러화로 결제'라는 공식이 깨진 뒤에도 달러화가 굳건하게 기축통화로서의 지위를 유지할 수 있을까에 대한 의문이 시작되었다. 우크라이나와의 전쟁으로 서방국가의 적이 된 러시아뿐 아니라 중국 등에서는 석유 거래 시 결제 수단으로 자국 통화를 사용하고 있다. 〈월스트리트저널〉에 따르면 2023년 전 세계 석유 결제 수단의 20%는 달러화가 아닌 다른 통화로 이루어졌다. 페트로 달러 협정이 종료된 만큼 석유를 비달러화로 결제하는 추세가 늘어날 수 있다. 이에 따라 달러화 지위가 달라질 수 있다는 관측이 나온다.

아직까지는 달러화의 대안이 없다

달러화가 긴 세월 동안 전 세계 1등 통화 자리를 유지할 수 있었던 것은 단순히 '페트로 달러' 협정 때문만은 아니다. 페트로 달러 자리를 내려놓은 이후에도 달러인덱스는 104선에서 106선을 향해 올라서며 달러화 강세를 보였다.

미국은 2023년 한 해 국방비로 9,160억 달러를 지출했는데, 이는 전 세계 국방비 지출의 40%를 넘는다. 미국이 이 많은 돈을 국방비로 쓰면서 상대적으로 미국 동맹국들은 미국 우산 아래 있었던 것도 사실이다. 그런데 미국이 동맹국에 국방비 부담을 지우려 한다면 미국의 가치에 대한 생각이 달라질 수 있다. 더구나 페트로 달러 협정이 폐지되고 미국과 중국 간 갈등, 중동 분쟁, 러시아·우크라이나 전쟁 등 지정학적 변수가 커지는 시점에서 말이다.

이와 함께 해결 기미가 보이지 않는 미국의 재정적자는 기축통화 달러화에 대한 의구심을 지속적으로 자극할 것이다. 미국의 GDP 대비 정부부채 비율은 120.1%(국제금융협회, 2024년 4분기 말)에 달한다. 하지만 가장 흥미로운 점은 이 모든 악재에도 불구하고 아직까지 달러화를 이길 그 어떤 것도 가시화된 것은 없다는 사실이다.

금융시장에서 가장 기본 지표를 꼽으라면 그것은 '금리'일 것이다. 금융시장과 관련된 책의 가장 첫 페이지에 나오는 것이 바로 금리다. 금리를 알아야 금융시장이 어떻게 돌아가고 있는지, 앞으로 어떻게 돌아갈 것인지를 파악할 수 있다. 금리는 돈의 값이다. 돈을 빌려주고 빌려올 때 주고받는 돈에 대한 사용료가 금리다. 한국은행이나 연준처럼 중앙은행이 결정하는 기준금리를 시작으로 은행 예금금리, 대출금리, 국채 금리, 회사채 금리 등 금리의 종류가 여럿이다. 여럿의 금리들은 주식·채권·부동산 등 자산시장에 영향을 주고, 경기 흐름과 물가 흐름에도 영향을 준다. 금리를 알면 경제·금융의 절반 이상을 이해하게 될 것이다.

PART 3

돈을 움직이는 마법지팡이, 금리의 엄청난 힘

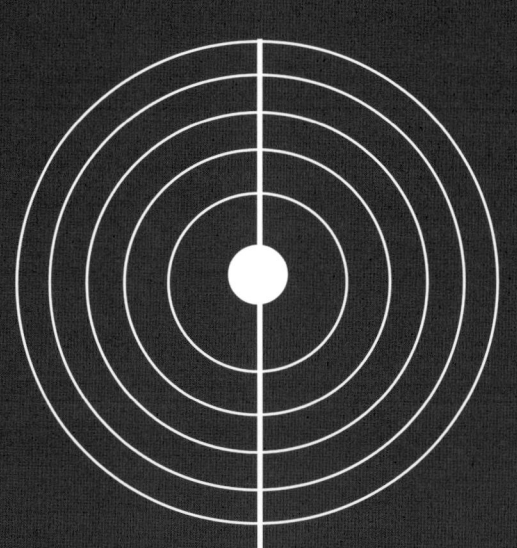

'금리'를 알면
금융시장의 절반을 아는 것

금리를 알면 궁예의 '관심법' 정도는 쓸 수 있어!
금리는 돈의 흐름을 좌우하는 나침반 역할을 해.
금리를 보면 돈이 어디로 흘러갈지 알 수 있지!

사과는 1만 원, 휴대폰은 200만 원, 사탕은 1천 원…. 이렇게 물건마다 가격표가 있다. 사과 값은 언제나 1만 원은 아니고, 작황이 나빠지면 2만 원도 가고 3만 원도 간다. 그러다 작황이 좋아지면 8천 원이나 5천 원으로 떨어질 수도 있다.

그렇다면 돈은 어떻게 가격을 매길까? 돈에 매겨지는 가격표가 금리다. 단위는 퍼센트(%)다. 돈으로 못 살 게 없다는 세상에서 돈에 매겨지는 가격표는 사과 값보다 내 삶과 멀리 떨어져 있는 것처럼 보일 때가 많다. 눈에 보이지 않으니까 더 그렇게 느껴진다.

금리의 힘은 어마어마하다. 금리, 즉 돈의 값어치가 높아지면 돈을 쉽게 쓰기 어려워진다. 돈을 갖고 있어도 쉽게 빌려주기가 좀 그렇다. 이자(금리)라도 좀더 받아야겠다는 생각이 든다. 쉽게 말해 돈을 가진 사람이 이득을 보게 된다. 반면 빚을 갖고 있는 사람들은 갚아야 할 이자가 늘어나 손해다. 평소에 잘 빌려주던 사람들도 돈을 빌려주길 꺼린다. 빚을 지려는 사람들은 이자를 더 주고서야 돈을 간신히 빌리게 된다. 금리가 변하니까 돈에 대한 사람들의 생각이 달라진다.

그래서 금리는 돈의 흐름을 좌우할 수 있다. 금리만 알아도 주식·채권 등 금융자산의 가격이 어떻게 될 것인지 '궁예' 이상의 관심법을 발휘할 수 있다.

금리는 어떻게 결정되나?

금리는 어떻게 만들어질까? 돈을 빌리려는 사람이 돈을 빌려주는 사람보다 많을 때 금리가 올라간다. 돈을 빌려가겠다는 사람들이 줄을 섰다면 은행 입장에선 금리를 좀더 높이려 할 것이다. 사과를 먹겠다는 사람들이 많으면 1만 원에 팔 사과를 1만 1천 원에 파는 것과 같은 이치다. 또한 신용도가 높은 사람들만 골라서 돈을 빌려줄 수 있게 된다. 신용도가 낮은 사람들은 은행이 아닌 곳에서 돈을 빌려야 할 것이다. 반면 돈을 빌리겠다는 사람들이 적어지게 되면 금리는 내려간다. 은행 입장에서 사람들을 상대로 '이자 장사'를 해야 하는데, 돈을 빌리겠다는 사람이 적으면 '금리 싸게 해줄게, 돈 좀 빌려가라'가 될 테니까 말이다.

사람들이 '돈을 빌려야겠다, 빌리지 말아야겠다'는 의사결정은 어떻게, 왜 하게 될까? 그 결정은 중앙은행의 뜻에 따른 것일 때가 많다.

한국은행은 1년에 여덟 번, 기준금리를 결정하는 금융통화위원회(금통위) 회의를 연다. 한국은행 총재가 금통위 의장, 부총재가 당연직 금통위원, 그리고 5명의 상근직 금통위원이 금통위 의사결정 멤버다. 상근직 금통위원은 기획재정부 장관, 금융위원회 위원장, 한국은행 총재, 은행연합회장, 대한상공회의소장이 추천해 대통령이 임명하는 자리로, 임기는 4년이고 한 번만 연임할 수 있다. 한은 총재 역시 임기 4년에 한 차례 연임될 수 있다. 부총재만 임기가 3년이다. 7명의 금통위원이 모여 기준금리를 결정하는데, 이들이 어떤 생각을 하고 있는지가 중요하다.

한은의 설립 목적은 물가 안정과 금융 안정이다. 그렇다고 해서 딱 이 2가지만 보지는 않는다. 경제가 성장하고 있는지, 환율은 괜찮은지, 다른 나라(특히 미국)와의 금리차가 크지 않은지, 사람들이 너무 대출을 쉽게 생각하지는 않는지 등 여러 사안을 고려해 우리나라의 금리를 결정한다.

금통위원들의 생각이 어떤지에 따라 같은 경제 상황이라도 금리를 다르게 결정할 수 있다. 물가 안정보다 경제 성장을 더 많이 생각하는 금통위원이 있다면 금리 인하에 우호적일 가능성이 크다. 반대로 경제 성장보다 물가 안정이나 가계부채 급증 등을 더 크게 우려하면 그 금통위원은 금리 인상에 우호적일 가능성이 크다. 만약 경기가 너무 좋아서 물가가 오를 조짐이 보인다면 금리를 인상하고, 반대로 경기침체로 물가가 떨어질 것 같다면 금리를 인하하게 된다.

한국은행은 이렇게 돈의 값인 금리를 조정함으로써 경기가 과도한 호황도, 과도한 불황도 보이지 않게끔 '경기의 진폭'을 낮추는 역할을 한다. 이를 통해 물가를 안정적으로 관리하고, 금융시장에 가격 거품이 생기지 않고, 빚이 너무 늘지 않게 '안정적'으로 관리하는 것을 목표로 한다.

기준금리가 중요한 이유는 말 그대로 금융시장뿐 아니라 각종 경제활동에 있어 '기준점'이 되는 금리이기 때문이다. '기준금리'는 가장 신용도가 높은 은행들끼리 서로 자금을 담보 없이 만기 7일 이내에 '빌려주고, 빌릴 때' 적용되는 금리를 말한다. 이름하여 '7일물 콜금리'다. 만기 1일부터 7일 이내까지는 금리가 같다고 본다. 이 금리를 기준으로 만기가 더 길면 금리가 높아지고, 신용도가 낮으면 금리가 더 높아진다.

은행 예금 금리와 대출금리도 기준금리가 기준점이다. 은행들의 대출금리는 본인들이 빌린 돈에 일정 수준의 가산금리를 붙여서 만들어진다. 기준금리가 인상되면 은행들이 일반 고객들에게 빌린 돈, 즉 '예금'에 금리를 더 주게 된다. [고객들은 은행의 정기예금이나 정기적금에 가입하면서 은행에 저축했다고 생각하지만 엄밀하게 따지면 은행에 돈을 빌려준 것이며, 은행에 돈을 빌려준 대가로 은행에선 고객에게 예금·적금 이자를 주게 된다.]

은행들은 고객들이 예금한 돈과 본인들이 금융시장에서 빌린 돈을 대출에 사용한다. 금리가 올라가면 예금금리뿐 아니라 은행들이 시장에서 빌린 돈의 값도 올라간다. 물건으로 따지면 원재료 가격이 비싸졌으니 소비자 가격(대출금리)이 올라가게 된다. 은행들은 양도성예금증서(CD) 금리를 발행하거나 은행채를 발행해 돈을 빌린다.

은행에서 대출을 받아본 사람들은 알 것이다. 변동금리를 선택하게 되면 금리의 지표금리가 되는 것을 코픽스 금리(은행들의 자금 조달 금리를 가중평균한 금리)로 할 것인지, CD금리로 할 것인지, 은행채 6개월이나 은행채 1년물 금리로 할 것인지를 정하게 된다. 은행마다 변동금리의 지표금리가 되는 금리도 다 다르다. 고정금리를 선택하게 되면 보통은 '은행채 5년물 금리'가 지표금리가 된다.

개인이 돈이 필요하면 은행에 가거나 아는 지인들에게 일대일로 물어봐서 '나한테 돈 빌려줄 수 있냐?'고 물어본 후 '오케이' 하면 차용증도 쓰고 돈을 빌리게 된다. 그러나 은행, 국가, 대기업이 돈을 빌리는 방식은 조금 다르다. 채권시장에 가서 '나 OO은행인데, 나 대한민국 정부인데 나 돈 필요해. 나 3년 만기로 얼마 빌릴 건데 나한테 돈 빌려준 사람?' 이렇게 물어본 후 공개적으로 빌린다. 그리고 이를 '채권을 발행했다'고 표현한다.

채권을 발행하는 과정은 마치 경매시장에서 시장 참가자들(돈을 빌려줄 사람)이 입찰하고 낙찰을 받는 것과 비슷하다. 경매시장에 시장 참가자들이 많이 들어와 너도나도 돈을 빌려주겠다고 하면 '낙찰금리'가 낮아질 것이고, 아니라면 그 반대일 것이다.

은행이 돈을 빌리면(채권을 발행하면) '은행채', 나라가 돈을 빌리면 '국채', 대기업이 돈을 빌리면 '회사채'라고 표현한다. 한국전력공사 같은 공공기관이 돈을 빌리면 '공사채'다. 이들은 본인의 신용도에 따라 '신용등급'이 매겨지고, 이에 따라 금리가 형성된다. 개인들의 신용등급은 1등급부터 10등급까지 매겨지나, 이들의 신용등급은 트리플A(AAA) 등급이 최상급이며 AA등급 등 알파벳 순서대로 등급이 낮아지게 된다.

헷갈리지 말자, 채권금리와 가격은 반대!

국채, 은행채 등 채권 입찰 시장에서 낙찰받는 투자자가 있다고 하자. 나라에 1억 원을 3년간 빌려주면 연간 3% 이자율(금리)을 받는 국채 증서를 받게 되었다고 하자. 채권증서에는 액면금액, 만기, 이자, 이자 지급 방법 등이 표기되어 있다. 이 증서를 3년간 만기까지 갖고 있으면 900만 원이 넘는 이자를 받게 될 것이다.

그런데 중간에 팔고 싶다는 생각이 든다. 이렇게 표준화된 채권은 주식을 팔듯이 팔 수 있다. 그런데 일주일 정도 후 시장에서 거래되는 해당 국채와 똑같은 조건(잔존만기 등이 동일)의 채권금리가 4%로 오르게 되면 어떻게 될까? 그렇게 되면 불과 일주일 사이에 돈을 빌려주고 연간 4%의 이자를 받을 기회를 놓친 것이다. 보유하고 있던 은행채의 가치가 뚝 떨어지게 된다. 액면가격은 그대로이지만 시장가격이 하락한다.

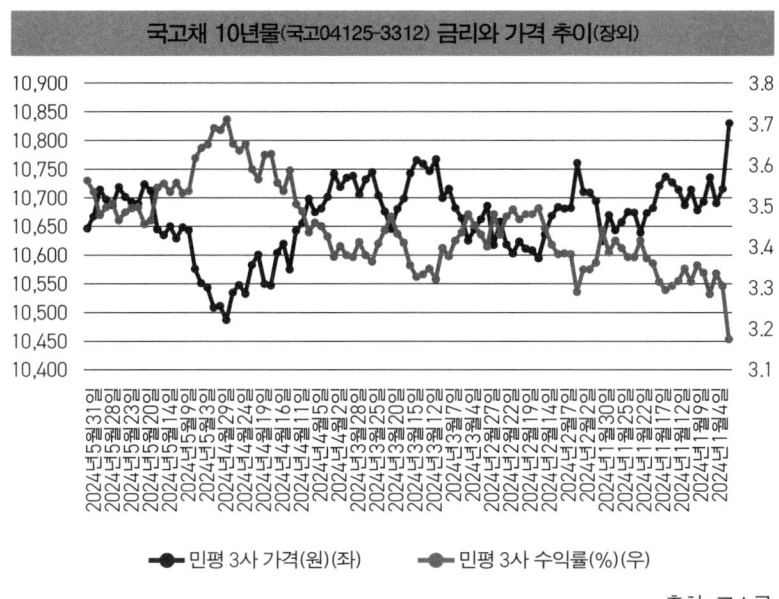

출처: 코스콤

참고로, 정부가 어제 발행한 국고채와 오늘 발행한 국고채, 그리고 1년 전에 발행한 국고채를 어떻게 구분할 수 있을까? 각각의 국고채에는 '국고03875-2612(23-10)', 이런 식으로 이름이 있다. 이 이름을 순서대로 해석하자면, '표면이자율이 연 3.875%이고 2026년 12월에 만기가 도래하고 해당 채권은 2023년 10월에 입찰되어 2023년 12월 발행되었다'는 것이다. 국고채 3년물 이름의 뜻풀이다.

금리 3% 국채를 3년간 갖고 있으면 1억 900만 원이 생긴다. 금리 4% 국채를 3년간 갖고 있으면 1억 1,200만 원이 생긴다. 과연 누가 두 채권을 바꾸려고 할까? 거래가 일어나려면 3% 국채의 가격이 더 싸야 한다. 투자자는 1억 원을 주고 국채를 낙찰(매수)받았지만, 최소 9,700만 원에 팔아야 팔릴 것이다. 금리 4% 국채 보유자에게는 300만 원어치의 보상이 필요하다.

    반대로 해당 국채 금리가 2%로 뚝 떨어졌다고 하자. 그렇다면 3% 국채를 갖고 있던 투자자는 앉아서 최소 300만 원을 벌게 된다. 2% 국채를 3년간 갖고 있으면 1억 600만 원만 얻게 되나 3% 국채 보유자는 3년 뒤 1억 900만 원을 벌게 되니 두 채권 간에 거래가 일어나려면 3% 국채를 가진 투자자에게 보상이 필요하다. 즉 1억 원짜리 채권 가격이 1억 300만 원은 되어야 거래할 만한 가치가 생기게 된다. 국고채 10년물 금리는 2024년 1월 2일 민간 평가사 3사(KIS채권평가·한국자산평가·NICE채권평가) 집계 기준 3.175%에서 4월 26일 3.711%까지 크게 상승했는데, 국고채 가격(장외)은 이 기간에 1만 829.78원에서 1만 487.03원으로 3.2%가량 하락했다.

금리란 놈이
그렇게 무서운 줄 몰랐다

금리를 알면 눈치게임 끝판왕이 된다!
앞으로 금리가 올라갈지, 내려갈지
먼저 눈치를 챈 자가 무조건 승리한다.

2020년 팬데믹 이후 우리는 금리가 얼마나 크게 변할 수 있는지 경험했다. 그리고 그 영향력이 실로 어마어마하다는 것을 알게 되었다. 한국은행이 2020년 5월 기준금리를 연 0.5%로 사상 최저 수준으로 내렸다. 우리나라뿐 아니라 전 세계가 팬데믹 고통에서 벗어나고자 제로 수준으로 금리를 낮추면서 돈을 풀었다. 사람들은 '이 기회가 아니면 돈을 못 빌린다, 돈을 안 빌리고 있으면 바보'라고 여겼다. 돈을 빌려 주식이면 주식, 부동산이면 부동산 등 곳곳에 투자했다. 그 결과 갑자기 누군가는 '벼락 거지'가 되었다.

집값이 순식간에 급하게 올라가면서 집 없는 사람들과 집 있는 사람들 간의 자산가치가 달라졌다. 이후 한국은행이 2021년 8월부터 서서히 기준금리를 올리더니 2022년에만 2.25%P를 올린다. 기준금리는 2023년 1월 이후 2024년 9월까지 연 3.5%를 기록했다. 그 결과 누군가는 빚더미에 올랐고, 누군가는 '코인 폐인'이 되어버렸다.

이 모든 것들이 금리 탓이라고 보긴 어려울 수도 있지만 상당 부분 금리의 영향을 받았다고 볼 수 있다. 금리가 어떻게 움직일지 안다면 돈이 어디로 흘러갈지 알게 된다. 금리를 내리면 모든 사람들이 행복할 것처럼 생각하기 쉽지만, 그렇지 않다. '벼락 거지'처럼 자산을 가진 사람과 그렇지 못한 사람 간의 차별화가 심해진다. 고령화 사회인 만큼 은퇴 후 예금으로 생활하는 사람들도 많기 때문에 예금금리가 올라가는 것을 더 선호하는 사람들도 많아지고 있다.

금리가 낮아진다면?

중앙은행이 금리를 낮춘다는 것은 경제 상황이 안 좋다는 신호다. 시중은행들이 가계, 기업 등에 더 낮은 금리로 대출을 해주고, 이들이 대출받아 소비나 투자를 했으면 한다는 취지다. 은행 예금금리는 이제 낮아질 테니까, 은행에 돈을 넣어놓기보다는 다른 자산을 찾아보라는 의미이기도 하다. 기준금리가 하락하게 된다면 은행에 있던 돈은 채권으로, 주식으로 점차 이동하게 될 것이다. 채권금리는 기준금리 인하 신호에 따라 채권 가격이 오를 것이기 때문이다.

시중에 돈이 풀리면서 주식으로도 자금이 이동한다. 다만 여기서

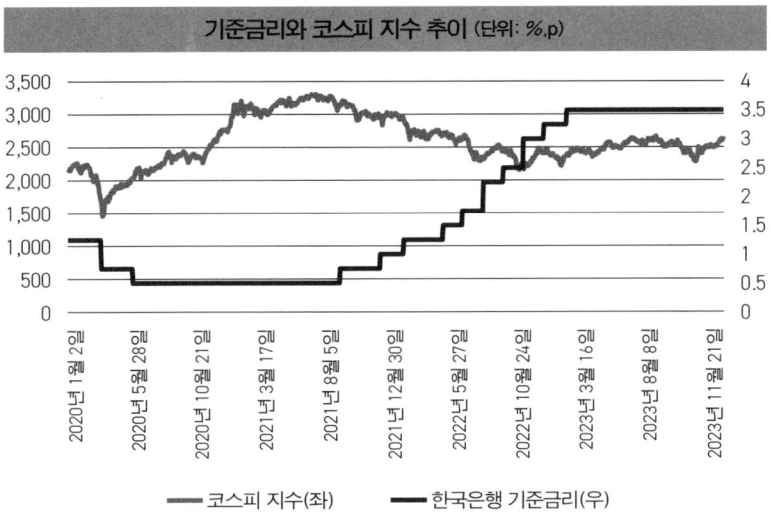

*우리나라 금융시장은 미국의 영향을 크게 받는다는 점을 고려할 필요가 있음

출처: 한국은행, 한국거래소

주식은 고민한다. 중앙은행이 금리를 낮출 것이기 때문에 자금이 주식시장으로 옮겨간다는 것은 알겠는데, 중앙은행이 금리를 인하한다는 것은 그만큼 경기가 나쁘다는 것을 의미하기 때문이다. 기업 실적이 좋지 않을 수 있다. 주식 시장은 초반에는 이런 고민을 하다가 중앙은행의 금리 인하가 어느 정도 진행되면 '금리 인하'가 '경기 부양'으로 이어지고, 이는 기업 실적 개선으로도 이어지겠다고 생각하게 된다. 그러면 주가는 오른다.

그런데 2020년 3월 팬데믹 당시 주식시장은 이런 고민 따위는 하지 않았다. 전례 없는 전염병에 온 동네가 문을 닫고 경기가 바닥을 찍는 상황이 뻔한데도 중앙은행의 큰손인 연준이 금리를 인하해 대규모 양적완화를 실시하면서 '우리는 너희를 그냥 내버려두지 않아'라는 대대적인 선언을 하자, 주가가 'V자'로 반등했다. 경기고 뭐고 간에 '유동성'의 힘이 이긴 것이다.

당시 비트코인 같은 암호화폐도 덩달아 신이 났다. 우리나라가 경험했듯이 아파트 가격도 치솟았다. 전국적으로 안 오른 곳이 없을 정도였다. 부동산이든 금융자산이든 가격이 오를 때는 그것이 '거품'인지 아닌지 알 수 없다. 보유하던 자산 가격이 오르니까 부자가 된 것 같은 기분에 휩싸이며 소비도 늘어나게 된다. 일명 '자산효과'다.

잠깐 여기서 생각해보자. 중앙은행이 금리를 제로 수준으로 내린 것은 금융시장에 돈이 잘 돌게 하면서 소비나 투자 등을 늘리라는 뜻에서였다. 그래야 경제가 성장할 테니까. 그런데 부동산 가격, 주식 가격 등 자산 가격만 오르게 되면 어떻게 되는 것일까? 중앙은행은 소기의 목적을 달성하기가 어렵게 된다. 우리나라도 이러한 논란에서 자유롭지 않다.

한국은행이 2023년 7월 발간한 '장기구조적 관점에서 본 가계부채 증가의 원인과 영향 및 연착륙 방안'이라는 BOK이슈노트에 따르면 2010~2014년의 가계대출과 가계소비 증가율 간 상관관계는 '정의 상관관계'를 가졌다. 그러나 2015~2019년 중에는 가계대출이 큰 폭으로 증가했음에도 가계소비는 소폭 증가해 통계적으로 유의하지 않게 되었다. 2015년 이후에는 가계부채 증가가 가계소비보다는 주택 등 자산투자 목적 등에 기인한 것으로 추정되었다.

금리가 높아진다면?

저금리에 호의호식하던 '자산파티'가 서서히 끝을 향해 간다. 중앙은행은 경기침체는 막았을지 모르지만, 저금리가 가져온 부작용을 인식하고 금리 인상을 시작한다. 중앙은행이 금리를 올릴 것처럼 보이면서 주식, 채권으로 갔던 돈은 은행 예금으로 서서히 이동하지만 본격적인 이동은 아닐 것이다. 더 올린다면 좀더 늦게 예금에 가입하는 것이 더 높은 금리(이자)를 얻게 되는 방법일 테니 말이다.

채권은 중앙은행의 금리 인상 신호에 가격이 서서히 하락할 것이다. 주식시장은 또 고민한다. 금리는 앞으로 더 오를 것이라 주식에 투자했던 돈이 은행으로 이동하겠지만, 중앙은행이 금리를 올리겠다는 것은 '경기가 그만큼 받쳐준다는 것인데 기업 실적은 나쁘지 않겠네'라는 생각이 든다. 그러니 금리를 올린다고 해서 바로 주식시장이 폭락하지는 않을 것이다. 그러나 중앙은행이 어느 수준까지 금리를 올릴지 모르는데 생각보다 더 많이 올린다고 느낀다면 자산 가격은 하락할 것이다. 이때부터 금리의 무서움이 시작된다.

깜깜한 지하 클럽에 술 한두 잔 걸치고 팡팡 울리는 음악 소리에 남녀가 첫눈에 반해 있는데 그다음 날 아침이 밝아왔다. 마침내 밝은 곳에서 본 그 남자, 그 여자가 어젯밤에 봤던 사람과 같은 사람이 맞나 의심스러울 때가 있을 것이다. 금리는 '그 자산'의 쌩얼을 보여준다. 내가 샀던 그 자산이 옥인지 돌인지를 구분해야 할 시간이 왔다는 것이다.

금리가 높아지면 높아질수록 채권·주식·부동산 가격이 내림세를 보이고, 안전하면서도 '높은 금리'를 주는 예금으로 돈이 이동할 것이다. 특히 우리나라에서의 아파트는 웬만한 사람들이 대출을 받아야만 살 수 있을 정도로 가격이 비싸기 때문에 대출금리가 높다는 것은 아파트를 살 수 있는 사람이 줄어든다는 의미다. 금리가 오른다면 부동산 가격이 갈 방향도 명확하다.

기준금리를 올렸는데 시장금리가 왜 떨어져?

"땅땅땅!" 중앙은행 총재가 의사봉을 두드려서
기준금리를 올리고 내리고 하면 뭘 해?
기준금리가 시장금리에 영향을 줘야 찐이지!

    자유롭게 돈이 오고 가는 세상에서 중앙은행은 어떻게 시장금리를 통제할 수 있을까? 중앙은행이 통제할 수 있는 금리는 만기가 짧은 '단기 금리'다. 만기가 길어질수록 중앙은행의 통제에서 벗어난다. 그러나 강물에서 바다로 물이 흐르듯 단기 금리와 장기 금리도 서로 연결되어 있다. 단기로만 자금이 몰리면 단기 금리는 하락할 텐데, 그렇다면 돈은 '금리를 더 많이 주는, 만기가 좀더 긴' 중장기 채권으로 이동하게 된다. 그러면 중장기 채권금리는 하락한다.

    이런 방식으로 기준금리를 조정하게 되면 단기 채권금리가 영향을 받고, 그 뒤 중기 채권금리와 장기 채권금리도 서서히 영향을 받으면서 기준금리를 조정한 효과가 금융시장 전반에 퍼지게 된다. 하지만 기준금리를 올리거나 내렸음에도 의도한 대로 시장금리가 움직여주지 않을 때도 많다.

'공개시장조작'은 어떻게 하는 걸까?

시중은행은 정기적금 등을 통해 돈을 받으면 받은 돈의 일정 비율을 한은에 '지급준비금'으로 쌓아야 한다. 한 달에 한 번씩 지급준비금 마감일이 있다. 그러다 보면 돈이 모자라는 상황이 생기는데, 그러면 시중은행들은 담보 없이 서로 돈을 빌려주고 빌린다. 이때 적용되는 '만기 7일 이하짜리' 금리를 '콜금리'라고 한다.

한은은 금통위 회의에서 만기 7일 이하짜리 콜금리, 즉 기준금리를 연 3.5%로 결정하고 이 사실을 공표하게 되는데, 콜금리를 공표하는 순간 은행 간 7일물 콜금리도 연 3.5%로 고정된다. 누가 시킨 것은 아닌데 일종의 신뢰에 의한 것이다.

그런데 이 금리가 한 시간이 지난 후에도 3.5%일까? 하루가 지난 후에는? 한 달 뒤에는? 어느 날에는 돈을 빌리려는 은행이 빌려주려는 은행보다 더 많다면 금리는 3.5%보다 훨씬 올라갈 것이다. 반대라면 금리는 떨어질 것이다. 그렇게 수요와 공급으로 오르락내리락 한다면 기준금리를 결정한 의미가 없다. 이때 등장하는 것이 한은의 '공개시장조작'이다. 말 그대로 공개된 시장에서 뭔가를 '조작'하겠다는 것인데 그 뭔가가 바로 '금리'다.

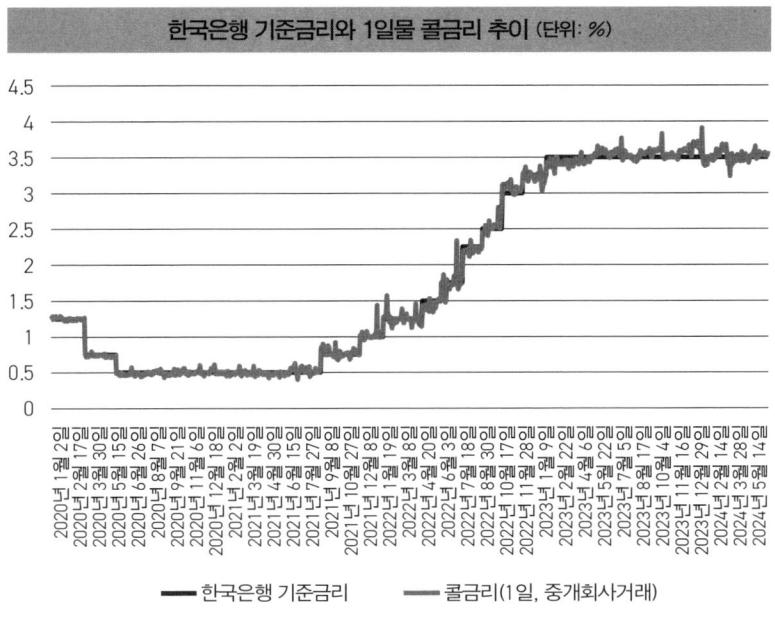

출처: 한국은행

공개시장조작은 어떻게 할까? 한은은 유동성을 풀었다가 죄였다가 하는 방식으로 콜금리가 최대한 한은 기준금리에 가깝게 움직이도록 한다. 정해진 법은 없지만 위아래로 0.1%P 이내에서 움직이도록 운영한다. 이때 사용하는 수단이 환매조건부채권(RP) 매매, 통화안정증권 발행, 통화안정계정 예치금 등이다.

우리나라는 오랫동안 '경상수지 흑자국'이라서 국내로 유입되는 달러화가 많았다. 달러화는 국내로 들어와서 원화로 바뀌었다. 시중에 풀리는 유동성이 많은 구조다. 그냥 두면 시중금리는 쭉쭉 하락했을 것이다. 그러다 보니 대부분의 공개시장조작은 '유동성을 흡수하는' 방식이 많았다. 한은이 시중은행을 대상으로 금리 얼마를 줄 테니까 남아도는 돈을 한은에 맡기라는 식이다. 한은이 RP를 연 3.5%로 7일짜리, 12일짜리를 발행(매각)할 테니 이 기간 동안 돈을 맡기면 만기 때 원금과 함께 이자를 주겠다는 식이다. 통화안정증권 발행이나 통화안정계정 예치금도 한은에 돈을 맡기면(한은이 발행하는 채권에 투자하면) 일정 수준의 금리를 주겠다는 식으로 시중은행의 남아도는 돈을 한은에 묶어둔다.

통화안정증권이나 통화안정계정 예치금은 RP보다는 만기가 길다. 통화안정증권은 만기 3년짜리도 있다. 시중은행 입장에서도 그리 나쁘지만은 않다. 딱히 투자하거나 대출할 곳도 없는데 한은에 맡기면 이자를 주니 말이다. 반대로 지급준비금 만기일이 다가오거나 대규모로 국고채권 만기가 도래하거나 유망한 주식 청약이 있거나 하는 식으로 은행 간 시장에서 단기 자금이 부족할 때는, 콜금리가 기준금리 수준보다 너무 높게 올라갈 우려가 생긴다. 이때 한은이 RP를 매입하는 방식으로 시중은행에 유동성을 공급해준다. 시중은행이 국고채 등 안전자산을 한은에 맡기면 자금을 공급해주는 방식이다. 즉 한은은 공개시장조작을 통해 기준금리가 금통위에서 결정한 수준에 가깝게 움직이도록 하는 역할을 한다. 공개시장조작 대상은 주로 은행, 증권 등이었으나 머니마켓펀드(MMF) 시장이 커지면서 자산운용사 등으로 거래기관을 확대했다.

한은은 가끔 국고채 금리가 과도하게 오른다 싶을 때 국고채권을 매입하기도 한다. 이 역시 공개시장조작 수단 중 하나다. RP매매, 통화안정증권 발행, 통화안정계정 예치금처럼 자주 사용되는 수단은 아니다. 금통위원들이 기준금리를 조정할 때는 중장기 채권금리가 어느 정도 수준일 것이라는 어느 정도의 예상 범위가 있을 것이다. 그런데 이러한 예상 범위를 크게 벗어날 때, 특히 다른 나라에 비해서도 너무 금리가 많이 오른다 싶을 때는 국고채권을 매입한다.

이러한 국고채권 매입은 연준의 양적완화로 오해받기 쉽지만 그것과는 다르다. 연준은 기준금리를 제로금리 아래로 내릴 수 없는 상황에서 양적완화라는 수단을 통해 유동성을 풀어내는 '한 방향'으로의 통화정책을 펼치지만, 한은은 국고채권을 매입하면서도 RP와 통화안정증권 발행을 통해서 단기자금시장에서는 돈을 흡수한다. 금통위에서 결정된 기준금리가 그 수준에 맞게 움직이도록 하는 데 초점을 두고 있다는 점에서 다르다.

왜 '기준금리 따로, 시장금리 따로'인가?

'공개시장조작'이라는 어마어마한 이름을 사용하면서 기준금리가 기준금리답게 움직이도록 하고 있지만 마음대로 되지 않을 때도 많다. 기준금리를 올려도 시장금리가 떨어질 때가 허다하다. 물론 반대 경우도 많다. 7일물 콜금리가 기준금리와 가깝게 거래되도록 공개시장조작을 하게 되면 7일물 콜금리는 91일물 CD금리에 영향을 주고, 이 금리는 1년물 국고채 금리, 2년물, 3년물, 5년물, 10년물 금리 등에 동시다발적으로 영향을 주게 된다.

국고채 금리 움직임에 은행채 금리도 영향을 받고, 은행 조달 금리가 변동하면서 은행들이 경제주체들에게 제공하는 예금·대출금리도 영향을 받는다. 결과적으로 기준금리를 조정하는 가장 큰 이유는 가계와 기업들이 사용하는 예금·대출금리가 바뀌길 바라는 것이다. 그래야 물가도 잡을 수 있고, 때로는 빚을 내게 해 소비나 투자를 유도할 수도 있다.

그런데 우리나라는 금융시장도 활짝 개방되어 있어 우리나라 통화정책보다 미국의 통화정책에 더 큰 영향을 받기도 하고, 다른 나라의 금융위기나 전쟁 등에도 영향을 받는다. 2023년 1월 한은이 기준금리를 연 3.5%로 0.25%P 올렸지만, 그 뒤로 국고채 3년물 금리는 기준금리보다 더 낮아졌다. 시장에서는 한은의 금리 인상이 멈췄고 금리 인하가 머지않았다는 생각이 들었을 수도 있다.

당시 한은에선 2022년 11월부터 2023년 1월까지 국고채 3년물 금리가 기준금리보다 낮았던 이유에 대해 분석했다. 국고채 3년물 금리와 기준금리의 역전이 벌어진 요인 중 45%가량은 '미국' 때문이라고 했다. 미국의 금리 인하 기대와 이에 따른 미 국채 금리 하락 때문이다. 우리나라의 경제 성장, 물가 전망, 국고채 공급 등 국내적인 영향은 55%에 불과했다. 즉 우리나라 국고채 금리는 미 국채 금리에 상당 부분 연동되어 움직인다는 얘기다.

기준금리에서 가계와 기업들의 예금금리, 대출금리까지 가는 동안 장애물들이 많다. 윤석열 정부에서는 한때 은행들이 '공공의 적'

이었다. 윤석열 대통령은 2023년에 자영업자 등을 향해 "죽도록 일해 번 돈을 고스란히 대출 원리금 상환에 갖다 바치는 현실에 은행의 종노릇을 하는 것 같다"며 은행의 이자 장사를 대놓고 비판했다. 한은이 기준금리를 올렸지만 은행은 대출금리를 깎았다. 예금금리도 깎았다.

반대로 기준금리를 올린 것보다 시중금리가 더 빠르게 올라서 곤란했던 적도 있었다. 2022년 말 은행이 예금금리를 높이면서 시중자금을 빨아들이자 제2금융권에서 은행보다 더 높은 예금금리를 주는 출혈경쟁이 붙었다. 한국전력공사는 국제유가가 오르는 데도 전기요금을 못 올리자 '한국전력채권' 공사채를 발행할 수밖에 없었는데, 한은이 기준금리를 올리는 것보다 더 큰 위력으로 국고채 금리를 높이는 효과를 냈다. 엎친 데 덮친 격으로 2022년 9월 말 김진태 강원도지사가 강원도 레고랜드 개발을 맡은 강원중도개발공사의 기업회생 신청을 하면서 채권시장에서 자금 경색이 발생하기도 했다.

'그린스펀의 수수께끼'는 수시로 일어난다

앨런 그린스펀 미국 전 연준 의장은 2005년 기준금리를 올렸음에도 미국의 국채 금리가 하락하는 현상을 두고 '그 이유를 알 수 없다'고 밝혀 화제를 모았다. 금융시장에서는 이를 '그린스펀 수수께끼(Greenspan's conundrum)'라고 부른다. 이후 중국, 일본 등이 막대한 외환보유액으로 미 국채를 대거 사들였다는 것이 밝혀졌다.

중앙은행이 기준금리를 올리거나 내렸음에도 시장금리가 반대로 가는 '수수께끼'들은 그 뒤 더 빈번하게 일어나고 있다. '그린스펀의 수수께끼'처럼 수요와 공급에 의해 시장금리가 더 크게 변동할 수도 있지만 시장참가자들이 중앙은행을 믿지 못할 때 수시로 일어난다.

2023년 이후 연준은 계속해서 금리를 인상하거나 동결하겠다고 하지만 시장에서는 수시로 금리 인하를 기대했다가 실망했다가를 반복하면서 국채 금리가 하락과 상승을 반복했다. 연준의 기준금리는 2023년 7월 5.25~5.50%로 높아졌지만 만기가 더 긴 미 국채 2년물 금리는 단 한 번도 5.1% 이상으로 높아진 적이 없다.

금리는 '경기'도 예측한다, 장단기 금리의 신호

금리도 기분 따라 올랐다가 기분 따라 떨어져?
모든 금리에는 경기를 바라보는
내 기분, 즉 심리가 담겨 있어!

금리는 할 수 있는 일이 많다. 앞으로 경기가 어떻게 될 것인지도 미리 보여준다. 세상의 모든 점쟁이가 그렇듯이 100% 맞는 것은 아니다. 그러나 금리가 '경기침체' 신호를 가리킨다면 그것을 본 사람들의 기분이 어떨까? 그리고 어떻게 행동하게 될까?

금리에는 만기가 짧은 것과 긴 것이 있다. 1년 뒤에 갚을 돈, 10년 뒤, 20년 뒤에 갚을 돈의 만기가 다른 것처럼 말이다. 당연히 1년 뒤에 갚을 돈의 금리보다 20년 뒤에 갚을 돈의 금리가 높은 것이 인지상정이다. 즉 만기가 짧은 단기 금리보다 만기가 긴 장기 금리가 높은 것이 일반적이다. 그러니 만기가 짧은 금리부터 만기가 긴 금리까지 일렬로 줄을 세우면 뒤로 갈수록 키가 커지는 우상향 그림이 될 것이다. 이렇게 단기 금리부터 장기 금리까지 줄을 세운 것을 '일드 커브(Yield Curve, 수익률 곡선)'라고 하는데, 이 그림이 우상향하면 이를 '일드 커브가 스티프닝(steepning, 가팔라짐)되었다'고 표현한다.

그런데 가끔 단기 금리가 장기 금리보다 높아질 때가 있다. 이러한 현상은 통상 기준금리 인상이 정점에 이르렀을 때 나타난다. 기준금리는 은행들이 거래하는 단기 금리에 직접적으로 영향을 주는데, 금리가 인상된다는 것은 은행들이 빌리는 자금이 올라가게 된다는 것이고 이는 결국 경제 주체들이 은행에 빌리는 대출금리가 높아진다는 것을 말한다. 그러니 경제활동이 위축되고, 이러한 경제활동 위축은 장기 금리 하락으로 이어진다.

장기 금리는 경기 흐름과 연관성이 높다. 경기가 앞으로 안 좋을 것이라는 생각에 단기 금리가 높아지고 장기 금리가 낮아지는 현상이 발생하는 것이다. 즉 일드 커브가 스티프닝에서 플래트닝(flattening, 평탄해짐)되었다가 역전될 수 있다.

경제 주체들의 입장에서 단기 금리와 장기 금리를 생각해보자. 커피숍을 운영하는 사업자가 있다. 앞으로 경기가 나빠질 것 같다는 생각이 드는데 운영자금은 계속 필요하다. 돈을 빌리고 싶은데 금리를 딱 보니 만기가 1년짜리가 있고 5년, 10년짜리가 있다. 여윳돈이 없으니 금리가 가장 낮은 단기 금리로 대출을 받는다. 그런데 커피숍 사장님만 경기가 나쁠 것으로 생각하는 게 아니다. 해장국집, 햄버거집, 인테리어, 반찬가게 등 대다수 사장님들도 같은 생각이다.

다들 단기로만 대출을 받고 싶어 한다. 그러다 보면 단기 금리가 올라간다. 은행 입장에서 단기로 대출받고 싶어 하는 사람들이 줄을 섰으니 단기 금리를 올리고 싶어 한다. 금리를 올려도 단기 대출 수요가 빠르게 줄어들지 않을 것이기 때문이다. 반면 장기대출 수요는 줄어들기에 장기대출 금리는 내려간다.

돈을 빌려주는 사람 입장에서도 생각해보자. 경기가 불안하면 중앙은행이 금리를 내릴 것이라는 생각이 든다. 지금이라도 좀더 길게 비교적 높은 금리로 대출을 해줘서 안정적으로 수익을 확보하길 원하게 된다. 그러니 장기대출 금리를 조금 낮추더라도 장기대출을 해주길 원하게 되는 식이다.

단물 다 빠진 2년-10년물 금리 역전

그렇다면 어떤 금리를 봐야 하나? 장단기 금리 역전이 경기침체 신호를 가리키는 것은 금융시장 역사가 긴 미국 시장에서는 증명된 이론이다. 장단기 금리 역전의 주요 지표가 되는 금리는 '미국 2년물 국채 금리'와 '10년물 국채 금리'다. 두 금리가 역전되면 1년 뒤 또는 1년 반 뒤에 경기침체가 왔다. 이 역시 100%는 아니다.

2020년 팬데믹 이후 미국의 기준금리가 제로 수준이었다가, 2022년부터 금리가 인상되며 높아지기 시작하자 2022년 7월부터 2년물 국채 금리와 10년물 국채 금리가 역전되었다. 2024년 8월 말까지도 역전 상태였다. 이를 두고 시장에서는 '장단기 금리가 역전되니 미국에 경기침체가 올 것이다'라고 수십 번 얘기했다. 그러나 이를 비웃듯 미국은 2023년 경제 성장률이 2.5%를 기록했고, 2024년에도 2.8%를 기록했다.

1986년 수익률 곡선과 경기 경로 관계를 처음 밝혀낸 캠벨 하비 듀크대학교 교수는 2023년 초 블룸버그와의 인터뷰에서 "수익률 곡선과 경기의 관계가 너무 잘 알려지면서 장단기 금리가 역전되면 경기 주체들이 위험을 회피하기 위해 노력한다"고 밝혔다. 즉 2년물-10년물 금리의 역전이 어떤 메시지를 주는지 많은 사람이 알고 있기 때문에 경기침체를 피하기 위해 노력하다 보니 더 이상 이 이론이 맞지 않게 되었다는 얘기다.

연준이 살펴보는 금리 스프레드는 따로 있다

연준에선 2년물-10년물 금리보다는 3개월-10년물 금리의 역전을 더 중요한 지표로 여긴다. 뉴욕 연방준비은행은 매달 초순경 3개월-10년물 금리차(스프레드, spread)를 활용해 12개월 뒤 미국의 경기침체 가능성을 계산해 발표하고 있다.

3개월-10년물 금리는 2022년 10월부터 역전되어 2023년 4월 마이너스(-) 1.7%P까지 떨어졌다. 그 뒤로 역전 폭은 좁혀졌지만 2024년 11월까지도 마이너스를 보인다. 경기침체 확률은 2024년

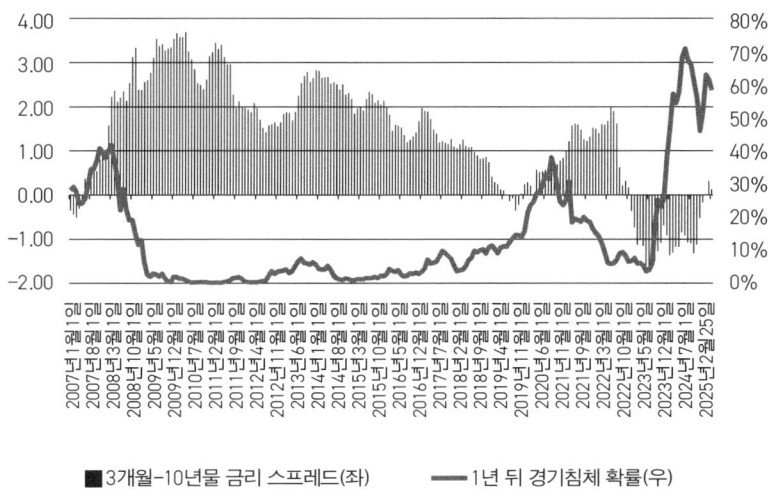

4월 70% 이상으로 높아지기도 했다. 이는 1980년대 초 미국이 2차 석유파동으로 급속도로 오르던 물가를 잡기 위해 금리를 20% 가까이 올리면서 경기침체 확률이 90% 이상으로 높아졌던 때와 유사한 수치다.

이러한 지표만 보면 곧 경기침체가 올 것 같은 두려움이 들면서 미국의 성장에 의심이 커진다. 그러나 뉴욕 연방준비은행은 이 데이터를 발표하면서 연준의 공식 의견은 아님을 밝히고 있다.

제롬 파월 연준 의장이 유심히 본다는 지표는 따로 있다. 3개월 금리와 18개월 뒤 3개월 금리(선도 금리)를 비교한 지표다. 파월 의장은 2022년 3월 전미기업경제학회 연설 과정에서 "2년-10년물 금리 스프레드의 설명력이 탄탄하지 않지만 단기 선도 스프레드는 경기침체의 예측력이 높다"고 밝혔다. 3개월 금리와 18개월 선도 금리의 차이를 보여주는 단기 선도 스프레드가 역전된다는 것은 연준이 금리를 내릴 가능성이 높다는 것을 의미하고 이는 경제가 약하다는 뜻이라고 설명했다. 단기 선도 스프레드도 2022년 11월부터 마이너스로 전환되기 시작했다. 2024년 11월까지도 마이너스 폭이 1%P를 넘었다.

2-10년물 금리, 3개월-10년물 금리, 단기 선도 스프레드 모두 시점에 차이가 있지만 연준의 금리 인상이 지속되고 기준금리가 5.25~5.5%로 장기간 유지되면서 마이너스로 전환되었다. 그 결과 뉴욕 연은이 보여주듯이 미국 경제가 1년 후 경기침체에 빠질 가능성도 배제할 수 없다.

그런데 여기서 생각해봐야 할 관점이 있다. 금리에는 사람들의 기대가 반영되어 있다는 것이다. 특히 금융회사 등 채권투자자의 기대 말이다. 연준이 금리를 올릴 만큼 올렸고 장기간 고금리 상황이 지속되니 경기가 나빠질 것이고 곧 금리 인하가 멀지 않았다는 '기대' 말이다.

연준이 금리를 내려 채권금리가 하락하면 채권투자자가 보유한 채권 평가액은 상승한다. 연준은 단기 선도 스프레드가 가리키는 신호가 무엇인지 그 누구보다 잘 알고 있다. 그러니 경기가 수렁에 빠지도록 그냥 두고 볼 가능성은 낮다. 연준은 2008년 글로벌 금융위기의 학습효과로 작은 불에도 헬리콥터를 동원하며 불을 꺼왔다.

달러 유동성이 어떤지도
'금리'로 알 수 있다

사람이 물에 빠지면 살려달라고 소리치잖아.
금융시장에선 "Give me dollars!"라며 소리치지.
그런데 튜브 던져줄 사람이 어떤지도 좀 봐야 해!

외환위기와 금융위기의 공통점이 무엇일까? 역사적으로 기록될 굵직한 위기의 공통점은 외국인들의 자본이 우리나라에서 빠져나갔다는 데 있다. 위기의 원인은 제각각이어도, 위기가 나타나고 그 뒤에 벌어진 양상은 똑같다. 외국인 자본으로 통용되는 달러화가 국내에서 빠져나가고 있다는 것!

달러화를 구하기 어려워진다면 그 어떤 나라라도 '위기'가 발생한다. 그러면 국제통화기금(IMF)에 가서 굽신거리며 "Give me dollars"를 외쳐야 한다. 그렇게 되면 어떻게 될까? '저 나라가 IMF의 도움을 받아야 할 만큼 상황이 심각하구나'를 전 세계에 인증하게 될 것이다. 그 뒤에 벌어지는 상황은 끔찍하다. 우리나라는 1997

년에 이런 상황을 이미 겪어봤다.

 달러 유동성이 부족해진다면 주식, 채권 등 금융시장이 폭락하는 것은 한순간이고 나라 전체가 흔들린다. 이 와중에 살아남을 금융회사와 기업이 없을 것이다. 엄청난 실업률, 무너지는 기업, 크게 흔들리는 가계들로 나라 경제가 빠르게 황폐화한다. 그러니 전 세계 금융시장, 특히 미국에서 달러 유동성이 어떤지, 우리나라에서 외국인 자본이 빠져나가면서 달러화가 부족한 상황은 아닌지를 살펴보는 것은 너무나 중요한 일이다.

미국의 '테드스프레드'를 보라

 이창용 한국은행 총재는 2022년 9월 말 국회 기획재정위원회 전체 회의에 참석해 "테드스프레드(Ted spread)를 보면 언제쯤 연준이 통화스와프를 고려할 수 있는지 알 수 있다"고 밝힌 바 있다. 테드스프레드를 보면 연준이 통화스와프를 체결할지 말지 알 수 있다는 것은, 테드스프레드가 달러 유동성을 가늠할 수 있는 잣대가 된다는 설명과 같다.

 2008년 글로벌 금융위기, 2020년 팬데믹 위기 때 환율이 급등하면서 외환시장이 불안정해졌을 때 연준은 우리나라와 통화스와프를 체결했다. 통화스와프는 원화와 달러화를 일정 기간, 정해진 규모 내에서 교환하는 계약이지만 사실상 연준이 "달러 필요하면 말

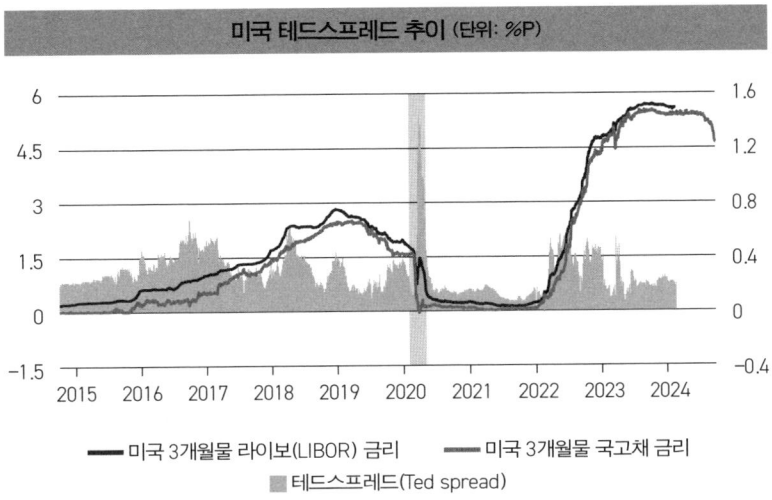

출처: 매크로마이크로

해, 빌려줄게"라고 말하는 것과 같다. 달러 유동성이 부족한 상황에서 달러화를 공급받을 수 있다는 것만으로도 고공행진하던 원·달러 환율을 가라앉힐 수 있다.

연준은 미국 외 지역에서 달러 유동성 문제가 발생, 그로 인해 미국 기업·금융회사가 해외에서 자금 조달이 어려워지거나 미국 금융시장에 영향을 준다고 판단하면 통화스와프를 체결한다. 미국은 영국, 일본, 캐나다, 스위스, 유럽연합(EU)과는 상시적으로 통화스와프가 체결되어 있다.

우리나라를 비롯한 호주, 브라질, 멕시코, 싱가포르, 스웨덴, 덴마크, 노르웨이, 뉴질랜드 등 9개국은 금융위기와 팬데믹 위기 때 동시에 통화스와프 계약을 체결했다. 이는 상시 통화스와프가 체결된 나라들 정도의 수준은 아니지만 그다음으로 달러 파이프를 연결할 만큼의 중요한 나라로 평가받고 있다는 얘기일 것이다.

그런데 '테드스프레드'는 뭘까? 3개월 만기의 미 국채 금리와 3개월 SOFR(Secured Overnight Financing Rate)의 차이를 보여주는 데이터다. SOFR는 미 국채를 담보로 하는 만기 하루짜리 환매조건부 채권 금리로, 2023년 이전까지 은행 간 대출에 적용되었던 라이보(Libor) 금리를 대체한 것이다. 테드스프레드는 금융시장의 신용위험을 보여준다.

금융시장 참가자들이 신용위험, 즉 돈 떼일 위험을 느끼게 되면 안전자산인 3개월짜리 미 국채에 자금이 몰리게 되고, 미 국채 금리는 하락하게 된다. 반면 은행 간 단기 대출금리의 지표인 SOFR는 상승하게 된다. 둘 간의 금리차는 커지고 테드스프레드 수치도 높아진다.

금융위기였던 2008년 10월 10일에는 테드스프레드가 4.58%P까지 치솟았다. 당시 라이보 금리는 4.8%가 넘어간 반면, 미 국채 금리는 0.2% 수준으로 떨어졌다. 2020년 3월 팬데믹 당시 테드스프레드는 1.42%P까지 올랐다. 2024년 2월 테드스프레드는 0.2%P 수준으로 낮은 수준에 속한다.

외환시장에서 원·달러 환율이 오른다고 해도 테드스프레드는 상승하지 않을 수 있다. 테드스프레드는 달러화 가치가 오르는 것과는 무관하게 달러화의 시중 유동성을 보여주는 것이다.

국내에서 달러화가 부족하다는 건 어떻게 아나?

미국 은행들이 자국 내에서 달러화를 구하기 어려워졌다면, 이는 우리나라에서도 달러화를 구하기가 만만치 않음을 의미할 것이다. 국내에 있던 달러화를 빼서 자국으로 가져가려 할 것이기 때문이다.

테드스프레드가 글로벌 달러 유동성을 보여준다면 국내에서 달러화가 부족해지는 것은 무엇으로 알 수 있을까? '스와프 베이시스'를 통해 간접적으로 알 수 있다. 스와프 베이시스는 외국인이 국내 채권 등에 투자할 때 얼마나 재정차익을 얻을 수 있는지 등을 보여주는데, 이를 통해 달러 유동성을 추정해볼 수 있다.

스와프 베이시스는 달러화를 원화로 교환(스와프, Swap)할 때 지급해야 하는 원화 고정금리, 통화스와프·CRS(Currency Swap) 금리와 이자율스와프·IRS(Interest Rate Swap) 금리의 차이를 말한다. 통상 고정금리로 설정되는 IRS 금리와 변동금리인 91일물 CD금리가 스와프 대상이 된다. 외국인 투자자는 국내 채권에 투자할 경우 발생할 수 있는 금리변동 위험을 헤지하기 위한 목적으로 IRS를 이용한다. 고정금리를 지급(IRS pay)하고 변동금리를 수취하는 '스와프 매입포지션'이 많으면 IRS 금리는 올라가고, 고정금리를 수취(IRS receive)하고 변동금리를 지급하는 '스와프 매도포지션'이 많으면 IRS 금리는 하락한다.

외국인 투자자들은 SOFR로 달러화를 빌려와서 이를 원화로 바꾸는 계약을 체결한다. 이때 원화를 빌리면서 국내 금융회사에 지급하는 고정금리가 CRS 금리다. 이후 원화를 갖고 국내 고정금리 국고채권을 사거나 변동금리인 CD를 산다. 외국인은 우리나라에 투자해 국고채권(고정금리) 또는 CD(변동금리)에서 얻은 이자에서 CRS(고정금리) 이자를 뺀 만큼 이익을 얻게 된다.

그런데 같은 만기의 국고채 고정금리보다 IRS 고정금리가 높다면 어떻게 될까? 외국인은 국고채 고정금리를 직접 매입하기보다 변동금리 채권을 산 후 이자율스와프 시장에서 고정금리로 스와프하는 방식을 택할 것이다. 이때 외국인들은 IRS 금리에서 CRS 금리를 뺀 만큼 이익을 얻게 된다.

스와프 베이시스를 통해 달러 유동성 상황을 어떻게 알 수 있을까? 외국인들은 원화를 빌렸으니 CRS 금리가 0%보다 높은 것이 당연하다. 그러나 팬데믹 위기 때는 CRS 금리가 마이너스 수준으로 떨어졌었다. 금융위기 때도 마찬가지다. 국내 금융회사 입장에서는 외국인 투자자에게 원화를 빌려주면서, 사실상 달러화를 빌리면서 이자를 더 얹어줘야 했다는 얘기다. 그만큼 국내 금융회사들은 달러를 구하기 위해 상당한 비용을 치러야 했다는 의미다.

일반적으로 스와프 베이시스는 통상 마이너스다. CRS 금리가 IRS 금리보다 낮다. IRS 금리에서 CRS 금리를 빼더라도 돈이 남기 때문에 외국인 입장에서는 우리나라에 투자해 '재정차익'을 얻을 수 있는 이유가 된다. 달러 가진 이들의 땅 짚고 헤엄치기다. 달러 유동성이 부족해지면 CRS 금리가 떨어지면서 스와프 베이시스의 마이너스 폭이 대폭 커진다. 스와프 베이시스는 미국 실리콘밸리은행(SVB)의 파산 사태 등이 있었던 2023년 3월 한때 마이너스 300bp(1bp=0.01%P)를 훌쩍 넘은 바 있다.

글로벌 달러 유동성을 보여주는 테드스프레드는 멀쩡한데 우리나라에서만 달러 유동성이 부족해져서 CRS 금리가 하락하면서 스와프 베이시스의 마이너스폭이 커질 때도 있다. 이럴 때는 난감하다. 연준은 한미 통화스와프 동아줄을 내려주지 않을 것이고, 우리나라는 달러를 구하기 어려워 발을 동동 굴러야 할 수 있다.

그나마 다행인 점은 1997년 외환위기 때처럼 최악의 상황에 직면할 가능성은 낮다는 것이다. 우리나라는 2014년부터는 순대외채권국으로, 우리가 해외에 진 빚보다 해외에서 우리에게 진 빚이 더 커졌다. 우리나라의 외환보유액도 4천억 달러가 넘는다. 그러나 위기 때 달러 유동성이 어떻게 변할지는 여전히 중요하다. 달러가 빠져나갔을 경우의 고통이 얼마나 큰지 우리는 너무나 잘 알고 있다.

투자할 곳 없는 남아도는 돈, 어디로 가는 걸까?

돈을 풀었는데도, 소비와 투자는 안 살아나고
금융시장 주변에서 돈이 계속 머물고 있다면?
돈은 도대체 뭘 기다리고 있는 것인가?!

특정 물품이나 자산 가격이 오른다면 진짜 그 물건이 좋아서일 수도 있지만 '돈이 남아돌아서'일 수도 있다. 즉 시중 유동성이 많다는 얘기다. 월급이 들어오는 즉시 대출금이니 카드 빚이니 순식간에 빠져나가기 바쁜데 무슨 소리인가 싶을 것이다. 그런데 한 번쯤 이런 생각을 해봤을 것이다. 수십억 원, 수백억 원의 집을 현금으로 샀다는 뉴스를 보면서 '세상에 나 빼고 다 부자인가 봐'라는 생각 말이다. 시중에 정처 없이 떠돌아다니는 돈이 많다는 것은 어떤 트리거(Trigger, 촉발제)가 왔을 때 특정 자산 가격을 끌어올릴 힘이 있다는 얘기다.

특정 자산에 돈이 묶여 있지 않아 언제든 돈이 될 만한 곳을 노리고 있다가 기회가 왔을 때 얼마든지 움직일 수 있는 일종의 파킹

(Parking) 자금(일시 예치금)이 얼마나 되는지를 파악해볼 필요가 있다. 황금알을 낳는 보석이 있다고 해도 유동성이 씨가 말랐다면 보석 가격이 오르는 데도 한계가 있다. 역으로 예쁜 쓰레기라고 해도 시중에 유동성이 많으면 가격은 한계 없이 오를지도 모른다.

시중 유동성 지표인 'M2'를 보라

대표적인 시중 유동성 지표는 광의통화라 불리는 'M2'다. 현금이나 금융회사에 예치된 자금 등을 만기별로 구분해 이름을 붙였다. 현금통화, 요구불 예금, 수시입출식 저축성 예금처럼 언제든 융통할 수 있는 자금을 협의통화, 즉 M1이라고 한다. 은행 이자도 거의 못 받는 자금이라 필요할 때 수시로 빼서 쓸 수 있다. 이러한 M1에 만기 2년 미만의 금융상품을 합한 것이 M2다. 2년 미만의 정기 예·적금, 2년 미만 금융채, 2년 미만 금전신탁, 시장형 상품, 머니마켓펀드(MMF), 수익증권(펀드) 등을 합했다. M2는 2년 미만이라는 만기가 있지만 비교적 단기에 속하는 자금이다. 특히 MMF는 만기가 3개월에 불과하고 펀드도 만기가 있지만 언제든 수시로 환매 가능한 자금이다.

M2가 많아졌다는 것은 시중 유동성이 늘어난 것을 의미한다. 통상 금리가 낮을 때는 은행 정기 예·적금 금리도 낮아 은행에 돈을 넣더라도 수시입출식 예금으로 넣거나 조금이라도 이자를 더 주는 MMF 등으로 자금이 이동한다. 유동성의 힘을 믿고 주식형 펀드 등

으로 이동할 수도 있다. 또한 '금리가 낮을 때 대출을 받자'는 심리가 강해지면서 시중 유동성이 증가한다.

2020년 팬데믹으로 극도로 심리가 위축되면서 '현금이 최고'라는 인식이 깔리자 현금성 통화 등 M1이 늘어나면서 M2, 시중 유동성도 덩달아 급증했다. 당시에는 기준금리도 연 0.5%로 역사상 가장 낮았다. 한국은행에 따르면 M1과 M2(평균잔액, 계절조정계열)는 2020년 처음으로 각각 1천조 원, 3천조 원을 돌파했다. M1은 2020년과 2021년에 각각 1,059조 원, 1,282조 원으로 21%씩 급증해 역사적으로 가장 높은 증가율을 보였다. M2는 2020년 3,071조 원, 2021년 3,430조 원으로 각각 9%, 12% 늘어났다.

시중 유동성을 보여주는 M2에는 펀드 등을 통해 간접 투자하는 자금만 포함되어 있을 뿐 주식 등에 직접 투자하는 자금은 포함되어 있지 않다. 시중 유동성은 현금이나 금융회사에 예치된 자금만 포함하기 때문에 해당 자금이 부동산 등 실물자산으로 이동할 땐 유동성이 줄어드는 것처럼 보일 수 있다. 금리가 올라서 만기 2년 이상의 은행 정기 예·적금으로 자금이 이동하거나 대출 상환이 이루어진 경우에도 시중 유동성은 줄어들 수 있다.

그러나 한국은행이 2021년 8월부터 기준금리를 1년 반 동안 3%P나 올렸음에도 한 번 늘어난 시중 유동성은 쉽게 줄어들지 않았다. 2023년 M2는 3,831조 원에 달했다. 팬데믹 이전인 2019년 2,810조 원보다 무려 1,021조 원, 36% 급증한 것이다. 팬데믹 이전 4년간(2015~2019년) 627조 원, 29% 증가한 것에 비해 더 많이 늘어났다.

단기부동자금은 얼마나 되나?

시중 유동성은 물의 흐름과 같아서 어디든 출렁 하고 이동할 수 있는데, 이 안에는 매달 빠져나갈 카드 빚이나 직원들에게 임금을 주기 위해 수시입출금에 모아둔 돈이 모두 포함된다. 그러니 이 돈이 모두 '투자'로 사용되지는 않는다. 투자에 사용될 수 있는 돈만 구분해서 보려면 '단기부동자금'을 살펴보는 것이 더 낫다. 마땅한 투자처가 없어서 은행에서 주는 약간의 이자나 단기 채권금리를 먹기 위한 자금들을 단기부동자금으로 보고 있다.

다만 단기부동자금의 명확한 범위는 없다. 여기서는 한국은행이 발표하는 자금순환표상 가계 및 비영리단체의 자산 부분에서 단기 성격이 강한 자산들만 추려보았다.

자금순환표에 따르면 가계 및 비영리단체의 단기부동자금은 2023년 말 1,822조 원으로 1년 전보다 110조 원 증가했다. [자금순환표상 가계 및 비영리단체의 현금, 결제성 예금, 예금취급기관 단기저축성 예금, 표지어음, 양도성 예금증서, 환매조건부채권, 단기채권을 합해서 계산했다. 여기서의 단기저축성 예금, 단기채권은 만기 1년 이하를 의미한다.]

기준금리가 사상 최저였던 2020년에는 한 해 단기부동자금이 174조 원으로, 14%나 급증해 역사상 가장 많이 늘어났다. 금리가 낮아진 데다 전염병으로 불안해지며 투자처를 못 찾은 자금들이 늘어난 탓이다. 2021년 8월부터 금리가 인상되면서 단기부동자금 증가율은 둔화했지만 4년 연속 연간 100조 원 넘는 증가세를 보였다.

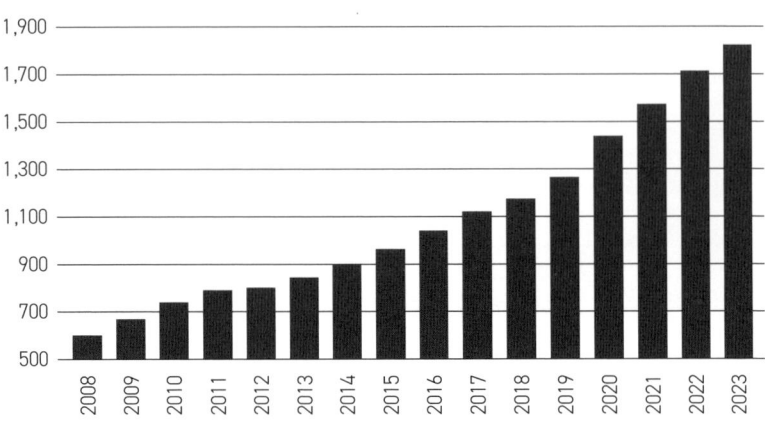

*자금순환표상 가계 및 비영리단체의 현금, 결제성 예금, 예금취급기관 단기저축성 예금, 표지어음, 양도성 예금증서, 환매조건부채권, 단기채권 합계

출처: 한국은행

단기부동자금은 금리가 인하되거나 AI 같은 미래 투자처가 분명하게 떠오르거나 부동산이 대박 날 것 같다거나 하는 트리거가 생길 때 그쪽으로 대거 이동할 수 있다. 한꺼번에 자금이 이동하면서 자산 가격 버블(거품)도 생길 수 있으니 이는 주의가 필요하다.

현재 금융 여건이 긴축적인지, 완화적인지 등도 파악할 필요가 있다. 단순히 금리가 높아진다고 해서 금융 상황이 긴축적으로 바뀌는 것도 아니고, 시중 유동성이 늘어난다고 해서 금융 상황이 완화적인 것도 아니다. 안전자산 선호 심리가 커져 '현금'을 더 많이 보유하려는 수요가 커져도 시중 유동성이 증가하기 때문이다.

금융상황지수(FCI, Financial Conditions Index)는 금리, 환율, 주

가, 신용스프레드 등을 가중 합산한 후 표준화해 산출하는데, 금융 여건의 완화 또는 긴축 여부를 판단하는 데 사용한다. 우리나라 FCI는 미국 시카고 연방준비은행이 공표하는 NFCI(National Financial Conditions Index)를 참고해 만들었다.

연준이 무지막지하게 금리를 올렸던 만큼 금융 상황은 긴축적으로 바뀌었을까? 아니다. NFCI가 양수면 긴축적, 음수면 완화적이라고 할 수 있다. 그런데 2022년과 2023년에 연준이 금리를 무지막지하게 올리는 과정에서도 NFCI는 마이너스 폭이 줄어들긴 했으나 여전히 완화적이었다. 팬데믹을 극복하기 위해 워낙 대규모로 재정, 통화정책으로 돈을 쏟아부어 그만큼 유동성이 풍부했기 때문이다. 금리를 올리면 채무불이행 등 신용 리스크가 커질 수도 있지만 정부나 연준이 그냥 망하게 두지 않을 것이라는 막연한 믿음도 크다. 실제로 2023년 3월, 금리를 올리는 와중에도 실리콘밸리은행(SVB)이 파산할 위험에 처하자 재빨리 유동성 공급 등 수습에 나선 바 있다.

우리나라 FCI는 팬데믹 당시에는 금리가 낮아졌음에도 불안감에 긴축적인 모습을 보였으나, 주가가 올라가고 시중금리가 낮아지는 등 불안감이 빠르게 가시면서 역대급으로 '완화적'으로 바뀌었다. 그러다 한국은행이 금리를 올리자 FCI는 2022년 하반기 이후 마이너스를 보이는 등 '긴축적'인 모습을 보인 바 있다. 한국은행은 2025년 3월 통화신용정책보고서에서 'FCI-G'라는 이름의 새로운 금융상황지수를 개발해 공개했다. 2025년 2월 기준 FCI는 소폭 긴축, FCI-G는 소폭 완화 신호를 보이고 있다고 발표했다.

One Point
Lesson

금융시장 경보음인 'CDS프리미엄'

탕후루가 한창 유행이라 탕후루 가게가 앞으로도 쭉쭉 잘될 것이라는 생각이 들었다. 그래서 탕후루 회사가 발행하는 채권을 사게 되었다. 그런데 탕후루를 많이 먹으면 이가 쉽게 썩는다며 치과의사들이 이곳저곳 나와 실상을 알린다. 엄마들도 아이들이 탕후루를 먹지 못하도록 통제하고 나섰다. 이러다가 대만 카스텔라 가게처럼 망하는 것 아니냐는 생각이 문득 들었다. 만기가 도래하면 원금에 이자까지 받을 줄 알았던 탕후루 회사의 채권이 불안하게만 느껴진다.

이럴 때를 대비해 금융시장에 등장한 상품이 있었으니 '신용부도스와프(CDS, Credit Default Swap)'다. 기업이나 정부가 빌린 돈을 갚지 못할까 봐 불안한 채권투자자들이 'CDS'를 사게 되면 탕후루 회사가 망해서 빚을 갚지 못하더라도 CDS를 판매한 금융회사가 대신 갚아준다. 즉 사고 위험에 대비해 자동차 보험 등에 가입하듯이 채권투자자는 일종의 보험을 들고, 그러다가 진짜 사고가 터지게 되면 CDS를 판매한 금융회사가 보험사가 되어 보험금을 지급하는 식이다.

그러니 CDS 매입자는 CDS를 판매한 금융회사에 보험료를 내야 하는데 이것이 바로 CDS프리미엄이다. 자동차 사고 전력이 많은 사람이 보험에 가입하려면 보험료가 비싸지듯이, 기업이나 정부가 빚을 못 갚을 위험이 커진다고 판단하면

'CDS프리미엄'이 높아진다. CDS프리미엄이 높아졌다는 것은 문자 그대로 부도 위험이 커졌다는 것이지, 실제로 부도가 난다는 것은 아니다. 일종의 '경보음'을 울려주는 것이다. CDS프리미엄을 높이는 요인들이 쉽게 해결되지 않는다면 채권의 신용등급이 떨어지고, 이는 기업이나 정부가 돈을 빌릴 때 더 비싼 금리를 내야만 돈을 빌릴 수 있게 되었다는 것을 의미한다. 돈의 융통이 어려워졌으니 부도 위험이 커지는 꼴이다.

금리가 높아지면 CDS 거래가 늘어난다

연준이 2022년 인플레이션을 잡기 위해 네 차례 연속 기준금리를 0.75%P씩 올리면서 채권금리 등 시장금리도 껑충 뛰었다. 금리가 높았던 탓에 회사채 발행은 줄었고, 기존 회사채의 부도 위험은 커졌다. S&P글로벌에 따르면 2022년 CDS 거래량은 약 30조 달러로, 2009년 이후에 최고치를 기록했다.

부도 위험이 커지는 시장 환경일수록 CDS 거래량은 늘어나게 된다. CDS 매입자 입장에서는 CDS를 매입함으로써 투자한 채권의 부도 위험을 피할 수 있고, CDS를 제공(판매)하는 입장에서는 채권의 부도 위험만 없다면 보험료(수수료)를 벌 수 있다는 측면에서 이해관계가 맞아떨어진다. 특히 보험사가 여러 개의 보험을 판매함으로써 보험금이 한번 크게 나가더라도 전체 보험사의 이익에는 크게 지장이 없도록 수익구조를 짜듯이 CDS를 제공하는 금융회사 입장에서도 여러 개의 CDS를 쌓아놓음으로써 손실을 최소화할 수 있다.

CDS의 배신

여기까지만 보면 CDS 상품은 거의 완벽하게 서로를 보완하는 것처럼 보이지만, 반드시 그렇지는 않다. CDS를 제공하는 금융회사가 파산해 CDS 매입자에게 원금 등을 상환하지 못할 가능성도 있다. 보험사도 대규모 손실에 대비해 또다시 보험에 가입하는 '재보험'이 있듯이, CDS를 제공한 금융회사도 채무불이행의 위험을 다른 곳에 넘길 수 있다. CDS 여러 개를 포트폴리오 단위로 거래하는 신용부도스와프 지수(CDX, Credit Default Swap Index)도 있다. 이렇게 복잡하게 서로의 채권을 주고받으면서 거래가 쌓이게 되고, 금융상품은 아주 복잡하게 얽혀 누가 누구의 채권자이고 채무자인지 알 수 없게끔 꼬이게 된다. 그러다가 특정 시장이 무너지면 연쇄 부도 사태가 날 가능성도 배제할 수 없다.

실제로 글로벌 금융위기 당시 AIG는 CDS 제공자로서 2007년까지 3,800억 달러 상당의 CDS를 판매했다. 은행 입장에서 서브프라임 모기지(subprime mortgage), 비우량 주택담보대출을 마음껏 늘릴 수 있었던 것도 바로 CDS 때문이다.

지나가던 거지에게 주택담보대출을 해줬을 때 가장 큰 위험은 돈을 떼이는 것인데, AIG의 CDS를 매입하면 일종의 프리미엄(수수료)이 들지만 돈을 떼일 위험은 없게 된다. 보험료를 내가면서 거지에게 대출을 해줄 필요는 없을 것이다. 그런데 거지 대출뿐 아니라 신용등급 1등급 채무자가 낸 주택담보대출 등을 모두 합해 약 100개의 주택담보대출을 하나로 묶어 'CDO(부채담보부증권)'를 만들고 이 자체를 CDS에 가입해버리면 CDS프리미엄 비용을 줄일 수 있게 된다. CDO 안에는 100개의 주택담보대출이 있어 일부에서 채무불이행이 일어나더라도 나머지는 착실하게 빚을 갚을 테니 별로 위험해 보이지 않은 것이다.

문제는 주택 가격이 급락하면서 CDO의 실체가 드러났는데 대부분이 빚을 갚지 못하는 '썩어빠진 것'에 불과했던 데 있다. AIG는 CDS를 취급할 때 CDO에 대한 리스크 심사를 제대로 하지 않았다. 이러는 동안 AIG의 신용등급까지 급락해버렸다. AIG에는 돈을 갚으라는 요구가 한꺼번에 쏟아진다. AIG가 파산하면 AIG에 얽혀 있는 수많은 금융회사까지 타격 입을 것이 뻔하므로 연준은 AIG에 구제금융을 지원하게 된다. 결국 AIG는 연준과 정부 등으로부터 1,550억 달러의 유동성을 지원받아 기사회생한다. 채권을 안전하게 상환받기 위한 금융상품인 CDS가 재앙이 되어 돌아온 최악의 결과였다.

미국이 금융시장에 미치는 영향력이 워낙 크다 보니 당시 우리나라의 국가 CDS프리미엄, 삼성전자·국민은행 등 대표기업들의 CDS프리미엄도 급등했다. 5년 만기 국가 CDS프리미엄은 2008년 10월 27일 699bp(1bp=0.01%P)까지 치솟았다. 통상 50bp 이하에서 움직였었는데, 이때는 부도 위험이 몇 배나 치솟은 것이다. 삼성전자는 그 당시 660bp까지, 국민은행은 855bp까지 올랐다. 미국의 신용등급이 강등되었던 2011년에도 CDS프리미엄이 높아졌다. '전 세계에서 가장 믿을 만한 국가인 미국의 신용등급이 떨어지는데 너희 나라라고 괜찮겠느냐'는 인식이 깔린 것이다.

우리나라의 경우 북한과 휴전 상태인 만큼 북한의 도발 사태가 일어나면 CDS프리미엄이 상승하기도 한다. 다만 북한이 금융시장에 미치는 영향력은 과거보다 크게 낮아졌다.

자유, 개방 등의 가치를 높게 평가하는 외환 당국자들도 '환율' 앞에서는 그렇지 못하다. 환율을 시장에 맡겨 자유롭게 움직이도록 해야 한다고 말하지만 속으론 환율 때문에 끙끙 앓는 경우가 많다. 환율이 너무 급등하거나 너무 급락했을 경우 외환 당국자들은 티 안 나게 달러를 팔고 사면서 시장 참가자들과 밀당한다. '외환위기' 때 자본유출을 겪었던 당국자들 대부분이 퇴임했지만 환율에 대한 민감도는 낮아지지 않았다. 환율은 수출뿐 아니라 물가 등 우리나라 경제 곳곳에 영향을 준다. 글로벌 자본이 우리나라로 들어올지, 아니면 우리 돈이 해외로 나갈지도 환율의 주요 변수가 된다.

PART 4

더 크고 더 길게 보려면 '환율'을 봐야 한다

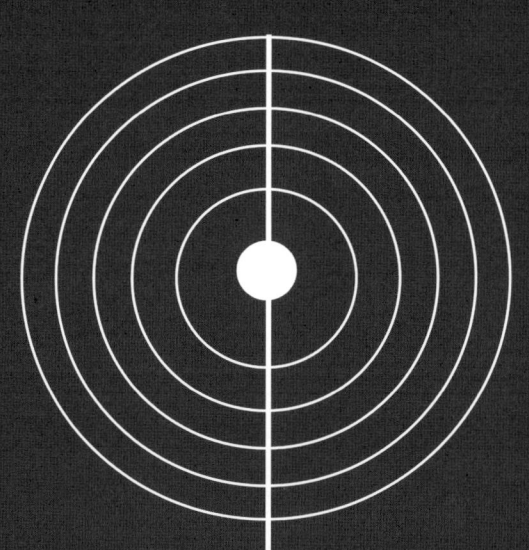

흔들리는 편안함, 환율은 아무도 모른다

혹시 주변에 한 번 삐지면 상당히 오래가고,
별 이유 없이 다가왔다가 멀어진 친구 있어?
초예민 변덕쟁이인 '환율' 같은 친구네!

모처럼 해외여행을 가려고 마음을 먹었는데 환율이 아쉬울 때가 많다. 안 보던 사이에 원·달러 환율이 너무 많이 오른 것이다. 우리나라에 뭔 일이 있길래 환율이 왜 이렇게 오른 것인지, 한 달 뒤 해외여행인데 환율이 좀 떨어질 일은 없는지 등등 고민해봤자 뾰족한 답은 나오지 않는다. 외환 딜러, 외환 당국자 등 환율 전문가라고 하는 사람들조차 명확한 답을 갖고 있지는 않다. 전문가들도 주식, 채권, 환율 등 금융시장 지표 중에서 환율 예측이 가장 어렵다고 입을 모은다.

영화 〈인사이드 아웃 2〉에 나오는 '불안이'처럼 어느 날 그냥 불안해져도 환율은 움직인다. 불안은 때론 현실이 되기도 하고, 때론 '걱정 낭비'가 되기도 한다. 환율이 도대체 뭐길래? 환율은 내 삶 가까이에 있는 것 같으면서도 왜 멀리 있고, 멀리 있는 듯하면서도 왜 가까이에 있을까?

수출·수입이 환율에 영향을 준다

'원·달러 환율이 1,350원에 마감했다'는 식의 뉴스를 본 적이 있을 것이다. 1달러당 원화 가치가 1,350원으로 거래를 마쳤다는 말이다. 어디서? 은행 간 외환시장에서 말이다. 은행 간 외환시장은 원화와 달러화를 사고파는 일종의 도매시장이다. 우리가 은행에 가서 환전하는 시장은 소매시장이다.

이해하기 쉽게 단순화하면, 은행이 도매시장에서 떼어 온 달러화를 은행 창구인 소매시장에서 웃돈(수수료) 등을 붙여 교환해준다. 그러니 환율이 1,350원에 거래되었다고 해도 은행에 가서 1달러를 얻기 위해선 1,350원보다 더 많은 돈을 내야 한다. 원·달러 환율이 1,350원이었다가 1,400원으로 올라간다면, 1달러를 얻기 위해 더 많은 원화가 필요하다. 달러화 가치는 올라가고 원화 가치는 떨어졌다는 얘기다.

환율은 왜 어떤 요인으로 오르고 내릴까? 환율은 중장기적으로 그 나라의 경제 성적을 반영한다. 우리나라 경제 성장률이 상승하면서 더 잘살게 된다면 원화 가치가 오르게 된다. 그러면 원·달러 환율

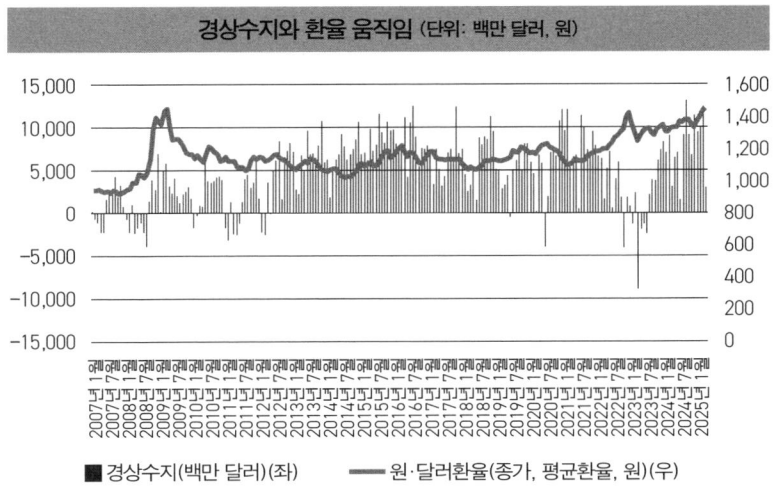

*경상수지가 흑자라고 해서 반드시 환율이 하락하는 것은 아니다. 그 반대의 상황도 많다. 그러므로 경상수지 하나만으로 환율을 설명할 수 없다.

출처: 한국은행, 서울외국환중개

은 하락한다. 그런데 단기적인 시각에서 보면 환율은 성적표대로만 움직이지 않는다.

모든 가격 지표가 그렇듯이 수요와 공급을 먼저 따져봐야 한다. 수출이 잘 되어서 경상수지가 흑자를 기록하게 되면 국내로 유입되는 달러가 많아진다. 달러화 공급이 많아진다는 것은 달러화 가치가 하락한다는 것을 의미한다. 반대로 수출보다 수입이 더 많아져서 경상수지가 적자가 되면 밖으로 빠져나가는 달러화가 많아지게 되고, 그러면 달러화가 부족해지면서 달러화 가치가 오른다.

수출업체와 수입업체의 입장은 어떨까? 수출품을 팔고서 받은 수출대금, 즉 달러화를 갖고 직원들 월급도 주고 나라에 세금도 내고

공과금도 내고 하려면 주거래은행에 가서 '달러화를 원화로 환전'해야 한다. 주거래은행은 수출업체에서 받은 달러화를 좀더 유리한 가격에 '은행 간 도매시장'에 가서 팔아야 이득이다.

이렇게 은행 간 도매시장에서 달러화가 유입되면 '달러화는 약세, 원화는 상대적으로 강세'를 보이면서 환율이 하락한다. 반면 수입업체는 수입한 부품의 값을 달러화로 치러야 하기에 주거래은행에 가서 '원화를 달러화로 환전'해야 한다. 주거래은행은 '은행 간 도매시장'에서 받은 원화를 수입업체에 팔고 달러화를 사는 거래를 한다. 이럴 경우 '달러화는 강세, 원화는 약세'가 되면서 환율이 상승하게 된다.

수출업체들은 보통 월말에 달러화를 파는 '네고' 거래를 하고, 수입업체들은 월초에 달러화를 사는 '결제' 거래를 한다. 그러다 보면 월말에는 환율이 떨어지고, 월초에는 환율이 좀 오를 것이다. 그러나 정해진 법칙은 없다.

수출업체가 느끼기에 환율이 오를 것 같다면 굳이 월말에 달러화를 팔 필요가 없다. 좀더 오를 때까지 기다렸다가 팔면 더 이익을 얻을 수 있다. 이를 '래깅(Lagging)'이라고 한다.

수입업체도 마찬가지다. 환율이 예상보다 더 크게 떨어졌다면 월초까지 기다리지 말고 더 일찍 달러화를 사버릴 수도 있다. 더 일찍 사들인 달러화로 수입대금을 조기에 지급하는 것을 '리딩(Leading)'이라고 한다.

원화가 약세면 수출에 좋을까?

2008년 강만수 기획재정부 장관, 최중경 기재부 차관은 '환율 주권론자'로 유명했다. 이들의 목적은 '원화 약세'다. 환율이 과도하게 떨어져서는 안 된다는 것이다. 원화가 약세여야 해외로 나가는 수출품의 가격이 낮아지고 수출의 가격 경쟁력이 높아져 수출 경기에 도움이 된다는 논리다.

2008년까지만 해도 이러한 논리는 맞았을지 모른다. 그러나 우리나라의 내로라하는 대기업들은 국내에서 뭔가를 생산하지 않는다. 대부분 해외에서 부품을 조달하고 생산하고, 해외에 직접 판매한다. 삼성전자, 현대차는 명실상부 '글로벌 기업'이다. 원화가 약세가 되면 '원화로 환산된 이익'은 줄어들겠지만 이들의 가격 경쟁력이 높아지진 않는다. '원화 약세가 수출에 유리하다'는 연결고리는 해외 생산이 늘어나면 늘어날수록 약해진다.

신현송 국제결제은행(BIS) 조사국장은 2023년 2월 한국은행·대한상공회의소 주최의 세미나에 참석해 우리나라 수출을 좌우하는 변수는 '달러화'라고 말했다. 그는 달러화 약세(상대적 원화 강세)가 수출에 좋다고 말했다. 제조업체들이 달러화가 약세가 되었을 때 운전자금을 조달하기 쉬워지고 재고를 쌓아둘 여력도 높아지기 때문에 수출 수요가 개선된다는 논리다. 환율 주권론자들이 제시했던 '환율과 수출의 관계'와는 전혀 다른 주장이다.

물가와 환율도 서로 주고받는다

한 나라의 물가가 오르면 그 나라의 통화가치는 하락한다. 짐바브웨 같은 나라를 생각해보면 쉽다. 짐바브웨의 물가가 폭등하자 짐바브웨 통화로는 뭘 할 수 있는 것이 없어졌다. 구매력이 떨어지게 되니 가치를 잃는다.

그러나 늘 그런 것은 아니다. 짐바브웨처럼 통제 불능인 나라가 아니라 일반적인 국가에서는 물가 상승이 반대로 통화가치를 높이는 일이 될 수도 있다. 물가가 올라 중앙은행이 기준금리를 올리거나 금리를 내리지 못할 것이라는 데까지 생각이 미쳐서다. 팬데믹 이후 미국 물가가 오를 때마다 연준의 기준금리 인상 전망이 힘을 받으면서 달러화가 올랐다.

국제유가가 오른다고 생각해보자. 우리나라와 같은 원유 수입국에서는 더 많은 수입대금을 치러야 하고, 이는 달러화 수요가 높아진다는 것을 의미한다. 무역수지 등도 적자를 보일 위험이 커진다. 이는 '원화 약세, 환율 상승'의 요인으로 작용한다.

엔화는 2022년 이후 상당폭 약세를 보이면서 '안전자산'으로서의 지위가 크게 흔들렸는데, 약세의 원인으로 돈을 계속해서 풀어대는 일본은행(BOJ)의 통화정책과 함께 유가 상승이 꼽혔다. 일본도 원유 수입국으로 유가가 상승하면 수입대금이 늘어나는 데다 물가 또한 상승했다. 일본은 오랫동안 물가 상승률이 추세적으로 하락하는 '디플레이션'을 경험해 물가 상승 경험이 드물었는데 유가와 물가 상승이 엔화 약세를 만들었다는 평가도 나왔다. 엔화가 '안전자산'으로서 전혀 기능하지 못한 것도 역사상 드문 일이었다. [일본은 장기간 디플레이션을 경험했기 때문에 물가가 오르더라도 미국처럼 기준금리 인상 기대로 이어지지 않았다. 물가 상승률이 어느 정도 진행된 이후에야 일본은행은 금리 인상 신호를 냈다. 2024년 3월에야 마이너스 금리에서 탈출했다.]

통화가치가 하락하면 물가가 올라가게 된다. 특히 우리나라처럼 원유 등 수입품 의존도가 높은 나라에서는 더욱 그렇다. 원화가 약세가 되면 원화로 환산한 가격이 오르게 된다. 이는 수입 물가 상승으로 나타난다.

우리나라로 돈이 들어오나, 나가고 있나?

> "Hi, I'm Smith. I love KOREA!!!
> 내가 달러 갖고 한국 갈게요!"
> "Come on~ 주식 살래, 채권 살래?"

'외국인 투자자'는 환율을 결정짓는 중요한 요인이다. 외국인 투자자가 한국 땅에 돈 벌 거리가 많다며 달러를 싸들고 온다면 국내 외환시장에는 달러화가 많아진다. 달러화 가치는 하락하고 상대적으로 원화 가치가 올라가 원·달러 환율이 하락하게 된다. 1달러를 손에 쥐려면 이전에는 1,400원이나 내야 했는데, 원화 가치가 오르고 달러화 가치가 낮아지면서 1,300원만 내도 되는 상황이 오게 된다. 외국인들이 국내 주식·채권에 투자하려면 원화가 필요한데 원화 수요가 많아지면서 환율이 하락하는 식이다.

만약 외국인 투자자들이 국내 주식·채권에 투자해서 돈을 벌지 못할 것이라고 느낀다면 반대의 상황이 벌어진다. 국내 주식·채권을

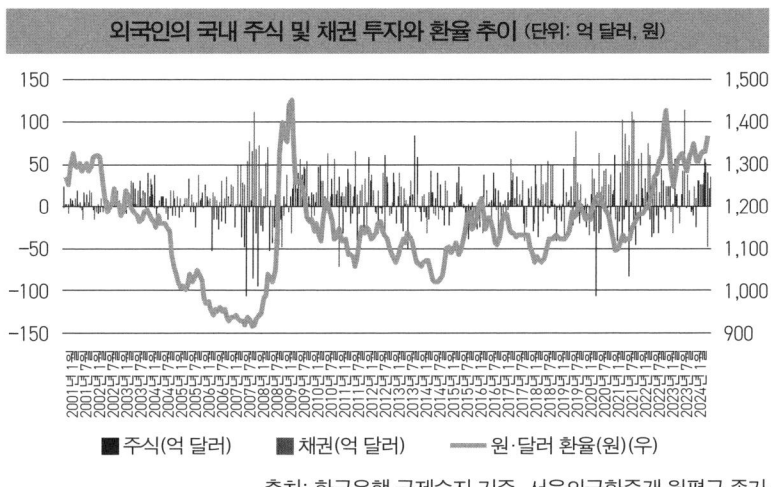

출처: 한국은행 국제수지 기준, 서울외국환중개 월평균 종가

팔아 얻게 된 원화를 달러화로 바꿔 자국으로 송금하려 할 것이기 때문에 달러화 수요가 높아지면서 원·달러 환율은 오르게 된다. 원화 가치는 하락하고, 달러화 가치는 상대적으로 높아진다.

외국인 투자금과 원·달러 환율의 관계는 이렇게 단순해 보이지만, 이것이 전부는 아니다. 만약 외국인 투자자들이 국내 채권·주식을 판 후에 원화를 달러화로 바꾸지 않고 그냥 통장에 그대로 둘 수도 있다. 차익실현을 한 후에 다른 종목의 주식을 노리고 있다든지, 해당 주식이 더 떨어지기를 기다렸다가 다시 살 생각이라면 외환시장에 미치는 영향은 없다고 봐도 된다.

다만 외국인들이 주식을 대규모로 장기간 팔고 있다면 외환시장에서 거래하는 국내 시중은행, 수출입 업체 등은 '외국인 투자자들이 곧 원화를 달러화로 바꾸겠네. 그러면 달러화가 오를 테지'라고 생각하며 미리 달러화를 매수해버릴 수 있다. 외국인들이 원화를 내다 팔고 달러화를 매수하기 전에 조금이라도 낮은 가격에 달러화를 사 길 원하기 때문이다. 이러한 달러화 매수 세력이 환율을 끌어올린다.

외국인이 환헤지를 한다면? NDF거래

외국인이 국내 주식이나 채권을 사고 싶어서 달러화를 국내로 들여오기는 하는데 만약 '환헤지'를 한 상태에서 들어온다면 어떻게 될까? 외국인이 주식·채권에 투자할 때 '환헤지'를 한다는 것은 주식·채권 가격이 오르고 내림에 따라 이익을 얻고 싶지, 환변동에 따른 이익이나 손실은 보고 싶지 않다는 얘기다.

보통 주식투자자들은 환헤지 비용을 들이기보다는 환노출을 통해 환차익까지 노리는 경우가 많다. 그러니 외국인들이 국내 주식을 매수하겠다고 생각할 때는 원화 가치까지 고려해 원화가 쌀 때 매수해 원화 가치가 오르면 주식과 함께 매도하는 그림을 그린다. 그러니 주식 자금이 늘어나면 원화 수요가 증가하며 원·달러 환율이 내려간다. 반대로 주식을 팔 때는 환율이 올라가게 된다.

하지만 주식투자자 중에서도 환헤지를 원할 때가 있다. 이들은 주로 차액결제선물환(NDF, Non-Deliverable Forward)을 활용한다. 차액결제선물환은 말 그대로 선물환, 즉 미래의 환율을 거래하는 데 있어 나중에 차액만 결제하겠다는 의미다. 외국인 투자자는 NDF(달러화를 기준으로 함)를 '매입'해 미래의 어느 시점에 미리 정해진 환율로 달러화를 확보한다. 언젠가는 국내 주식을 팔아 달러화로 바꿔서 자국에 송금할 텐데, 미리 팔고 나갈 때의 환율을 고정한 것이다.

외국인이 NDF를 매입하길 원하면 이를 받아주는 곳이 있다. 국내 은행들이다. 그러면 국내 은행들은 NDF를 '매도'한다. 미래의 어느 시점에 달러화를 매도한다. 그런데 이런 상태에서 가만히 있으면 은행들은 환위험에 노출된다. 미래의 환율이 내려갈지 오를지가 너무 불확실한데 미리 정해진 환율에 달러화를 팔아야 하기 때문이다. 괜히 환위험에 노출되었다가 이자 장사로 잘 번 돈을 다 까먹을 수는 없으니 은행들은 현시점에서 달러화를 매수하는 거래를 한다. 즉 환포지션 자체를 '0'으로 만들어버린 것이다. 이런 거래를 하다 보면 외환시장에 드러난 거래는 '국내 은행들의 달러화 매수'다. 이는 환율을 상승시키는 역할을 한다. 그러나 외국인 투자자들이 국내 외환시장에서 달러화를 원화로 바꿔 국내 주식에 투자하는 것이므로 두 거래가 상계되면서 외환시장에 미치는 영향은 제한적이다.

그런데 NDF가 일어나는 시점과 국내 주식 투자가 일어나는 시점이 같지 않을 수 있다. NDF 거래를 하는 목적도 제각각일 수 있다. 이런 상황에서 NDF '매입'은 국내 은행의 달러화 매수로 나타나면서 환율을 상승시킨다. NDF 만기가 도래하면 국내 은행의 달러화 매도가 이뤄지며 환율을 떨어뜨리는 쪽으로 작용한다. 반대로 외국인 투자자가 NDF를 '매도'하면 국내 은행의 달러화 매도가 나타나며 환율이 떨어지고, 만기 때는 반대의 흐름이 나타난다.

우리나라 외환시장에서 NDF의 역할은?

NDF 시장은 우리나라 외환시장에서 중요한 역할을 한다. 그다음 날 환율이 오를지, 아니면 하락할지에 대한 힌트를 제공한다. 서울외국환중개 등 국내 외환 중개회사에서는 매일 아침 밤새 거래된 NDF의 매수호가와 매도호가를 알려준다. NDF는 달러화와 원화를 거래하면서 1개월 후에 거래하기로 약속하는 1개월 만기 선물환 가격이다. 1개월 후 선물환 가격과 전일 현물환 종가, 그리고 선물환율과 현물환율의 차이를 보여주는 '스와프 포인트'를 이용해 환율이 떨어질지 오를지 점친다. 외국인 투자자들이 우리나라 외환시장이 닫혀있는 동안 환율을 어떻게 바라봤는지를 보여준다.

우리나라 외환시장은 2024년 7월부터 오전 9시부터 새벽 2시까지 거래되기 시작했다. 그러나 그전까지만 해도 오전 9시부터 오후 3시 30분까지만 거래되었다. 달러화, 유로화, 엔화 등 국제적인 통화들은 24시간 거래되는데 우리나라는 고작 6시간 30분만 거래되었던 것이다. 우리나라가 국내 외환시장을 닫는 동안 유럽 시장과 미국 시장에서는 갖가지 이벤트들이 벌어지게 되는데, 원화를 거래하지 못하니 원화를 팔지도 사지도 못하게 되는 답답함이 생겼다. 이를 해결해준 것이 바로 NDF 시장이다. 차액 결제 방식으로 미래의 환율을 거래한 것이다.

NDF 시장은 우리나라 외환시장이 닫혀 있는 동안 해외에서 열리는 시장이기 때문에 통상 '역외(선물환) 시장'이라고 불리는데, NDF

시장이 커지면 커질수록 역외 시장이 국내 외환시장과 현물환 시장을 좌우하게 된다. 꼬리가 몸통을 흔드는 격이다. 외환 당국은 이러한 현상을 완화하기 위해 외환시장 거래 시간을 오후 3시 30분까지만 운영하다가 새벽 2시로 대폭 확대한 것이다. 이는 NDF 시장에서 '선물환 거래'를 하는 수요를 '현물환 시장'으로 흡수하겠다는 것이다. 새벽 2시라면 유럽 거래 대부분을 흡수하고 미국 뉴욕의 오전장 거래를 커버할 수 있기 때문이다.

채권 투자와 '환'의 밀접한 관계

채권투자자는 대부분 '환헤지'를 하고 투자한다. 채권투자자는 달러화를 갖고 원화와 교환, 즉 '스와프(Swap)'를 해 국내 채권에 투자한다. 일정 기간 달러화와 원화를 주고받고, 나중에 채권을 팔고 나갈 때 다시 원화와 달러화를 주고받는 방식이다. 달러화를 팔고 원화를 사는 '환전'이 이루어지는 곳이 '외환시장'이라면, 달러화와 원화를 스와프라고 하며, 빌려주고 빌리는 시장을 '외화자금 시장'이라고 한다.

이러한 외화자금 시장은 'FX 스와프 시장'과 'CRS(통화스와프) 시장'으로 나뉜다. 공짜는 없다고, 달러화와 원화를 스와프, 즉 교환하는 과정에서 반드시 '환헤지 비용'이 발생한다. 외국인 투자자가 국내 채권에 투자할 때는 이러한 '환헤지' 비용을 따져본다. 미국의 채권금리가 2%이고 국내 채권금리가 4%라면 당연히 미국에서 돈을 빌려서 국내 채권에 투자하면 2%의 금리 이익을 얻을 수 있다고 생각한다. 그런데 환헤지 비용이 2%라면 어떨까? 2% 이익을 보자고 2% 비용을 치르게 생겼으니 투자할 유인 자체가 떨어진다.

채권시장에는 우리나라 10년물 국고채를 장기간, 만기까지 보유하겠다는 생각을 갖고 들어오는 각종 해외 연기금 자금들도 있지만 단기적으로 재정차익만 얻고자 하는 투자 세력도 많다. 이들에게 환헤지 비용은 국내 채권을 살까 말까를 결정하는 데 있어서 가장 중요한 변수다.

FX 스와프 시장이 뭐길래?

FX 스와프 시장에서는 1년 이하짜리 거래가 주로 이루어진다. 통상 3개월, 6개월, 1년 뒤에 만기가 도래하기 때문에 중간에 이자를 서로 지급하지 않는다. 그 대신 이자가 선물환율에 반영되어 있다.

국내 채권에 투자하고 싶은 외국인 투자자는 달러화를 가져와 FX 스와프 시장에서 달러화를 주고 원화를 얻는(셀&바이, Sell&Buy, 현물환 매도하고 선물환 매수) 거래를 했다가 만기 때 달러화를 얻고 원화를 주는 거래(바이&셀, Buy&Sell, 현물환 매수하고 선물환 매도)를 한다. 이러한 거래를 받아준 국내 은행들은 반대 거래를 하며 본인들의 포지션을 제로로 만든다.

이럴 때 외국인 투자자 입장에서 재정차익을 얻게 되는 상황은 무엇일까? 예컨대 국내 3개월물 CD금리가 3.5%이고 3개월 SOFR 금리가 4.5%라고 하자. 외국인 투자자들은 3개월 만기로 SOFR금리를 빌려 국내 3개월짜리 CD금리에 투자하면 1%가량 손해를 볼 것이다. 내외금리차가 −1%이기 때문이다. 그런데 통화를 스와프하는 과정에서 이는 달라질 수 있다. 현물환율이 1,300원이고, 3개월 뒤 선물환율이 1,280원이라고 해보자. 현물환율과 선물환율의 차이를 현물환율로 나눈 비율을 '스와프 레이트'라고 하는데 이 값은 −1.54%가 된다. 스와프 레이트가 '마이너스'라는 것은 달러화를 가진 외국인이 달러화를 원화로 교환하면서 오히려 이자를 얻게 된다는 의미다. 즉 외국인 투자자는 재정거래 이익으로 0.54%P가 생기게 된다.

스와프 레이트 절댓값이 내외금리차보다 크기 때문에 외국인은 국내 채권에 투자할 유인이 충분히 생긴다. 우리나라에서는 달러화가 '갑'이기 때문에 스와프 레이트는 거의 마이너스를 보여왔다. 달러화를 구하기 힘들어지면 스와프 레이트의 마이너스 폭은 더 커진다. 그러니 미국보다 국고채 금리가 단순히 낮다고 해서 외국인 채권투자자들의 자금이 국내에서 빠져나가지는 않는다. '스와프 레이트'와 함께 외국인들의 재정거래 유인을 따져봐야 한다.

1년 이상의 거래에서는 CRS 시장이 주로 활용된다. 달러화를 원화와 교환하면서 이자를 주고받는 시장이다. CRS는 외국인이 달러화를 주고 원화를 받으면서 국내 은행에 지급하는 '원화 고정금리'

를 말한다. 달러화가 부족할 때는 CRS 금리가 낮아진다. 2008년 글로벌 금융위기, 2020년 팬데믹 위기 때는 CRS 금리가 마이너스까지 갔다. 달러화를 구하기 어려워졌다는 것이다. 외국인 투자자 입장에서 CRS 금리가 마이너스라는 것은 달러화를 갖고 있는 것 자체가 돈이 되었다는 얘기다. CRS시장을 통해서도 이자를 얻게 되고, 국내 국고채 투자를 통해서도 이자를 얻으니 말이다.

그러나 CRS 금리가 마이너스까지 갔다는 것은 전 세계 금융시장에 이상이 생겼다는 것이다. 아무리 땅 짚고 헤엄치기라도 '안전한 것이 최고'라며 국내로는 자금이 들어오지 않을 수 있다.

외환 당국을 빼놓고
외환시장을 논하지 말자

외환딜러들은 가장 큰손인 외환 당국이
무슨 생각을 하는지가 가장 궁금해!
환율 때문에 심기가 불편하진 않은지 등등.

외환시장의 주요 참가자들은 시중은행·외국환은행 국내 지점 등 금융회사, 연기금, 외국인 투자자 등이다. 이들 중 가장 큰 손은 '외환 당국'이다. 외환 당국은 기획재정부와 한국은행을 말한다. 외환 당국이 얼마나 큰손인지는 외환보유액만 봐도 알 수 있다. 외환시장에서 거래되는 하루 외환 거래 규모는 100만 달러대인데, 외환보유액은 무려 4천억 달러에 달한다.

외환시장에는 "외환 당국에 까불지 말자"라는 말이 있을 정도로 외환 당국의 힘은 강력하다. 외환시장은 거래 참가자들이 자유롭게 거래하고 그 결과로 원·달러 환율이 적정하게 형성되는 것이 정상적인데, 환율이 경제·금융시장에 미치는 영향이 워낙 크다 보니 시장이 '비정상적'이라고 판단할 때엔 외환 당국이 개입한다.

그런데 시장이 '비정상적'이라는 판단의 기준은 외환 당국의 자의적 판단일 때가 많다. 그러니 시장 참가자들은 '이 정도 환율은 괜찮을까'라며 슬며시 외환 당국의 눈치를 볼 때가 많다. 이처럼 외환 당국은 시장 참가자들과 밀당하며 '기밀 작전'을 수행한다.

외환 당국의 외환 정책은 기획재정부와 한국은행이 상호 협력 하에 실시하지만 최종 책임은 기획재정부에 있다. 한국은행법 82조에 따르면 한은은 외국환업무 및 외국환 보유 등의 업무를 기획재정부 장관의 인가를 받아야 하고, 한은은 정부의 환율정책 등에 협의하는 기능을 수행하도록 하고 있다.

외환 당국은 언제 심기가 불편할까?

외환 당국이 언제 심기가 불편한지는 시대에 따라 달랐다. 모두 다 사람이 하는 일이기 때문에 외환 당국 리더가 누구인지에 따라 달랐다고 봐도 과언이 아니다. 외환 당국이 본인들의 색깔을 가장 세게 드러냈던 때는 2008년 강만수 기획재정부 장관 시절이었다.

당시 외환시장을 담당하던 1차관은 최중경이었다. 강 장관과 최 차관은 '원화가 약세여야 수출이 호조고 우리나라 경제가 좋다'라는 생각이 강했다. 특히 최 차관은 기획재정부 국제금융국장 시절, 환율 하락기에 1,140원을 사수하기 위해 노력하면서 '최틀러' '최중경

라인'이라는 별칭이 붙기도 했을 정도의 인물이다.

그런데 때는 2008년, 글로벌 금융위기가 터지면서 외국인 자금이 대거 빠져나가면서 너무 오른 환율이 골칫거리였다. 원화 가치가 앞으로 더 떨어질 것으로 생각하면 외국인 투자자들은 원화 자산을 더 사들일 이유가 없어진다. 2008년 7월 9일, 외환 당국은 거래가 뜸한 점심시간을 이용해 대규모로 달러를 매도했고, 환율을 1,020원대 후반에서 1천 원 밑으로 30원 이상이나 떨어뜨렸다. 점심시간에만 20억 달러 규모의 달러를 내다 판 것으로 전해졌다. 이른바 '도시락 폭탄' 사건이다. 그런데 국내 대기업들이 생산기지를 대거 해외로 옮기면서 '원화 약세=수출 호조' 공식이 무너졌다. 원화 약세, 즉 환율을 높게 유지하면 수출 대기업은 좋을 수 있지만 수입 물가가 높아져 일반 국민에게는 부정적이다.

팬데믹 이후 나타난 고물가 시대에 외환 당국의 고민은 '원화 약세'를 막기 위한 것이었다. 2022년 9~10월 원·달러 환율이 1,400원대로 오르면서 외환 당국은 보유하던 미 국채 등을 팔아서 달러 매도 개입에 나섰다. 2022년 9월 말 외환보유액 잔액은 4,167억 7천만 달러로, 한 달 전보다 무려 196억 6천만 달러나 감소했다. 2008년 10월에 274억 달러가 줄어든 이후 가장 많이 감소한 것이다.

외환 당국은 시대에 따라 원화 약세를 원하기도, 이를 방어하기도 하는 식으로 변해왔지만 한 가지 공통점은 있다. 외환 당국은 '너무 과도한 변동성'을 싫어한다는 점이다.

환율 수준도 문제이지만 어떤 이벤트가 전 세계적으로 발생해서

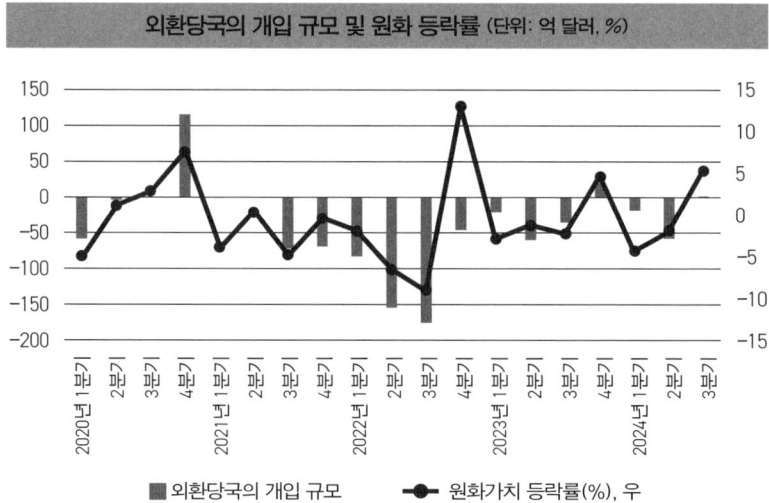

*부호가 마이너스일 경우 달러 매도 개입, 환율은 분기말 기준

출처: 한국은행

환율이 오르거나 내릴 수밖에 없는 환경이라고 해도 다른 나라 통화 대비 어떻게 변했느냐를 더 중요하게 본다. 특히 원화는 '아시아 프록시(Proxy, 대리) 통화'로 불린다. 즉 아시아 자산을 줄이거나 늘리고 싶을 때 가장 시장이 개방된 원화 자산을 팔거나 사는 식이다. 그러니 원화는 다른 나라 통화보다 변동성이 크다. 이런 특성 때문인지 환율이 상승세로 방향을 틀면 계속해서 상승하는 힘이 강해진다. 반대로 하락세로 방향을 틀면 하락하는 힘이 강해진다. 외환시장 참가자 자체가 많지 않기 때문에 '상승할 것이라는 생각'이 들면 달러를 파는 세력이 쏙 들어가버린다. 그러다 보면 외환시장의 변동성이 커지고, 이때 외환 당국이 슬그머니 고개를 든다.

어떻게 외환시장에 개입하나?

가장 약한 방식의 '시장 개입'은 스무딩오퍼레이션(smoothing operation), 즉 미세 조정이다. 예컨대 환율이 과도하게 오를 위험이 있을 때는 시장에 티 안 나게 달러를 약간 매도해 환율의 추가 상승을 조금 눌러주는 것이다. '티 안 나게' 하되, 너무 티가 안 나도 안 된다. 기존 시장 흐름과 다른 거래가 나왔는데 시장 참가자들이 '이건 외환 당국이겠거니' 하고 대략 추정은 할 수 있게 해야 효과가 있다.

외환 당국자들이 '시장이 과도하게 쏠려 있다. 예의주시하고 있다' 등의 메시지를 공개적으로 해버리는 구두 개입도 있다. 웬만하면 구두 개입을 하지 않는 것이 정석이다. 잔소리도 한 번 제대로 할 때 먹히지, 여러 번 하는 순간 힘이 약해지기 때문이다.

구두 개입도 안 먹힐 정도라면 대규모로 달러를 사거나 팔아서 '여기서 가장 힘이 센 이가 외환 당국'이라는 것을 보여준다. 그러나 이러한 방법은 외환보유액이 털리거나 원화 유동성이 풀리는 등의 부작용이 있다. 외환 당국 입장에서는 가장 경제적인 방법을 통해 시장을 제압하는 것이 합리적이다.

그런데 2022년에는 새로운 고민이 생긴다. 미국 연준이 기준금리를 단시간에 큰 폭으로 올리면서 달러화가 강세를 보여 원·달러 환율이 오른 해였다. 과거에는 위기가 생겨서 환율이 올랐으나 이번에는 미국이 기준금리를 큰 폭으로 올려 달러화가 상승하면서 환율이 오른 수준이 위기 때와 비슷해졌다. 이 당시에는 '환율을 올리는 국내 요인을 최대한 막자'가 외환 당국의 미션이었다.

매년 300억 달러 이상씩 원화를 달러화로 바꿔 해외 자산에 투자하는 '국민연금'이 가장 눈에 거슬렸다. 국민연금이 가진 원화와 외환보유액이 가진 달러화를 맞교환하는 '스와프'를 체결했다. 국민연금의 해외 투자는 막을 수 없는 일인데, 외환시장에서 원화 팔고 달러화 사지 말고 외환보유액에서 달러화를 빌려주는 방식으로 '환전' 수요를 막았다.

외환 당국은 '조선업체들이 수주를 받는데도 달러화를 왜 팔지 않을까'에 대해서도 고민했다(달러화 매도는 환율을 떨어뜨린다). 조선업체들이 해외에서 배를 수주 받고 배를 인도하기까지는 2년 정도가 걸린다. 공정 과정에 따라 나눠서 수출대금을 받는데, 나중에 환율이 하락해 가만히 있다가 손해를 볼 가능성이 있기 때문에 조선업체들은 이를 막기 위해 은행과 '선물환 매도' 계약을 맺는다. 이 거래를 받은 은행은 '선물환 매수' 포지션이 되니 포지션을 '0'으로 만들기 위해 현물환(달러화)을 매도해버린다. 이 거래는 환율을 떨어뜨린다. 그런데 외환 당국이 이 거래가 나타나지 않은 원인을 살펴보니 '시중은행의 선물환 한도 포지션이 꽉 찼기 때문'이라고 분석되었다. 이를 해결하기 위해 외환 당국은 수출입은행과 외국환평형기금 등을 동원했다.

한국은행에 외환보유액이 있다면, 기획재정부에는 외국환평형기금이 있다. 외국환평형기금은 외환시장을 안정화하기 위해 정부가 조성한 기금이다. 정부는 주기적으로 외국환평형기금채권을 발행하는데, 대부분 달러화로 발행한다. 외평채 금리를 얼마나 낮게 발행하느냐가 그 나라의 대외신인도를 보여주는 지표라고 볼 수 있다.

외환 당국도 외환시장에 자유롭게 개입하는 것은 아니다. 외환 당국은 다른 나라의 눈치를 본다. 특히 미국의 눈치를 본다. 미국 재무부는 반기에 1회씩 '환율 조작국'을 발표한다. '너네, 일부러 원화 약세로 만들어서 미국 상대로 무역흑자 냈지?'라는 지적이다. 미 재무부는 2023년 하반기, 2024년 상반기 모두 우리나라를 '환율 관찰 대상국'에서 제외했다. 그러나 트럼프 대통령 취임 전인 2024년 11월에 다시 환율 관찰 대상국으로 지정했고, 2025년 6월에도 재지정했다. 실제로 조작했는지보다 미국의 무역정책에 따라 달라진다.

우리나라는 2016년 상반기부터 2023년 상반기까지 '환율 관찰 대상국'이었다. '상품과 서비스 등 150억 달러 이상의 대미 무역흑자, 국내총생산(GDP)의 3%를 초과하는 경상수지 흑자, 12개월 중 8개월간 GDP의 2%를 초과하는 달러 순매수'라는 3가지 요건을 모두 충족하면 '심층분석 대상국(환율 조작국)'이 되고, 이 중에서 2가지 요건을 충족하면 '관찰 대상국'이 된다.

외환 당국은 2019년 3분기부터 얼마나 시장 개입을 했는지를 분기 단위로 공개하고 있다. 2022년 3분기에는 원화 약세를 막기 위해 175억 달러를 내다 팔았다고 밝혔다. 외환 당국이 쓰는 돈이 어떤 영향이 있었는지, 공중에 날린 것은 아닌지 등을 감시하게끔 한다. 달러화를 팔면 원화를 얻게 되지만 외환보유액에서 원화는 없는 돈과 똑같다. 외환 당국이 항상 외환시장을 이기는 것은 아니다.

외환위기 트라우마 벗고 '외환시장 개방'으로

우리나라는 외환위기 트라우마가 있다. 그래서 환율이 너무 높게 오르면 '이러다 외환위기 온다' '외환위기 올 때도 정부에서는 괜찮다고 했다' 등의 말들이 오간다. 외환위기 때 태어나지 않았거나 어린아이였던 사람들도 커가는 내내 '우리 집이 원래는 잘 살았는데 외환위기 때 망했다'는 말을 부모에게 종종 들었을 것이다.

외환 당국자들의 외환위기 트라우마는 점점 약해지는 추세다. 외환위기가 일어난 지 30년이 다 되어가고 있는 터라 외환 당국자 중 실제 외환위기를 경험했던 사람들도 점차 사라지고 있다. 외환 당국은 2024년부터 해외에 소재한 외국계 금융회사가 직접 외환시장에서 거래할 수 있게 허용했고, 7월부터는 외환시장 거래 시간을 오후 3시 30분에서 그다음 날 새벽 2시까지 거래되도록 했다.

외환시장 개방을 늘린다고 해서 원화가 갑자기 '국제통화'가 되는 것은 아니다. 변동성이 더 커질 가능성도 배제할 수 없다. 외환 당국의 새로운 시도가 얼마나 성공할지는 좀더 지켜볼 일이다. 그러나 분명한 것은 외환 당국의 통제력은 점차 약해질 것이라는 점이다.

복잡하고 어렵다면
그냥 '달러' 하나만 봐라

> 달러가 언제 힘이 세질지, 약해질지 알아야 해!
> 달러의 변화에 따라 우리나라 원화도 함께 춤을 출 테니까!
> 환율이 변동하면 일단 '달러'가 변했는지 살펴봐.

환율이 도대체 언제 오르고 내리는지 감이 안 잡힌다면 그냥 쉽게 '달러화'만 쳐다보고 있어도 된다. 외국인들이 국내 주식·채권에 투자할 때 헤지를 하든지 말든지는 외국인들 마음이고, 복잡하게 이것저것 생각하기 싫다면 달러화만 보고 있어도 대충 원·달러 환율이 어떻게 움직일지 예측할 수 있다.

즉 달러화가 오르면 원·달러 환율도 오르는 것이고, 달러화가 하락하면 원·달러 환율도 하락하는 것이다. 달러화가 언제 오르고 떨어지느냐가 중요해진다.

달러인덱스의 변화를 잘 살펴보자

달러화가 올랐는지 하락했는지는 달러인덱스(Dollar Index)를 보면 알 수 있다. 달러인덱스는 1973년 3월 브레턴우즈 체제가 무너진 직후 기준점 100을 시작으로 미국 뉴욕상품거래소(NYBOT)에서 처음 산출되기 시작했다.

참고로, 1944년 제2차 세계대전 말 미 달러화를 금으로 바꿔주던 국제 결제시스템, 일명 금태환제를 '브레턴우즈 체제'라고 한다. 그러나 1970년대 베트남 전쟁을 치른 미국은 막대한 전쟁 비용으로 금태환을 유지할 수 없어서 1971년 달러화의 금태환을 중지하며 '브레턴우즈 체제'는 막을 내린다.

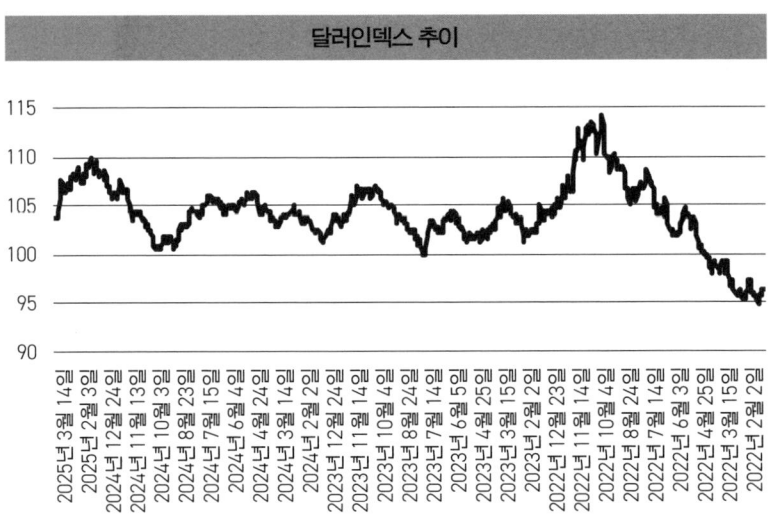

출처: 마켓워치

미국의 주요 6개 교역국 통화인 유로화, 일본 엔화, 영국 파운드화, 캐나다 달러화, 스웨덴 크로나화, 스위스 프랑화에 대한 달러화 교환가치를 가중 평균하는 방식으로 달러인덱스가 산출된다. 이에 따라 달러인덱스에서 유로화가 차지하는 비중은 57.6%에 달한다. 일본 엔화가 13.6%, 영국 파운드화가 11.9%, 캐나다 달러화가 9.1%, 스웨덴 크로나화가 4.2%, 스위스 프랑화가 3.6%다.

밤새 달러인덱스가 어떻게 변했는지를 살펴볼 필요가 있다. 이를 통해 그다음 날 원·달러 환율이 오를지 내릴지를 대충 알 수 있기 때문이다.

달러화는 언제 오르고 언제 하락할까?

달러화가 언제 오르고 언제 하락하는지는 미국 경제와 정책에 달려 있다. 미국 경제가 나 홀로 성장하면서 잘나갈 때 미 달러화는 오른다. 달러화를 찍어내는 미국 연준이 기준금리를 올리면서 시중에 풀려 있는 달러화를 거둬들일 때도 달러화가 오른다. 달러인덱스의 절반 이상을 차지하는 유로화가 하락해도 달러화가 오른다. 유로 경제가 미국 경제보다 나쁠 때 달러화는 강세를 보일 수 있다.

미국 경제가 좋을 때 달러화가 강세를 보인다면, 미국 경제가 나쁠 때는 달러화가 약세를 보여야 하는 것이 일반적인 상식일 것이다. 그러나 그렇지 않을 때가 더 많다. 미국 경제가 나쁜데 나머지 나라들의 경제만 좋기란 쉽지 않다. 그러니 미국 경제가 나쁠 것 같고 그로 인해 금융시장이 흔들리면 '안전자산 선호 심리'가 발동하면서 달러화가 강해진다. 금융시장에서는 불안하면 '달러화'다. 달러화가 강해질 것 같다는 생각이 들면 전 세계 금융시장의 자금은 미국으로 향하지, 우리나라 같은 신흥국으로는 자금이 잘 안 온다.

달러화가 떨어지는 경우도 있다. 미국 경제가 전 세계 국내총생산(GDP)의 4분의 1을 차지하는데, 미국 경제가 좋다는 것은 시간차를 두고 유로 지역과 아시아 지역으로 경기회복세가 점차 퍼진다는 것을 의미한다. 미국 소비자가 더 많은 물건을 소비하길 원하면 미국에 수출하는 품목들이 늘어날 것이기 때문이다.

미국 경제가 먼저 회복되고 시간이 갈수록 다른 나라로 회복세가 번진다면 초기에는 달러화가 강세를 보이겠지만 점차 약세로 변할 것이다. 달러인덱스 중 유로화가 차지하는 비중이 높기 때문에 유로화가 강세로 변한다면 달러인덱스는 약해질 것이다. 미국 정부가 국채를 대거 발행하는 등 재정수지 적자 우려가 커질 때 달러화에 대한 신뢰가 흔들리면서 달러화가 약세를 보이기도 한다. 연준이 달러화를 대거 찍어낼 때도 달러화가 하락한다.

미국보다 금리가 낮으면 환율이 오른다고?

> 돈은 금리가 낮은 곳에서 높은 곳으로 흘러가.
> 미국 금리가 높다면 돈이 그쪽으로 가겠지만
> 늘 그런 것은 아냐!

돈은 돈이 벌리는 곳을 기가 막히게 알고 그쪽으로 움직인다. 의식의 흐름대로 생각해보자. A은행에서 1년 정기적금을 넣으면 연 2% 금리를 주는데 B은행에서는 같은 조건으로 5%를 준다면, 고민할 것도 없이 A은행에 있는 돈을 당장 빼서 B은행에 넣을 것이다.

국경을 넘어 오가는 돈도 마찬가지다. 저금리 국가에 있는 돈은 고금리를 주는 국가로 옮겨가게 되어 있다. 이렇게 된다면 저금리 국가의 통화가치는 하락하고, 고금리 국가의 통화가치는 올라가게 될 것이다. 저금리로 돈을 빌려서 이를 환전해 고금리를 주는 국가의 채권에 투자하거나 해당 국가의 은행에 예치해버리면 이득을 보기 때문이다.

와타나베 부인이 보여준 '이자 먹고 환 먹고'

일본은 장기 저성장을 겪으며 금리가 극히 낮았다. 2024년에야 마이너스였던 기준금리를 17년 만에 인상하면서 0~0.1%로 높였다. 3개월 만기 단기 금리가 고작 0.3%(2025년 3월)다. 이는 미국과 한국의 3개월 단기 금리가 각각 4.2%, 2.8%인 것에 비해 극히 낮은 수준이다.

이런 금리를 30년 넘게 경험한 일본 투자자들은 도저히 일본 내에서는 돈을 벌기 어렵다고 생각했다. 0%대 금리로 돈을 빌려서 미국이나 다른 나라에 투자하면 고금리를 얻을 수 있기 때문에 엔화를 빌려 다른 나라 통화·자산에 투자했다. 이를 고급스럽게 표현하면 '엔 캐리 트레이드(Yen Carry Trade)'라고 한다. 이런 방식으로 투자하면 이자도 먹고, 잘하면 환도 먹을 수 있게 된다. 이렇게 일본 투자자들이 국제금융시장을 주름잡는 큰손이 되었는데 이들을 '와타나베 부인'이라고 불렀다.

긴 세월 동안 와타나베 부인을 지켜본 투자자들은 자국의 금리가 낮아질 때 비슷한 투자 기법을 차용하기 시작했다. 그러나 와타나베 부인만큼 강력한 큰손은 아직 없다. 와타나베 부인이 활약하면 할수록 엔화를 팔려는 수요는 늘어나고 다른 나라 통화를 사려는 수요는 늘어나니 엔화는 계속해서 하락하고 와타나베 부인이 투자하는 나라의 통화는 올라갈 것으로 생각할 수 있지만, '환율'이란 놈은 그리 단순한 놈이 아니다.

엔화는 국제금융시장에서 '달러화' 다음으로 알아주는 안전자산 통화다. [2020년 팬데믹 이후 나타난 고인플레이션기에는 엔화가 힘을 쓰지 못하고 약세를 보였다.] 시장이 불안해지면 엔화는 상승했다. 와타나베 부인은 금리 차익을 먹고자 환손실을 감수해야 했다. 환손실을 고려해도 금리 차익이 큰 경우에만 와타나베 부인이 활동하게 된다.

국내에서 오가는 돈은 '금리' 하나만 보고 움직이면 된다. 그러나 국경 간의 자금 이동은 그리 단순하지 않다. 국경 간의 자금 이동에서는 환율이 중요하다. 예컨대 우리나라 91일물 CD에 투자하면 금리를 연 3% 주는데, 미국 3개월물 채권에 투자하면 5%를 준다고 하자. 그러면 미국 채권을 사는 것이 훨씬 이득일 것이다. 그런데 3개월 뒤 미국 달러화가 3% 폭락해 있다면 달러화를 원화로 환전하는 과정에서 환손실을 볼 것이다. 그로 인해 큰돈을 만지는 기관투자가들은 환손실을 피하기 위해 환헤지를 하고, 항상 환헤지 비용을 따져본다. 금리 차익을 통해 돈을 벌 수는 있어도 환헤지 비용이 이를 넘어서면 굳이 투자하지 않는다.

금리차만으로 돈이 움직이지 않는다

금리차만으로 돈이 움직이지 않는다는 점을 고려하면 우리나라 금리가 다른 나라, 즉 대표적으로 미국보다 낮아진다고 해도 돈이 빠져나가지 않을 수 있다는 것을 의미한다. 그럴 위험은 있지만 위험이 모두 현실화되는 것은 아니다.

1999년 콜금리 목표제를 실시한 이후[한국은행은 1999년 이전에는 금리를 결정하지 않고 통화량을 조절하는 방식의 '통화량 목표제'를 운영했다], 한국과 미국 간 기준금리가 역전된 기간이 세 차례(2022년 이후 역전 사례는 제외) 있었다. 1999년 6월부터 2001년 3월까지 미국보다 우리나라 기준금리가 낮았음에도 주식과 채권을 합해 증권으로 169억 달러(국제수지 통계 기준)가 유입되었다.

2000년 5월에는 금리 역전 폭이 1.5%P나 되었다. 2005년 8월부터 2007년 9월까지, 2018년 3월부터 2020년 2월까지 역전되었을 때는 각각 305억 달러, 403억 달러가 순유입되었다. 한미 금리 역전 기간 역전 폭은 최대 1%P씩이었다. 2022년 고인플레이션기가 오면서 한미 금리 역전폭은 2%P나 벌어졌다. 미국의 기준금리 수준은 5.25~5.5%에 달했다. 그럼에도 한미 금리 역전으로 자금 유출이 일어나고 있다는 소식은 없다. 2022년 9월부터 2024년 4월에도 한미 금리가 역전된 상황이었는데, 이 기간에 626억 달러의 자금이 순유입되었다.

중요한 것은 '금리가 왜 떨어지고 올랐을까'이다. 어떤 나라의 경제가 고꾸라지고, 그로 인해 중앙은행이 금리를 내릴 것이 뻔하고, 그러한 정책이 장기화할 것 같다면 금리는 하락하고 통화가치도 떨어질 것이다. 그러다 경기 회복 기대감이 살아나면 다시 금리는 올라가고, 통화가치도 회복한다. 반대로 금리가 오른 이유가 경제가 활황이라서 중앙은행이 금리를 올릴 것이 뻔하고, 금리를 올려도 경제 상황이 튼튼해 잘 버텨줄 것이라는 생각이라면 그 나라의 통화가치는 상승한다.

물가 상승률이 너무 높고 그로 인해 경제 성장세가 최악인 '스태그플레이션(Stagflation, 경기침체 속 물가 상승)' 환경에서도 금리는 오른다. 하지만 이럴 때 통화가치는 금리를 따라가지 않고 바닥을 길 수 있다. 경제가 손을 쓰기 어려울 정도로 망했다는 신호다. 튀르키예나 아르헨티나에 투자하면 30~50%의 금리를 준다고 해도 투자하지 않는 이유다.

원화가 저평가되었다고?
그걸 어떻게 알아?

작년에는 같은 돈으로 미국 과자 10개를 샀는데
올해는 미국 과자를 5개밖에 못 산다고?
원화가 똥값인 거야, 미국 물가가 오른 거야?

환율은 서로 다른 통화 간의 교환가치를 뜻한다. 우리나라 통화인 원화가 가만히 있는데 달러화가 바뀌면 상대적으로 원화의 가치도 달라진다. 원화와 달러화가 가만히 있는데 엔화가 바뀐다면 원화와 엔화 사이의 가치도 달라진다. 즉 환율은 어디까지나 상대적이다. 예컨대 원·달러 환율이 올라가면 달러화 가치는 상승하되 원화 가치는 떨어지게 되고, 원·엔(100엔당) 환율이 올라가면 엔화 가치는 하락하되 원화 가치는 떨어지게 된다.

원화 가치가 다른 나라 통화보다 올라가게 되면 원화를 갖고 해외에 나가서 살 수 있는 물건들이 많아진다. 즉 원화의 구매력이 높아진 것이다. 이는 해외에 있는 물건을 살 때, 즉 수입할 때는 유리하다. 반면 우리나라가 해외에 물건을 팔 때, 즉 수출할 때는 가격이 비싸져 '가격 경쟁력'이 떨어지게 된다.

단, 이는 국내에서 해외로 수출한다고 할 때를 가정한 것이다. 수출 대기업들은 중계무역과 가공무역 등을 통해 해외에서 직접 다른 제3국으로 수출하기 때문에 원화가 싸졌더라도 과거처럼 '가격 경쟁력'이 높아졌다고 볼 수 없을뿐더러 해외 생산 비중이 높아지면서 사실상 글로벌 기업에 준하는 '통화'를 보유하고 있다. 최근에는 가격 경쟁력보다 품질 경쟁력이 수출을 좌우하는 변수로 작동한다.

실질실효환율로 따져본다

수입에서의 '구매력'과 수출에서의 '가격 경쟁력'은 우리나라가 주로 무역하는 나라가 어딘지에 따라 크게 달라진다. 예컨대 원·엔 환율은 올랐는데 원·달러 환율이 하락했다고 생각해보자. 원화는 엔화 대비 가치가 하락한 반면, 달러화에 비해선 오른 것이다. 그런데 수출 비중을 보면 2024년 미국이 18.7%이고, 일본은 4.3%에 불과하다. 원화가 엔화 대비 가치가 하락하면서 수출 측면에서 '가격 경쟁력'이 올라가겠구나 했지만 정작 수출 비중이 5배 가까이 큰 미국에 수출할 때는 불리해질 수 있다.

주요국과의 교역 비중에 따라 가중치를 부여하고 각국 환율을 감안해 산출한 원화 환율이 있다. 이를 '실효환율'이라고 한다. 실제

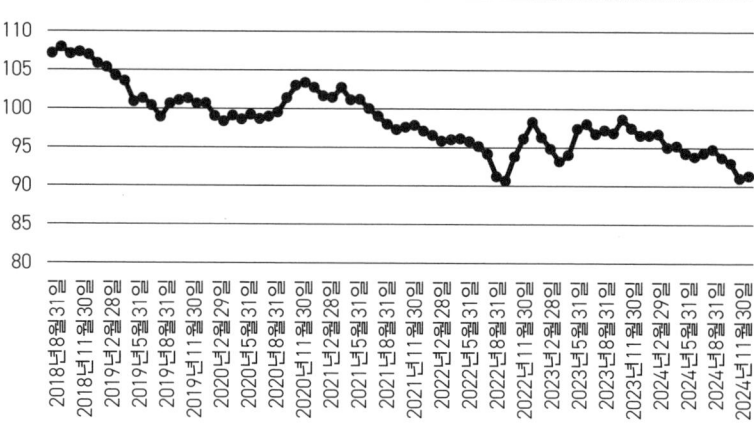

* 2020 = 100

출처: 국제결제은행(BIS)

원·달러 환율의 오르내림보다 실효환율을 보는 이유는, 우리나라가 교역 과정에서 수출이 불리해졌는데 수입할 때 유리해졌는지 등을 따지는 데 효과적이기 때문이다.

그런데 수입에서의 '구매력', 수출에서의 '가격 경쟁력'은 환율로만 결정되지 않는다. 환율은 변화가 없는데 물가가 달라졌다면 구매력과 가격 경쟁력도 달라진다. 일본에서 사먹는 라멘 가격이 2배 올랐다고 생각해보자. 원·엔 환율은 1년 전이나 지금이나 100엔당 900원인데 라멘 가격은 원화로 1만 원에서 2만 원으로 올랐다면 원화의 구매력은 떨어졌다고 볼 수밖에 없다. 그러니 원화의 상대 가치를 살펴보려면 교역 비중에 따른 교역 상대국의 통화가치 외에도 물가까지 따져봐야 한다. 위에서 언급한 '실효환율'이 '명목실효환율'이라면 물가까지 고려한 환율을 '실질실효환율'이라고 한다. 실질실효환율이 높으면 구매력이 높아져 수입에 유리하고, 실질실효환율이 낮아지면 가격 경쟁력이 높아져 수출에 유리하다.

'실질실효환율' 100을 기준점으로 본다

국제결제은행(BIS), OECD 등 국제기구에서는 실질실효환율을 지수화해서 주기적으로 공개한다. 실질실효환율 지수는 100을 기준으로 해서 100보다 높으면 고평가되어 있다고 보며, 100보다 낮으면 저평가되어 있다고 본다. 이를 기준으로 보면 원화가 고평가되어 있는지, 아니면 저평가되어 있는지 쉽게 알 수 있을 것처럼 보이지만 실제로는 그렇게 단순하지 않다. 실질실효환율을 계산할 때 '물가'로 어떤 지표를 사용하느냐에 따라 크게 달라진다.

BIS에서는 '소비자 물가지수(CPI)'를 사용해 실질실효환율 지수(2020년=100)를 발표한다. 64개국의 실질실효환율 지수를 일별, 월별로 발표한다. BIS 데이터에 따르면 원화는 2021년 8월 이후 100 이하에서 벗어나지 못할 정도로 장기간 '저평가' 상태다. 2024년 8월 기준으로 원화의 실질실효환율 지수는 94.3으로, 64개국 중 저평가 순위 5위다.

OECD에서는 '단위노동비용'을 물가 지표로 사용하는데, 이는 산출물 1단위를 생산하는 데 소요되는 노동비용을 말한다. 2017년 국제통화기금(IMF)의 워킹페이퍼('Real exchange rate and external balance')에 따르면 국내와 수입품의 대체 효과를 효과적으로 설명하는 변수는 소비자물가지수가 아닌 단위노동비용이라고 설명했다. 즉 실질실효환율이 오르고 내림에 따라 국내 거주자가 국내에서 만들어진 상품을 사용하는 것이 유리한지, 수입품을 사용하는 것이 유리한지를 따지게 되는데 이러한 국내와 수입품 간 대체 효과를 설명하는 변수에 단위노동비용이 적합하다는 내용이다.

OECD는 분기별로 단위노동비용을 기준으로 한 실질실효환율 지수를 공개한다. 2023년 1분기 기준 원화의 실질실효환율 지수는 100.3으로, 원화는 저평가되어 있지 않았다. 6개 분기 만에 100을 넘어섰다. 메리츠증권은 2024년 4월 '외환시장 전망이 어려워진 이유'라는 제호의 보고서에서 "원화는 소비자물가지수를 기준으로 하면 외환시장 개방이 본격화된 2000년 이후 역사적 평균 대비 3.6% 저평가되어 절상 압력이 있는 것으로 계산되지만 단위노동비용을 기준으로 하면 4.1% 고평가된 것으로 계산된다"고 설명했다.

이론은 이론일 뿐이니 오해하지 말자

실질실효환율 지수로 원화를 살펴보더라도 원화가 저평가되었는지 고평가되었는지는 도무지 알 수가 없다. 기준에 따라 제각각이니 말이다. 사실 외환시장에서 실질실효환율이 어떠하기 때문에 원·달러 환율이 오를 것이니, 떨어질 것이니를 얘기하는 것은 고리타분한 얘기일 수 있다. 어디까지나 참고 자료일 뿐이다. 시대에 따라 적정 환율의 기준은 늘 바뀐다.

2008년 '환율 주권론'을 외쳤던 강만수 기획재정부 장관 시절에는 '원화 약세'가 외환 당국이 지향하는 미덕이었다. 그러다 보니 원·달러 환율의 하락을 막는 것이 일이었다. 외환시장 개방이 이루어진 뒤부터 살펴보면 환율이 1,200원을 넘으면 '위기가 오는 위험 신호'로 읽혔고 1,300원을 넘어서면 '100% 위기'로 갔다.

그러나 팬데믹이 지난 후 환율은 1,300원은커녕 1,400원까지 쉽게 넘고 있다. 그런데도 위기 징후는 없었다. 그 이유는 환율을 결정짓는 변수에 구조적인 변화가 일어났기 때문이다. 국민연금은 한 해 300억 달러 이상을 환헤지 없이 해외에 투자하고 있는데 서학개미까지 보탰다. 미국의 기술주인 테슬라, 엔비디아를 사기 위해 원화를 달러화로 환전하는 서학개미가 일상화되면서 원·달러 환율의 수준 자체가 구조적으로 높아졌다는 분석이 힘을 얻고 있다.

원·달러 환율의 적정 수준을 1,300원 이상으로 보는 시각도 늘어나고 있다. 오늘의 경제를 어제의 잣대로 평가해선 안 된다. 환율도 그러한 관점에서 바라봐야 한다.

환율 전쟁과 역환율 전쟁, 왜 일어나는 걸까?

거래 상대가 꼼수를 쓴다는 생각이 든다면?
그런 생각이 드는 순간 전쟁은 시작된다!
그런데 상대와 전쟁을 벌일 힘이 내게 없다면?

미국은 역사적으로 '통화' 체제를 본인의 입맛대로 지휘할 힘을 갖고 있었고, 그러한 힘이 지금까지도 영향을 미치고 있다. 2차 세계대전이 끝나가던 1944년, '브레턴우즈 체제'라는 이름으로 미 달러화를 금으로 바꿔주는 국제 결제 시스템인 '달러화 금태환제(달러화만 금과 고정 비율로 태환할 수 있는 반면, 다른 통화들은 금 대신 달러화와 고정 환율로 교환할 수 있는 제도)'가 도입된다. 달러화가 기축통화로 자리매김하게 된 계기가 되었다.

그러나 미국도 베트남 전쟁을 치르면서 해외 군사비 지출 등으로 달러화가 해외로 많이 유출되고 금도 부족해지면서 더 이상 '금태환제'를 유지할 수 없는 지경에 이른다. 결국 1971년에 브레턴우즈 체제가 붕괴된다. 미국의 결정에 따라 국제통화의 질서가 바뀌었다. 1976년에는 본격적으로 '변동환율제도'의 시대가 열리게 된다. 단, 시장에서 환율이 자유롭게 움직이도록 둔다고 해도 미국의 파워가 사라진 것은 아니다.

환율 전쟁이 뭐길래?

미국은 지금도 마찬가지이지만 1980년대에도 재정적자와 무역적자로 이른바 '쌍둥이 적자'에 시달렸다. 그러나 일본의 제조업은 미국을 상대로 수출로 돈을 많이 벌면서 일본의 국내총생산(GDP)이 세계 2위 수준에 이르게 된다.

당시 미국은 일본이 탄탄하게 성장하는 배경에 '엔화 약세'가 있다고 판단했다. 이에 1985년 9월 미국 뉴욕의 플라자호텔에서 일본, 서독(현재 독일), 영국, 프랑스, 미국의 재무장관이 모여 달러화 가치를 떨어뜨리기로 하는 '플라자합의'에 나선다. 달러화가 강세인 것이 세계적으로 문제가 되고 있으니 일본의 엔화, 독일의 마르크화를 달러화 대비 절상시키라는 것이 이 합의의 골자였다.

미국은 1980년대 로널드 레이건 대통령 시절 감세와 대규모 재정지출 등의 '레이거노믹스' 정책으로 대규모 재정적자를 기록했고, 달러 강세로 대규모 무역적자까지 발생했다. 이에 따라 달러 가치를 떨어뜨리는 대신 제조업 강국인 일본의 엔화, 서독의 마르크화 가치를 끌어올리는 정책이 필요했던 것이다. 일본, 독일, 영국, 프랑스 외환 당국은 외환시장에 대규모로 달러화를 팔아치우면서 자국 통화를 달러화 대비 절상시켰다. 상대적으로 미국 제조업체들은 달러화 약세 혜택을 누렸다.

플라자합의 이후 일본은 엔화 가치 상승으로 크게 고통을 받았다. 엔화 강세로 인해 일본 수출업체들이 가격 경쟁력을 상실했던 것이다. 플라자 합의는 일본이 '잃어버린 20년'을 겪게 된 출발점이라는 해석이 지배적이다. [단, 일본이 장기 저성장의 길을 장기간 걷게 된 이유를 모두 엔화 절상의 탓으로 돌리긴 어렵다. 엔화 약세로 수출 경기가 나빠진 일본은 이를 타개하기 위해 금리 인하, 부동산 대출 규제 완화 등을 실시하며 자산 버블을 일으켰고 이러한 자산 버블이 터지면서 본격적인 저성장의 늪에 빠지게 된다.]

다른 나라들이 자국 통화를 약세로 만들면서 수출 경쟁력을 키우는 상황은 두고 볼 수 없지만 정작 미국 본인은 2008년 글로벌 금융위기 당시 대규모 양적완화를 실시하며 인위적으로 달러화를 끌어내렸다. 2008년 달러인덱스는 70선 초반 선까지 뚝 떨어진다. 미국의 이러한 태도는 신뢰를 잃기에 충분했다.

미국이 금융위기를 극복하고 경제가 정상화 수순을 밟은 후에 가장 거슬리는 나라가 있었으니 바로 중국이다. 중국은 1980년대의 일본처럼 미국을 위협할 정도로 나라가 커졌다. 미국이 2000년 중국을 세계무역기구(WTO)에 가입시켜주고 세계화를 열심히 했더니 가장 잘살게 된 나라가 중국이었다.

중국은 미국을 상대로 무역을 해 가장 많은 무역흑자를 내는 곳이다. 중국을 가만히 보고 있자니 불리한 산업에 대해선 보조금을 줘 가격을 싸게 하고 위안화는 '복수통화 바스켓 관리 변동환율제[중국은 위안화 환율을 주요 교역 상대국의 통화가치를 가중 평균해 결정하는 방식으로 '고시 환율'을 우리나라 시각으로 오전 10시 30분 정도에 공개한다. 환율의 일일 변동 폭은 고시 환율을 기준으로 상하 1% 이내에서 움직이도록 관리한다]'로 중국 정부에 의해 통제를 받는다. 변동환율제를 채택한 나라들보다 환율이 정부의 간섭을 받을 가능성이 더 높다.

미국과 중국 간의 갈등이 최고조에 달했던 때는 2017년 트럼프 대통령이 당선된 뒤부터다. '미국 우선주의'를 내세웠기에 미국을 상대로 가장 많이 돈을 벌어가는, 즉 최대 무역 흑자국이 타깃이 되었다. 당시 트럼프의 논리는 간단했다. '미국을 상대로 돈을 벌어가게 된 것은 환율을 조작해서이고 보조금 등 불공정하게 무역했기 때문'이라는 것이다.

2019년에 미국 재무부는 중국을 환율 조작국으로 지정했다. 미국 재무부는 중국, 대만, 한국을 각각 6번, 4번, 3번 환율 조작국으로 지정한 바 있다. 주로 1980년대 말부터 1990년대 중반에 이루어졌다. 미국이 2019년에 중국을 환율 조작국으로 지정한 것은 상당히 이례적인 일이었다. 무려 25년 만에 이루어진 환율 조작국 지정이었다.

당시 중국 위안화가 11년 만에 달러화 대비 7위안을 넘어섰으니 트럼프 눈에 거슬리지 않을 수 없었다. 미국과 중국의 관세 전쟁이 한창이었던 시기였다. 환율 조작국으로 지정되면 미국이 해당국에

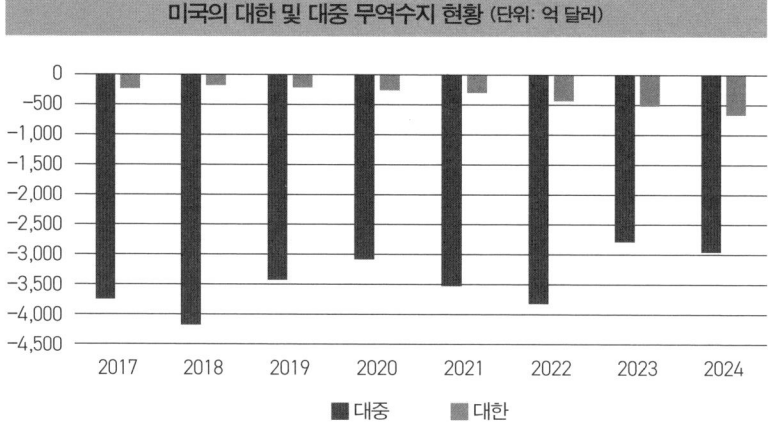

출처: 미국 인구조사국

'환율 저평가, 지나친 무역흑자'를 시정할 것을 요구하고, 1년이 지나도 이러한 시정조치가 개선되지 않으면 미국 기업에 대한 투자 제한, 국제통화기금(IMF)의 감시 요청 등이 이루어진다. 미 재무부는 2020년 상반기에 중국을 환율 조작국에서 관찰 대상국으로 조정한다. 위안화를 평가절하하지 않겠다는 중국 정부의 약속을 받아들인 것이다(2025년 6월 미 재무부는 중국에 대해 환율 조작국으로 지정할 수 있다고 경고했다).

미국도 금융위기 당시 양적완화를 통해 인위적으로 달러화를 절하한 만큼, 미국이 과거에 했듯이 주요국들을 호텔로 불러 모아 "통화가치 올려!"라고 지시할 가능성은 낮아 보인다. 그러나 미국은 '환율 조작국'이라는 이름으로 계속해서 미국을 상대로 무역흑자를 내는 국가들을 압박할 가능성은 충분하다. 트럼프 2기 체제에선 이러한 환율 전쟁이 더욱 본격화될 전망이다. 문제는 '고래 싸움에 새우 등이 터진다'는 점이다.

미국과 중국은 우리나라의 최대 수출국이다. 두 나라가 피 터지게 싸울 경우 가장 피해를 보는 곳이 바로 우리나라다. 미국의 대중(對中) 무역적자는 2024년 기준 3천억 달러에 가까운 적자를 보이고 있는데, 트럼프 1기였던 2018년 4,200억 달러 적자보다는 적자 폭이 줄어들었다. 그러나 미국의 대한(對韓) 무역적자는 2024년 660억 달러 적자로, 2018년(179억 달러 적자) 대비 4배 가까이나 불어나 있다. 미국이 우리나라와 중국을 상대로 돈을 못 번 죄를 물을 가능성이 있다.

2022년에 역환율 전쟁이 일어난 배경

팬데믹 위기가 끝나고 고물가 시기가 오면서 자국 통화를 절하시키는 '환율 전쟁'이 역환율 전쟁으로 바뀌었다. 연준이 무서우리만치 큰 폭으로 기준금리를 올리면서 달러화가 큰 폭으로 상승했다. [연준은 2022년 1년 동안 기준금리를 4.25%P 인상했다.] 달러인덱스는 2022년 10월 113선까지 상승했다. 주요국 통화는 달러화 대비 뚝 떨어졌다. 원·달러 환율도 당시 1,444.2원(2022년 10월 25일 장중 고가)까지 치솟아 금융위기 이후 최고치를 찍었다.

문제는 당시가 고물가 시기였다는 점이다. 자국의 통화가치가 하락하면 구매력이 하락하고 수입물가가 오른다. 수입물가 상승은 소비자물가를 끌어올린다. 그러다 보니 주요국 외환 당국은 달러화 대비 자국 통화가치를 올리는 데 힘을 써야 했다. 외환보유액에서 달러화를 파느라 외환보유액이 감소했다. 외환보유액에서 투자했던 미 국채도 대거 팔았다. 미 국채를 팔아서 확보한 달러화를 내다 팔았다.

마이너스 금리에 양적완화로 엔화 약세가 심했던 일본이 가장 적극적이었다. 일본은 2022년 1월까지만 해도 미 국채를 1조 2,999억 달러 보유했으나 2023년 1월에는 1조 1,044억 달러로 15.0%(1,955억 달러) 감소한다. 우리나라도 미 국채 보유 규모가 같은 기간 1,238억 달러에서 1,058억 달러로 14.5%(180억 달러) 감소한다.

역환율 전쟁은 '전쟁'이라고 이름을 붙이기 어색할 만큼 미 달러화 대비 자국 통화 약세를 제한해 고물가를 잘 넘기기 위한 방편이었다고 할 수 있다. 앞으로는 역환율 전쟁보다 다시 '환율 전쟁'에 주목해야 할 때다.

자국 보호주의 등으로 관세 전쟁이 일어나게 되면 환율 전쟁이 자연스럽게 따라올 수 있다. 다만 살펴봐야 할 것은 자국 통화를 약하게 만들어 수출에서 가격 경쟁력을 높인다는 명제가 통할지 여부다. 신현송 국제결제은행(BIS) 조사국장은 2023년 2월 한국은행·대한상공회의소 공동 주최로 열린 '경제 패러다임의 변화와 한국 경제의 대응 방안' 세미나에서 "수출 등 세계 교역량을 좌우하는 것은 달러화다. 제조업체들이 달러화 약세로 운전자금을 조달하기 쉬워질 때 수출이 잘 되었다"고 밝혔다.

One Point Lesson

외환시장과
외화자금 시장이 다르다고?

외환시장, 외화자금 시장은 비슷한 말 같다. 하지만 이 둘은 다르다.

외환시장은 원화와 달러화를 사고파는 시장이다. 원·달러 환율이 얼마로 올랐다, 떨어졌다하는 것은 외환시장에서 결정된다. 해외 여행비나 유학비를 마련하기 위한 환전의 기준이 되는 시장이 바로 외환시장이다.

반면 외화자금 시장은 일종의 '외화 대출 시장'이다. 일정 기간 달러화를 빌려주거나 빌려온 후 만기 때 다시 돌려받는 시장이다. 달러화에 대한 수요가 높아지고 달러화 유동성이 부족할 때 원·달러 환율이 올라가고 달러화를 빌리는 비용이 비싸진다.

위기의 징후를 미리 살피는 법

외환위기처럼 폭풍우 같은 위기는 외환시장보다는 외화자금 시장에서 발생한다. 외환시장에서 원·달러 환율이 오른다고 해서 우리나라 달러화 유동성에 사달이 난 것은 아니다. 그러나 외화자금시장에서 달러화가 부족해 달러화를 빌리는 비용이 터무니없이 비싸지면 외환시장에서도 원·달러 환율이 폭등할 것이다. 너도나도 달러화를 확보하려고 할 테니 말이다. 그러니 위기의 징후를 살펴보려면 '외화자금 시장'을 살펴봐야 한다.

2008년 글로벌 금융위기, 2020년 팬데믹 위기 당시 외환시장에서 원·달러 환율이 각각 1,600원, 1,300원에 육박할 정도로 급등하긴 했으나[2020년 3월 팬데믹 위기 때만 해도 원·달러 환율이 1,300원 수준으로 오르는 것은 상당히 이례적인 일이었다.] 더 큰 문제는 겉으로 보이는 '환율 급등'이 아니라 '달러 유동성 부족'이었다. 이 당시의 외화자금 시장을 살펴보자.

미국과의 통화스와프가 특효약이다

외화자금 시장은 크게 외환(FX)스와프와 통화스와프 시장으로 나뉜다. 외환스와프 시장은 1년 미만의 단기 대출 시장이고, 통화스와프는 1년 이상의 시장이다.

외환스와프 시장에서는 현물환과 선물환의 교환이 동시에 이루어진다. 달러화가 지금 당장 필요한 투자자는 '바이앤셀(현물환 매수, 선물환 매도)' 거래를 한다. 이때 현물환율과 선물환율의 차이를 보여주는 지표가 '스와프 포인트'다. 스와프 포인트 수치가 낮을수록 지금 당장 달러화를 요구하는 수요가 많아짐을 의미한다.

2008년 10월 말 1개월 만기 스와프 포인트는 마이너스(−) 7원 정도로 벌어졌고, 2020년 3월에는 −3.5원 수준으로 낮아졌다. 원화를 달러화로 교환할 때, 즉 원화를 빌려주고 달러화를 받는 대신 얻게 되는 '원화 고정금리'인 통화스와프(CRS) 금리는 마이너스를 보였다. 원화를 빌려주면서 이자를 받는 것이 아니라 돈을 내야 했다는 것이다. 1년 만기 CRS 금리는 2009년 2월 −1.25%를 기록했고, 2020년 3월에는 −1.45%로 떨어졌다. 국내 외화자금 시장에서는 달러화를 구하고 싶어도 구하기 어려워졌다는 얘기다.

외화자금 시장에서 달러화가 부족할 때는 미국과의 통화스와프가 특효약이다. 달러화가 부족해서 발생한 일이니 달러화를 풀어주면 해결된다. 실제로 2008년 10월 30일, 2020년 3월 19일 한미 통화스와프를 체결한 후 외화자금 시장과 외환시장이 안정세를 찾았다.

2022년에는 원·달러 환율이 1,450원 가까이 급등했지만 외화자금 시장에는 별다른 문제가 없었다. 2022년 10월 25일 장중 환율이 1,444.2원까지 올랐음에도 그 당시 1년 만기 CRS 금리는 3.16%였고, 1개월물 스와프 포인트는 −0.2원에 불과했다. 외화자금 시장에서 달러화가 부족해서 외환시장의 원·달러 환율이 오른 것이 아니라 미 연준이 무지막지하게 기준금리를 올리면서 달러화 가치가 올라 1달러당 원화 가치가 떨어진 것이다. 그래서 이 당시 외환 당국자들은 한미 통화스와프를 체결하더라도 1,400원대 환율을 해결하기 어렵다고 말했었다.

〈동상이몽-너는 내 운명〉이라는 TV 프로그램이 있다. 여러 부부의 일상을 보여주는데, 제목처럼 한집에 살면서 남편과 아내가 서로 다른 생각과 행동들을 하며 때론 부딪히기도 하고 화합하기도 하는 모습이 나온다. 주식과 채권도 비슷하다. 가끔 뉴스에서 '트리플 약세'라는 말을 봤을 것이다. 이는 원화(환율), 주식, 채권 가격이 모두 하락했음을 말한다. 이 중 주식과 채권을 '증권'이라고 통칭한다. 아무리 자주 싸우는 부부라도 집에 위기가 오거나 반대로 기쁜 일이 생기면 잠시라도 한마음이 되듯이, 주식과 채권은 한마음일 때도 있지만 본질이 다르기 때문에 동상이몽하듯 다른 생각을 하며 살아간다.

PART 5

주식과 채권이 친구처럼 보였다면 그건 착각!

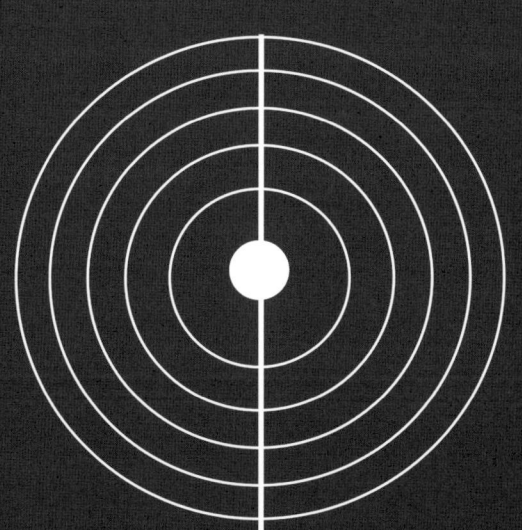

주식이 웃으면
반대로 채권은 운다

MBTI가 달라도 친구가 될 수 있어!
그런데 역시나 성격이 많이 다르긴 하지.
어떤 일이 생겼을 때 각자 생각과 행동이 다르잖아.

　주식과 채권은 금융시장의 가장 대표적인 투자 수단이다. 두 금융자산은 성격이 다르다.
　주식의 성격부터 살펴보자. A라는 기업이 발행하는 주식에 투자하게 된다는 것은 A회사의 주인, 즉 주주가 되는 것이다. 주식투자자들의 가장 큰 목적은 주식의 가격인 주가가 올라 차익을 실현하는 일일 것이다. A라는 회사에 확신이 있다면 주가가 떨어져도 고맙다. 주식을 추가로 더 매수해 A의 지분을 더 많이 확보할 수 있기 때문이다. 그러나 투자자들의 대부분은 단기간에 빨리 차익을 실현한 후 나가버리려는 경향이 크기 때문에 주가 하락을 죄악시한다. 만약 이런 생각을 한다면 A라는 기업이 앞으로 잘될 것이라는 확신이 없거나 너무 단기 자금을 주식에 투자한 것이니 자신의 투자를 다시 한 번 살펴보는 것이 좋을 것이다.

반면에 채권의 성격은 좀 다르다. A가 발행하는 채권, 즉 회사채에 투자하는 투자자들도 채권 가격이 오르는 것을 좋아한다. A회사채 가격이 오른다면 만기 때까지 회사채를 들고 있다가 원금을 상환받을 필요 없이 만기 전에 파는 게 이득일 수 있기 때문이다.

하지만 채권 가격이 하락한다고 해도 크게 걱정할 필요는 없다. 만기 때까지만 들고 있으면 만기 전까지 주기적으로 들어오는 이자와 함께 원금을 고스란히 상환받을 수 있기 때문이다. 물론 그새 A가 폭삭 망해버리지 않는다면 말이다. A가 발행하는 주식에 투자하면 '주주'로, 회사채에 투자하면 '채권자'로 명찰 표도 달라진다.

주식과 채권은 기업이 돈을 당기는 방법이다

주식과 채권을 투자자가 아닌 기업 입장에서도 살펴보자. A는 요즘 가장 뜬다는 인공지능(AI)에 투자도 해야 하고, 해외 진출도 하고 싶다. 그런데 돈이 부족하다.

A는 가장 비용이 덜 들면서도 돈을 당기는 방법을 생각해본다. 일단 가장 첫 번째로 생각할 수 있는 흔한 방법은 은행에서 대출받는 것이다. 그런데 A는 이제 막 3년 차 스타트업이고 적자 신세라 은행에서는 도저히 대출을 해줄 수 없다고 한다.

그렇다면 스타트업에 투자하는 벤처캐피털 등에서 투자 유치를 받는 방법을 생각할 수 있다. A가 신주를 발행해 벤처캐피털에 주고 투자금을 확보하는 것이다. 이 자금으로 무럭무럭 성장한 A는 자산 규모도 커지고, 매출액은 물론 영업이익까지 잘 나오는 기업으로 성장할 수 있다.

그러면 벤처캐피털 등 A의 주주들은 A를 코스피(코스닥) 시장에 상장을 추진한다. 벤처캐피털의 목적은 A를 키워 주식시장에 상장시키고 투자금을 회수하는 데 있기 때문이다. A가 코스피 시장에 입성하는 순간 벤처캐피털은 A주식을 팔아 차익을 실현하고, A의 주주 구성이 바뀌게 된다. ㄱ벤처캐피털, ㄴ파트너스, B씨, C씨로 구성되었던 A의 주주는 B씨, C씨, 그리고 소액주주들로 바뀔 수 있다. 코스피에 상장된 A는 돈이 필요하면 주주를 대상으로 유상증자를 실시해 자금 조달을 쉽게 할 수 있다. 다만 유상증자가 이루어지는 대신 최대주주 B씨의 지분은 줄어들게 된다.

A가 업력이 쌓이고 어느 정도 신뢰를 받는 기업으로 성장한다면, 신용평가사들은 A가 발행하는 회사채에 신용등급을 매기게 될 것이다. 신용등급이 잘 나오면 A는 돈이 필요할 때 회사채를 발행해서 자금을 조달할 수 있게 된다. 그러면 B씨는 A의 지분을 지키면서도 자금을 조달할 수 있다. A는 3년 차 시절에는 은행 대출을 거절당했지만 이 정도 성장하면 은행에서도 대출받을 수 있게 된다. 그러면 A는 '주식시장, 채권시장, 은행'이라는 3가지 창구에서 가장 저렴한 방법을 선택해 자금을 조달하게 된다.

주식은 위험자산, 채권은 안전자산

주식투자자와 채권투자자의 공통점은 'A를 어느 정도는 믿는다'는 점이다. A가 잘될 것이라는 확신이 있다면 A의 주식투자자가 되는 것이고, A가 크게 잘될 것 같지는 않지만 그래도 돈은 꼬박꼬박 잘 벌 것이라고 생각하면 채권투자자가 되는 것이다. 그러니 주식투자자와 채권투자자는 출발부터가 다르다.

경제가 성장하고 유동성이 풍부하면 위험자산 선호 심리(리스크 온, risk on)가 발동해 주가 상승 기대가 높아지면서 주식투자자가 유리해진다. 반면 경제가 흔들리고 싸한 느낌이 들면서 불안해진다면 채권투자자가 더 유리하다. 주식투자자보다 투자금을 날릴 위험이 덜 하기 때문이다.

그런데 금융시장에 쓰나미가 몰려온다면 어떨까? 사실 이럴 때는 위험자산이든 안전자산이든 구분할 필요가 없다. '현금'이 최고다. 그러니 돈이 금융시장에서 도망가버리면서 주식이든 채권이든 모두 떨어진다. 하지만 인간은 적응의 동물이다. 문제가 뭔지 파악하고 대응책이 보이기 시작하면 주식과 채권은 서로 다른 생각을 한다.

2008년 9월 15일, 세계 4위 투자은행인 리먼브라더스가 파산했다. 그전에 하나둘씩 금융회사들이 파산했으나 규모가 유독 큰 은행이 파산하면서 연준마저 '저거 뭐야? 미국 망하는 거야? 어디까지 망할 거지? 미국 망하면 전 세계 금융시장은 어떻게 되는 거지?'라며 위험이 어느 정도인지를 간파하지 못했다. 이럴 때는 불안감에 주식과 채권도 떨어진다.

2008년 9월 중순 스탠더드앤드푸어스(S&P) 지수는 1,000선이었으나 2009년 3월에는 600선대까지 미끄러졌다. 당시에 채권은 어땠을까? 미국 10년물 국채 금리는 2008년 9월 중순 3.4%대였으나 위기감이 고조되면서 10월 중순 4%대까지 올라간다. 채권금리 상승은 가격 하락을 뜻한다. 그러나 연준이 기준금리를 2008년 10월 1%, 12월에는 0%대까지 내리는 동안 국채금리는 12월 말 2%대까지 떨어진다. 금융위기 당시에는 비우량 주택담보대출 채권을 여러 개로 묶어 발행한 부채담보부증권(CDO)이 미국 금융회사 전반에 폭탄 돌리기처럼 여기저기 퍼져 있는 상황이기 때문에 그 위험이 어느 정도인지 파악하기 어려웠다. 아무리 연준이 금리를 내리고 달러화를 풀어도 안전자산 선호 심리가 우위를 보였다. 그로 인해 주식시장보다는 채권시장이 먼저 회복했다.

각 나라마다 금융시장의 회복 속도는 차이가 있지만 우리나라도 비슷했다. 코스피 지수는 2008년 9월 1,400대에서 10월 900대로 떨어졌다가 미국과의 통화스와프 밧줄을 붙잡고 회복했다. 10년물 국고채 금리는 리먼브라더스가 파산한 후 9월 하순에 6%대까지 올랐으나 한국은행의 기준금리 인하를 따라 12월 말에는 4%대까지 떨어졌다.

2020년의 팬데믹 때는 양상이 달랐다. 2008년 금융위기를 경험했던 정부와 중앙은행은 아주 센 처방을 내렸다. 시장이 예상하는 것보다 '더 세고, 더 크게'가 목표가 되었다. 유동성의 힘 덕분에 주식시장이 채권시장보다 더 빨리 살아났다. S&P500 지수와 코스피 지수는 2020년 2월 각각 3,300대, 2,200대에서 세계보건기구(WHO)가 '팬데믹'을 선언한 3월이 되자 2,300대와 1,500대로 급락한다. 그러다 바주카포로 달러를 발사하자 2021년 1월 S&P500지수는 3,800대로, 코스피는 3,100대로 회복한다. 반면 유동성의 힘에 의해 위험자산 선호 심리가 높아지면서 채권시장은 다른 양상을 보였다. 미국 10년물 국채 금리는 2020년 2월 초 1.4%대에서 금리 인하 조치 등이 이루어진 후 3~4월 0%대로 뚝 떨어졌으나 점점 금리가 올라가 2021년 1월 1%대를 회복한다. 우리나라 10년물 국고채 금리도 2020년 2월 1.7%대에서 5월 1.2%대까지 미끄러지다가 2021년 1월에 1.7%대로 회복했다.

팬데믹 초기에는 금리 인하에 따라 채권금리도 하락하며 유동성의 힘을 받아 주식시장과 궤를 같이했다. 하지만 이후 위험자산 선호 심리가 강해지면서 주식시장으로 자금이 옮겨가자 채권시장은 가격이 하락하고, 채권금리가 올라가게 되었다.

주식시장 '키워드'만 잘 읽어도 반은 먹고 들어간다

진흙 속에서 다이아몬드를 찾느라 애쓰지 마라.
'시가총액 변동'은 세상이 바뀌는 확실한 신호다.
인터넷, 스마트, AI, 이제 그 다음은…?

처음 간 곳에서 길을 잃었다면 어떻게 할 것인가? 스마트폰에서 내 위치를 먼저 파악하고 최대한 지도를 넓게 펼쳐서 볼 것이다. 그래야 내가 가야 할 방향이 보이기 때문이다.

마찬가지로 주식시장이 도대체 어떻게 돌아가는지 파악하기 어렵다면 크고 길게 바라볼 필요가 있다. 주식시장은 단 한 번도 일상생활과 동떨어져 움직인 적이 없다. 시대의 흐름을 파악하고 그 시대를 이끄는 '키워드'를 찾는 것이 주식시장에서 성공하는 방법이다. 그 키워드에 맞는 기업 중에서도 '대체 불가'한 기업에 투자하면 된다.

그걸 어떻게 아냐고? 사실 모두가 이미 알고 있다. 전 세계 상장기업의 시가총액이 변한다면 그것은 그 시대의 흐름이 바뀌고 있음을 의미할 수 있다. 가까이에서 보면 기업의 실적이 좋아졌다가 나빠졌다가 반복하고, 주가는 수시로 오르고 내리면서 별 의미 없이 움직이는 것처럼 보이지만 긴 시계열을 놓고 보면 그렇지 않다. 시가총액이 한두 단계씩 꾸준히 높아지는 게 보인다면 그 시대의 흐름이 바뀌고 있음을 눈치채야 한다. 그리고 무엇이 시가총액 순위를 바꾸게 했는지 살펴볼 필요가 있다.

물론 그게 헛발질이 될 수도 있다. 2000년대 초반에 닷컴버블이 꺼진 것처럼 말이다. 당시 포장지에 '닷컴'이라고만 쓰여 있어도 주가가 오른 것이었으니 그것은 의심해볼만 했다. 그래서 대체 불가한 기업을 찾는 게 중요하다.

닷컴버블 때보다 자본시장은 비교 불가하게 커졌고, 도태되는 기업과 그렇지 않은 기업의 손바뀜도 빨라졌다. 그러나 시대 흐름을 읽을 수 있다면 그것은 어디서도 뒤처지지 않는 투자법이 될 수 있다.

에너지→인터넷·스마트, 그리고 데이터

2000년대 초반, 닷컴버블이 꺼지자 주식시장은 반성한다. 인터넷 세상이 오기는 했는데 '너무 섣불렀나'라는 반성이었다. 당시에는 PC통신이 깔리긴 했지만 하이텔 등 PC통신에 접속하면 일반 전화기를 사용하지 못했다. 인터넷은 인터넷인데 지금 생각하면 참 아날로그적이었다. 인터넷 사용의 대가는 가혹한 전화비로 나타났다. 인터넷 세상이 오고 있긴 하지만 아직 '돈'이 안 됐고, 주식투자자들은 성급했다. 이러한 실망감은 헛된 인터넷 말고 진짜 돈을 벌고 있는 기업에 투자하자는 마음으로 바뀌었다.

2004년에 전 세계 시가총액 1, 2위 기업은 제너럴 일렉트릭(GE)과 엑손으로 '에너지 기업'이었다. 2000년 닷컴버블 전성기 당시 마이크로소프트(MS)가 1위를 기록했으나 버블이 터지면서 뒤로 밀렸다. 이러한 분위기는 2010년대 초반까지도 이어진다.

그러다 2010년대 중반으로 넘어가면서 애플의 아이폰이 전 세계적으로 보급되자 '스마트'가 뜨기 시작한다. 이제 '데이터'가 석유가 되었다. 애플은 2014년 시가총액 1위 기업이 된다. 구글의 모회사인 알파벳과 마이크로소프트가 각각 3위, 4위를 차지한다. 에너지 기업으로 시가총액 1위를 달리던 GE는 8위로 밀리고, 엑손은 그나마 2위를 기록했지만 이것도 잠시였다.

2018년이 되면 애플이 1위, 아마존이 2위, 마이크로소프트가 3위, 알파벳이 4위, 페이스북(현 메타)이 6위, 알리바바와 텐센트가 각각 7위와 8위를 기록하며 그야말로 기술주의 세상이 오게 된다. 이들 기업은 '인터넷, 데이터, 스마트'를 키워드로 하는 기업들이었다.

특히 월마트와 아마존의 시가총액 순위가 바뀌는 것을 보면 시대 흐름의 변화를 쉽게 알 수 있다. 미국 최대 오프라인 쇼핑몰인 월마트는 닷컴버블이 최고조에 달했던 2000년에도 시가총액 5위를 기록했고, 2010년에도 5위였다. 그러나 2010년대 중반부터 시가총액 10위권에서 찾아볼 수 없게 되었다. 2025년 3월 기준 13위로 떨어졌다. 아마존은 2010년대 후반에 시가총액 상위권으로 진입하더니 현재도 4위를 달리고 있다. 자율주행을 꿈꾸는 전기자동차 회사인 테슬라는 현재는 11위로 밀려났지만 2021년 초까지만 해도 5위까지 올라왔었다. 테슬라는 자동차를 만드는 제조업이 아닌 '스마트카'를 표방하는 기술 기업으로 주목받았다. 그러나 전기차 공급 과잉 논란이 벌어지고 실적이 기대만큼 나오지 않으면서 순위가 뒤로 밀리고 있다.

데이터와 AI의 만남이 시작되다

2023년부터 시대를 이끄는 키워드가 '인공지능(AI)'으로 넘어가고 있다. 2010년대 후반을 주름잡았던 기술주들이 데이터를 바탕으로 강력한 힘이 생겼고, 자금이 모이면서 AI 관련 산업에 투자한 결과물들을 내놓고 있다. 2010년대 후반에 뜬 기술주들이 2025년인 현재도 계속 뜰 수 있는 이유는 시대 흐름을 읽고 이에 맞춰 준비했기 때문이다.

아마존은 온라인 쇼핑몰이라고만 생각하기 쉽지만 클라우드 기업이기도 하다. 아마존은 아마존웹서비스(AWS)라는 클라우드 컴퓨팅 플랫폼을 2006년 3월에 정식 출시했다. AWS는 전 세계 클라우드 시장 점유율의 3분의 1을 차지해 1위를 기록하고 있다.

마이크로소프트는 오픈AI에 투자함으로써 생성형 AI인 챗GPT에 발을 얹었다. 그 뒤 마이크로소프트 주가가 상승하며 2024년 한때 시가총액 1위의 영광을 얻는다.

'스마트'보다 'AI'가 주목을 받으면서 애플은 시가총액 1위 자리를 내줘야 했다. 그러나 애플이 아이폰 '시리'와 챗GPT 통합을 시도하면서 2025년초 시가총액 1위는 애플이다.

AI에서 누가 가장 잘하느냐에 따라 시가총액 순위가 오르락내리락하며 AI 전쟁을 벌이고 있다. 그런데 AI가 언제쯤 '돈'이 될지는 알 수 없다. 닷컴버블처럼 너무 먼 미래에 대해 과도하게 투자하며 버블을 양산하고 있는지는 추후 판단해봐야 할 문제이다.

'대체 불가'인 기업을 찾아라

시대 변화에 따른 키워드는 알 수 있다고 해도 정말 '버블'인지 아닌지는 터져야 알 수 있다. 이렇게 위험천만한 길을 어떻게 헤쳐 나갈 수 있을까? 20년 전부터 '기술'을 바탕으로 시대가 빠르게 변화하면서 관통하는 한 가지 공통점이 있다.

'인터넷'은 처음에는 비싸고 돈이 안 됐다. 그러나 시간이 갈수록 가격이 싸지고, 그때부터는 기하급수적으로 기술이 보급된다. 2007년에 애플이 길을 걸어가면서도 인터넷이 가능한 '스마트폰'인 아이폰을 출시했을 때를 생각해보자. '세상이 그렇게 변화할 것은 알지만 너무 비싸다'는 것이 가장 큰 걸림돌이었다. 그러나 시대의 흐름은 그 누구도 무시할 수 없다. 즉 애플은 대체 불가한 상품을 생산하는 기업이었기 때문에 가격은 문제가 되지 않았다. 이것이 애플이 시가총액 1위를 장기간 차지해온 이유다.

구글은 전 세계 검색 시장의 90%를 차지하는 대체 불가 기업이다. 그렇다면 AI 시대에서 빼놓을 수 없는 엔비디아를 얘기하지 않을 수 없다. 전 세계 기업들이 너도나도 AI에 투자하면서 데이터를 더 큰 규모로 빠르게 처리할 필요성이 커졌다. 엔비디아가 생산하는 GPU(그래픽 처리 장치)는 대체 불가 상품이다. 엔비디아의 데이터센터 GPU 시장 점유율은 90% 이상에 달한다. AI 학습 핵심 반도체인 GPU가 속기 시장에서는 약 98%의 점유율을 자랑한다. AI 개발의 핵심재가 단 하나의 기업에 의존하다 보니 AI 가속기는 대당 5천만 원을 넘고 있다. 엔비디아 최고경영자인 젠슨 황은 2024년 6월에 한 연설에서 "오늘날 데이터센터에는 수만 개의 GPU가 있다. 2025년 말까지 데이터센터에는 수십만 개의 GPU가 있을 것"이라고 밝혔다. 2025년에는 블랙웰 울트라(Blackwell Ultra) 칩을 출시하고, 2026년에는 AI 플랫폼(루빈 칩 아키텍처)을 출시할 계획이라고 밝혔다. 엔비디아는 시가총액 3위로 껑충 올랐다.

그러나 2025년 초 엔비디아 대항마로 중국의 딥시크가 주목을 받으면서 엔비디아 주가가 크게 출렁거렸다. '대체 불가' 기업 역시 끊임없이 도전을 받는 것이 사실이다. 그리고 그 속도는 훨씬 빨라졌다. 영원한 것은 절대 없다.

주식 투자를 하려면
필수 용어 이해는 필수!

호재가 호재로만 작용하지 않고,
악재가 악재로만 작용하지 않는 게 시장이야.
기업의 공시 뉴스가 중요한 이유지.

주식 투자를 시작하려면 가장 기본적인 필수 용어들을 숙지할 필요가 있다. 그래야 기업의 주요 의사결정이 주가에 어떠한 영향을 줄 것인지를 판단할 능력이 생긴다. 이는 투자 종목에서 최악의 기업을 거르기 위해서라도 필요한 과정이다.

세상의 모든 일이 그렇듯이 주식시장에서도 반드시 호재가 호재로만 작용하지 않고, 악재가 악재로만 작용하지 않는다. 예컨대 '배당'은 주주환원 정책의 대표적인 수단이지만 공격적으로 투자해야 할 시기에 배당한다는 것은 오히려 기업 가치를 떨어뜨리는 일이 될 수 있다. 그러니 다음에 소개하는 필수 용어들은 정확히 이해할 필요가 있다.

증자와 감자

증자는 기업이 주식을 추가로 발행해 주식 수를 늘리는 것을 말한다. 주식이 늘어난 만큼 자본금이 증가한다. 반면 감자는 유통되는 주식을 회수해 발행주식 수를 줄이는 것을 말하며 이로 인해 자본금이 감소한다. 기업의 자본금은 '주식 수'에 '액면가액'을 곱해 계산하므로, 증자나 감자를 통한 주식 수의 증감에 따라 기업의 자본금이 변동하게 된다.

유상증자와 무상증자

유상증자는 기업에 자금이 필요할 때 주주들을 대상으로 신주를 발행하고 투자금을 받는 것을 말한다. 유상증자를 기존 주주를 대상으로 하는 '주주 배정'으로 실시할 수도 있지만 '제3자 배정'으로 특정인에게 주식을 발행하고 투자금을 받을 수도 있다. 주주를 포함한 불특정 다수를 대상으로 신주를 발행하는 '일반공모' 방식도 있다.

유상증자는 일반적으로 주식 수가 늘어남에 따라 주당 가치가 떨어져 주가에 부정적이다. 그러나 기업이 유상증자를 통해 미래 가치가 높은 곳에 투자한다면 얘기가 달라진다. 기업 가치를 높일 수 있어 주가가 오를 수도 있다. 재무구조가 최악인 기업이 유상증자에 성공하면 이 역시 호재다. 자본금을 메울 수 있게 되었기 때문이다.

무상증자는 주주들에게 공짜로 주식을 나눠주는 것을 말한다. 투자자가 추가로 돈을 들이지 않더라도 투자하는 주식 수가 늘어나게 된다. 그러니 기업에 직접적으로 유입되는 투자금이 없다. 그런데도 자본금은 어떻게 늘어나게 되는 걸까?

기업의 자산은 자본총액과 부채총액으로 나뉘고, 자본총액은 다시 주주들에게 주식을 발행하고 받은 자본금과 잉여금으로 나뉜다. [참고로 잉여금은 이익잉여금과 자본잉여금으로 나뉘는데, 이익잉여금은 기업이 영업을 통해 얻은 이익 중 세금, 배당 등을 제하고 남은 돈을 말하며, 자본잉여금은 주식을 발행하면서 얻게 된 이익, 주당 발행 금액이 액면가액보다 높게 발행되었을 때 발생하는 주식발행초과금을 말한다.] 무상증자를 하게 되면 잉여금을 자본금으로 전환하기에 잉여금은 감소하고 자본금은 늘어나게 된다. 즉 잉여금이 무상증자의 재원이 되는 것이다. 자본총액에는 변화가 없지만 자본금은 늘어난다. 기업의 자산 변동만 이동하는 무상증자를 굳이 하는 이유는 기업의 이익을 주주들에게 돌려주기 위함이다.

유상증자와 무상증자의 차이점		
	유상증자	무상증자
정의	새로운 주식 발행해 자금 조달	주주에게 공짜로 주식 지급
목적	자본조달, 재무구조 개선	주주이익 확원, 주식 유동성 증대
자본변화	자본금 증가	자본금 증가하나 잉여금 감소
주식 수	증가	증가
주가 영향	단기적으로 주가 하락	주식 유동성 증가에 주가에 긍정

유상감자와 무상감자

유상감자는 기업이 주주로부터 주식을 사들여 해당 주식을 없애 버리는 것이다. 그러니 돈은 기업에서 주주로 흘러가고, 기업은 줄어든 주식 수만큼 자본금이 감소하게 된다.

유상감자는 일반적으로 자본구조를 건전하게 만들기 위해 실시된다. 기업이 필요 이상으로 자기자본을 많이 갖고 있을 경우에 유상감자를 하게 되면 자본금이 줄어들어 자기자본이익률(ROE)을 높일 수 있다. 소각할 주식을 매입할 때 주당 가격이 액면가액보다 낮으면 기업 입장에서는 이익이 발생한다. 이를 감자차익이라고 한다. 반대로 주당 가격이 액면가액을 넘어서면 손해가 발생하는데 이를 감자차손이라고 한다. 기업 입장에서 감자를 하게 되면 자본금이 감소하는데 자본금이 감소하는 것보다 주주들에게 줘야 할 돈이 많다면 손실이 되고, 적다면 이익이 된다.

유상감자는 주당 가치를 높이는 자사주 매입·소각과 같은 효과가 있을 수 있지만 때로는 대주주의 이익을 위해 유상감자가 이루어지기도 한다. 옛 외환은행을 인수했던 미국 론스타펀드는 2003년 극동건설의 최대 주주가 된 후 극동건설의 자본으로 론스타가 갖고 있는 극동건설 주식을 론스타가 처음 극동건설을 매입했던 주당 금액보다 더 비싸게 매입해 소각하는 방식으로 유상감자를 실시했다. 이 과정을 통해 론스타는 2003년 650억 원, 2004년 875억 원을 회수한 바 있다.

유상감자와 무상감자의 차이점		
	유상감자	무상감자
정의	주식을 소각하고 주주에게 대가 지급	주식을 소각하지만 주주에게 대가 없음
목적	자본금 감소 및 주주 이익 증가	자본금 감소 및 결손금 보전
자본변화	자본금 감소, 자본총액 감소	자본금 감소, 자본총액 변화 없음
주식 수	감소	감소
주가 영향	주가 상승	주가 하락

 기업이 무상감자를 실시한다는 것은 이미 그 전부터 그 기업의 재무 상황이 최악으로 치닫고 있었음을 의미한다. 무상감자는 주주들에게 어떤 보상도 없이 주주들이 갖고 있는 주식을 그냥 없애버리는 것이다.

 1만 원짜리 주식을 10주 매수해서 총 10만 원을 투자했는데, 10대 1로 무상감자가 일어나면 하루아침에 주식 수가 10주에서 1주로 줄어든다. 즉 주식의 가치도 10만 원에서 1만 원으로 감소하게 된다. 이러한 무상감자는 자본잠식이 발생한 기업이 재무 상황을 개선하기 위해 실시한다.

 자본잠식은 코스피 상장사든, 코스닥 상장사든 상장폐지 사유가 된다. 자본잠식 기업은 자본총액이 자본금보다 적은 상태인데, 무상감자를 통해 자본총액이 자본금보다 많아지도록 만들면 된다. 즉 무상감자를 통해 자본금을 줄여버리면 된다. 기업이 경영을 제대로 못해 자본잠식까지 간 만큼, 무상감자를 실시할 때는 최대주주가 더 크게 손해를 보는 방향으로 '차등 감자'가 이루어지기도 한다.

전환사채, 신주인수권부사채, 교환사채

기업이 전환사채, 신주인수권부사채 등을 발행한다는 뉴스를 종종 볼 것이다. 기업 입장에서 보면 자금을 더 저렴하게 조달할 수 있다는 장점이 있다. 전환사채, 신주인수권부사채, 교환사채 모두 처음에는 채권이지만 나중에는 주식으로 전환되는 특징을 갖고 있다. 때로는 최대주주를 바꿀 만큼 무시무시한 변수가 되기도 한다.

전환사채는 채권을 주식으로 전환할 수 있는 권리가 부여된 채권이다. 신주인수권부사채는 채권을 그대로 보유하면서도 주식을 새로 발행받을 수 있는 권리가 부여된 채권이다. 전환사채, 신주인수권부사채는 기업이 자금을 쉽게 조달할 수 있는 수단이 됨과 동시에 투자자 입장에서도 좋은 투자처다. 채권 발행 후 일정 기간이 지나면 투자자 선택에 따라 채권을 주식으로 바꾸거나 사전에 정한 가격으로 주식을 살 수 있다. 채권으로 보유해 만기 때까지 이자를 받고 투자금을 회수하는 게 나을지, 주식으로 전환해 주가 차익을 볼지 등의 선택지 중 어느 것이 유리한지를 판단해 결정하면 된다.

그러나 투자하는 기업이 전환사채를 발행했다면 주의 깊게 살펴봐야 한다. 전환사채 투자자가 해당 채권을 주식으로 전환하고 싶다면 기업은 신주를 발행해 해당 투자자에게 줘야 한다. 이 투자자는 주가가 오르면 이를 팔아 차익실현을 할 것이다. 기존 투자자들은 '신주를 발행했을 때, 전환사채 투자자가 주식을 팔고 나갔을 때' 두 번의 주가 하락을 경험할 수 있다.

전환사채, 신주인수권부사채, 교환사채의 차이점				
	정의	기업 입장	주주 영향	자본 변화
전환사채 (CB)	일정 기간 후 발행 기업의 주식으로 전환 가능한 채권	주식 전환으로 자본금 증가 가능	주식 전환 시 기존 주주 지분 희석	주식 전환 시 자본금 증가
신주인수권 부사채 (BW)	발행 기업의 신주를 인수할 권리가 포함된 채권	자본금 증가 가능, 자금 조달 용이	신주 인수 시 주주 지분 희석	주식 발생 시 자본금 증가
교환사채 (EB)	발행 기업이 아닌 다른 기업의 주식으로 교환 가능한 채권	자금 조달 및 자산 유동화 가능	변화 크지 않음	변화 없음

전환사채에는 '리픽싱(refixing)'이라는 제도가 있다. 리픽싱은 주가가 하락할 경우 채권을 주식으로 전환할 때의 주당 가격을 낮추는 것을 말한다. 전환사채 투자자는 리픽싱을 통해 더 많은 주식 수를 확보하게 된다. 기업은 더 많은 주식을 발행해야 한다. 주가 급락이 너무 심해서 발행해야 하는 주식 수가 늘어나게 되고, 그러다 보면 전환사채 투자자가 최대주주가 되기도 한다.

투자자 입장에서 전환사채가 보유하던 채권이 주식으로 '전환'되는 개념이라면, 신주인수권부사채는 채권은 채권대로 받고 '신주인수권'이 추가로 생기는 개념이다. 즉 신주를 투자할 수 있는 권리를 받게 된 것인데, 이 신주를 매입하려면 추가로 돈을 내야 한다.

과거엔 '신주인수권'만 별도로 팔 수 있어 자주 발행되었으나 2013년부터 이를 금지했다. 신주인수권을 누구한테 파느냐에 따라 최대주주가 달라지는 등 변동성이 큰 데다 투기적 거래가 발생할 위험이 컸기 때문이다.

교환사채는 채권을 무엇인가로 전환한다는 측면에서 전환사채와 유사해 보이지만 전환사채가 채권을 해당 기업의 주식으로만 전환할 수 있는 것이라면, 교환사채는 그 기업이 보유한 다른 회사 주식 등으로도 전환이 가능하다는 점에서 차이가 있다. 즉 전환사채는 주식으로 전환할 때 신주를 발행해야 하지만, 교환사채는 주식으로 전환하더라도 회사가 보유한 주식을 지급하니 자본금의 변화가 없다.

배당 지급, 자사주 매입·소각

주식투자자 입장에서 배당 지급, 자사주 매입·소각은 일반적으로 호재다. 기업이 번 돈을 사내에 유보하기보다 주주들에게 베풀겠다는 의지의 표현이기 때문이다.

앞서 살펴봤듯이 무상증자나 유상감자도 주식시장에 호재로 작용할 수 있다. 그런데 배당 지급, 자사주 매입이라는 비교적 일반적인 주주환원 정책이 있음에도 해당 기업이 무상증자, 유상감자 등의 좀 더 복잡한 결정을 내렸다면 그것은 단순한 '주주 환원 정책'을 넘어서는 일일 수 있음을 살펴볼 필요가 있다. 증자와 감자는 기업의 자본금에도 영향을 주는 것은 물론 자본금과 최대주주에게도 영향을 미치기 때문이다.

돈을 잘 벌면서
주가는 싼 종목을 찾기

PER, PBR 등 기업 주가 평가 지표를 알면
현재의 주가가 싼지, 비싼지를 알 수 있어.
단, 주가가 싸졌다고 해서 주가가 꼭 오르는 건 아냐.

주식 투자를 하려고 마음을 먹었다고 해도 좋은 종목을 찾는 일은 '하늘의 별 따기'만큼 쉽지 않다. 그 종목의 주가가 많이 올라 있어도 걱정이고, 많이 떨어져 있어도 걱정이기 때문이다.

이미 좋은 실적을 내서 주목받는 종목들의 주가는 천정부지로 치솟아 있다. 섣불리 투자했다가는 주가가 고꾸라질 것 같은 불안감만 들 것이다. 반대로 주가가 많이 떨어진 종목을 사자니 찝찝하다. 떨어지는 데는 다 이유가 있지 않을까, 주가가 바닥을 넘어 지하를 뚫지 않을까 등등 두려움이 앞설 것이다. 이럴 때 주가가 비싼지 싼지를 가늠할 수 있는 지표가 있다.

기업이 돈을 잘 번다는 것의 의미

일단 투자할 가치가 있는 기업은 기본적으로 돈을 잘 벌어야 한다. 기업이 돈을 잘 번다는 것은 무슨 의미일까? 이는 매출액, 영업이익의 절대치가 높다는 것만을 의미하지 않는다. 모든 것은 '자본 투입 대비'로 살펴볼 필요가 있다.

A기업은 자본금 100만 원을 투자해서 20만 원을 번다. 그러므로 A기업의 투자이익률은 20%다. 그런데 B기업은 자본금 10만 원을 투자해서 5만 원을 번다면 투자이익률이 50%나 된다. 그렇다면 당신은 어떤 기업에 투자해야 할까? 당연히 B기업이다. B기업의 자본금이 A기업만큼 늘어나기만 한다면 투자 이익금은 더 커질 것이기 때문이다. 즉 기업의 '자기자본이익률(ROE)'이 얼마인지를 살펴볼 필요가 있다. ROE가 높을수록 사업성이 높다는 의미다. 장기간 전 세계 시가총액 1위를 기록하고 있는 애플의 ROE는 2025년 3월 기준으로 144%다.

주당순이익(EPS)도 돈을 잘 벌고 있는지 알 수 있는 지표 중 하나다. EPS는 1주당 얼마나 벌었는지를 보여준다. 올해 100억 원을 번 기업의 발행주식총수가 100만주라면 EPS는 1만 원이 된다.

ROE, EPS가 높을수록 좋은 기업이다. 문제는 ROE, EPS가 높은 기업들의 주가가 비싸다는 점이다. 이미 사람들이 다 알고 해당 종목에 투자했기 때문에 추가로 주가가 오를 만한 여력이 있는지 의심이 든다.

주가가 싼 종목이란 무엇인가?

좋은 종목을 골랐다면 해당 종목의 주가가 비싼지 싼지도 살펴볼 필요가 있다. 10만 원이었던 주가가 단기간에 100만 원이 되었다면 단번에 주가가 너무 비싸다는 것이 즉각 확인된다. 그런데 그렇지 않은 경우가 허다하다. 이럴 때 주가 수준을 평가할 수 있는 지표가 있다. 그것은 바로 주가수익비율(PER)과 주가순자산비율(PBR)이다.

PER은 1주당 창출하는 수익(EPS) 대비 주가가 몇 배나 올랐는지를 보여준다. EPS가 1만 원인 기업의 주가가 30만 원에 거래된다면, PER은 30배가 된다. PER이 높으면 높을수록 버는 돈에 비해 주가가 비싸게 거래되고 있음을 의미한다.

주가는 미래 가치를 선반영하고 있기 때문에 통상 '12개월 선행 EPS'를 기준으로 사용한다. 즉 1년 뒤 해당 종목의 EPS를 전망하고 그 EPS 대비 주가 수준을 따지는 것이다. PER이 기업이 버는 돈에 비해 주가가 얼마나 비싼지 싼지를 알아보는 지표라면, PBR은 기업의 자산 대비 주가가 비싼지 싼지를 평가하는 데 사용한다. 기업의 주당 순자산(총자산에서 총부채 뺀 금액)이 2만 원인데 주가가 4만 원이라면, PBR은 2배가 된다. PBR은 1배보다 높으면 주가가 자산가치보다 높게 평가되고 있음을 의미하고, 1배보다 낮으면 저평가되고 있음을 의미한다. PBR이 1배보다 낮다는 것은 지금 당장 기업이 문을 닫고 가진 자산을 몽땅 팔더라도 시가총액보다는 돈이 더 많다는 얘기다.

기본적으로 PER, PBR이 낮은 것보다는 높은 것이 낫다. 금융시장은 돈이 될 만한 기업을 기가 막히게 찾아내는 힘이 있다. PER, PBR이 낮은 기업을 찾아 '가치 투자'를 하는 것이 바람직한 투자로 여겨지지만, 대부분은 그럴 만한 이유가 있어 PER, PBR이 낮은 경우가 꽤 있다. 그 기업의 PER, PBR이 낮다는 것은 이익과 자산에 비해 주가가 상대적으로 저평가되어 있음을 의미하지만 이것이 반드시 '살 만한 가치가 있다'는 말과 일맥상통하지는 않는다. PER이 낮다는 것은 기업의 성장 가능성이 낮음을 의미할 수 있고, PBR이 낮다는 것은 기업이 보유 자산을 제대로 활용하지 못하고 있음을 의미할 수 있기 때문이다.

PBR, PER은 통상 같은 업종 내에서 비교가 이루어진다. 바이오주면 바이오주끼리, 기술주는 기술주끼리 말이다. 그런데 이것도 엄밀하게 구분하기가 어렵다. 예컨대 아마존은 '아마존닷컴'을 운영하는 온라인 쇼핑몰 플랫폼 기업으로 보이지만, 다른 한쪽에서 보면 'AWS'라는 클라우드 서비스 제공업체이기도 하다. 그렇다면 아마존의 주가는 쿠팡과 같은 온라인 쇼핑몰 플랫폼과 같이 비교해서 평가해야 할까, 아니면 클라우드 서비스 업체인 구글, 마이크로소프트와 비교해야 할까? 이는 결정하기 쉽지 않은 일이다. 즉 주가가 오르고 떨어지는 이유는 수없이 많아서 사실 갖다 붙이기 나름이다. PER, PBR은 어디까지나 참고 지표일 뿐이다.

기업 재무제표,
어렵지만 이것만 체크하자

어떤 회사가 수년간 이익이 나지 않는데
유상증자만 계속 하고 있다면 의심해야 해.
자본잠식으로 갈 위험이 클 수 있어!

한때 '밈 주식(Meme stock)'이 유행했다. 밈 주식은 'SNS 등을 중심으로 자주 언급되며 유행하는 주식'을 말한다. 해당 종목이 어떤 사업을 하고 있는지, 유망한지 등에는 관심을 두지 않고 자주 이름이 언급된다는 이유로 주가 급등락이 커진다. 여기에 현혹되어 괜히 투자했다가는 돈을 잃기 십상이다.

주식투자자라면 투자 종목을 선택하기 전에 최소한 그 기업이 돈을 잘 벌고 있는지를 반드시 확인해볼 필요가 있다. 지금 돈을 잘 벌고 있다고 해서 반드시 그 기업이 유망하다고 볼 수는 없지만, 최소한 언제쯤 이익을 내서 주주에게 배당 등을 베풀 수 있는 기업인지는 확인할 수 있다.

이를 위해선 재무제표를 살펴볼 필요가 있다. 주식투자자가 재무제표를 확인해야 하는 가장 큰 이유는 좋은 기업을 찾기 위함이 아니라 폭탄을 거르기 위함이다. 그렇다고 해서 재무제표 전반을 다 뜯어볼 필요는 없다. 재무제표의 몇 가지만 잘 확인해도 반드시 피해 가야 할 종목을 거를 수 있다.

자본잠식은 절대 용서 못 해!

우리나라 코스피·코스닥 시장에서 가장 용서받지 못하는 것은 '자본잠식'이다. 자본총액이 자본금보다 적은 상태인데, 코스피나 코스닥 중 어느 시장에 상장해 있든지 상관없이 한 해 사업연도 중에 자본금의 50% 이상을 잠식당했다면 해당 종목은 '관리종목'으로 지정된다.

관리종목으로 지정된 상태에서 그다음 해에도 같은 사유가 발생하거나 자본금 전액이 잠식된다면, 상장폐지되거나 상장 적격성 실질 심사를 거쳐 상장폐지 여부를 결정하게 된다. 그러니 자본잠식 가능성이 높은 기업은 애초에 피해가는 것이 바람직하다. 이러한 종목을 어떻게 피해갈 수 있을까?

자본잠식이 나타났다는 것은 그 기업이 장기간 이익을 내지 못해서 자본금을 갉아먹고 있는 상태가 지속되었다는 것을 의미한다. 이렇게 자본잠식 상태에 빠지면 상장폐지 위기에 놓이게 되므로 기업은 어떻게든 자본잠식 상황을 피해가려고 할 것이다. 즉 기업은 유상증자를 통해 자본금을 확충해 자본잠식 비율을 낮추거나 무상감자를 통해 자본금을 자본총계보다 낮춰 자본잠식 상태를 해소하려고 할 것이다.

그나마 무상감자는 알아채기가 쉽다. 무상감자는 주주들의 보유 주식을 없애 주주들에게 직접적으로 손실을 입히기 때문에 무상감자를 하는 기업들은 이미 자본잠식에 빠져 있는 상태인 경우가 많다. 그러나 자본잠식 해소를 위한 유상증자는 알아채기가 쉽지 않다. 이익을 장기간 내지 못하고 있는데 유상증자를 주기적으로 한다면 이는 위험 신호일 수 있다.

코스피 상장회사 이XXX 재무제표 현황(단위: 억 원, %)							
	2017년	2018년	2019년	2020년	2021년	2022년	2023년
유동자산	604	342	742	249	1,558	299	375
유동부채	313	67	376	47	1,726	2,347	661
자본금	245	484	1,096	1,446	1,881	211	508
자본총계	688	736	1,392	1,475	2,681	1,725	1,942
매출액	843	1,212	690	779	1,223	1,424	1,163
영업이익	-44	-34	-45	-29	-41	-58	-45
법인세비용 차감전순이익	9	-100	-9	-201	141	-1,080	-1,188
당기순이익	9	-100	-9	-201	141	-1,093	-1,188
이월결손금	-599	-100	-110	-208	-65	-1,159	-2,282
유동비율(%)	193	510	197	530	90	13	57

* 별도 재무제표

한국거래소가 2025년 2월 상장폐지를 결정한 코스피 상장회사 '이○○○'를 살펴보자. 이○○○는 2010년 이후 별도 재무제표 기준으로 영업손실이 10년 넘게 지속되었다. 2023년 재무제표 관련 외부감사인으로부터 '의견거절'을 받을 때까지 영업손실뿐 아니라 당기순이익 기준으로도 손실이 지속되었다. 그래도 2017년에는 법인세비용차감전순이익과 당기순이익이 흑자로 전환되는 듯했으나 2018년 또다시 100억 원의 손실을 냈다.

결손금이 쌓이면서 회사의 자본금이 줄어들었지만 2019년에 200억 원 유상증자 등을 통해 자본금을 확충했고, 2021년에도 600억 원 가까운 유상증자를 추진했다. 2019년과 2021년에는 유상증자뿐 아니라 전환사채, 교환사채, 신주인수권부사채 등을 적극적으로 발행했다. 이런 일련의 과정을 거치면서 자본잠식을 간신히 피할 수 있었다.

2020년엔 자본금과 자본총액 차이가 불과 30억 원도 나지 않았으나 이듬해 적극적인 유상증자 등으로 자본잠식을 피했다. 2022년에는 10대 1을 기준으로 무상감자를 실시해 재무구조 개선에 나섰다. 무상감자까지 왔다는 것은 이미 해당 기업의 재무 상태가 부실화되었음을 의미한다. 실제로 해당 기업은 이익을 냈던 2009년 주가가 최고점을 찍고 2023년 5월 대표이사의 횡령·배임 혐의로 주식거래가 정지될 때까지 계속해서 우하향한다.

그 기업은 곧 빚더미에 앉게 될까?

흔히 이러한 기업들은 최대주주나 대표이사 변경, 기업명 변경, 사업목적 추가 등이 집중되는 경향이 있지만 이 기업은 2023년 5월 주식 거래가 정지되기 전 5년간 이러한 공시가 나오지도 않았다. 2015년에 최대주주 및 대표이사 변경, 횡령·배임 등의 논란이 있었으나 그 뒤로는 다른 기업과 별반 다르지 않았다. 계속된 영업손실과 겉으로는 평범해 보이는 유상증자 외에도 이 기업의 부실을 빨리 알아차릴 수는 없었을까?

기업이 파산하는 흔한 사례는 '유동성 부족'이다. 곧 만기가 도래해 갚아야 할 빚이 있는데 갚을 돈이 없는 경우다. 10층짜리 건물을 갖고 있는 등 자산이 많다고 해도 해당 자산을 당장 현금화하지 못하면 빚을 갚지 못하니 이른바 '채무불이행(디폴트)' 상태에 빠진다. 이때 중요한 것은 '유동비율'이다.

1년 이내에 현금화가 가능한 자산을 유동자산이라고 하고, 현금화하는 데 1년 이상 걸리는 자산을 비유동자산이라고 한다. 부채도 1년 안에 갚아야 하는 부채를 유동부채라고 하고, 만기가 1년 이상 남아 있는 부채를 비유동부채라고 한다. 이 중 1년 이내에 현금화할 수 있는 유동자산을 1년 내 갚아야 하는 유동부채로 나눈 것을 '유동비율'이라고 한다. 즉 유동비율이 100% 이상이어야 기업의 안정성이 높다고 할 수 있다.

앞에서 예시로 든 회사인 '이○○○'는 2020년까지만 해도 유동비율이 500%를 넘었다. 그런데 2021년 90%까지 내려가 100% 밑으로 빠진다. 그 해 350억 원 규모의 단기차입금을 냈기 때문이다. '토지 대금을 납부한다'는 명목으로 1년 이내 갚아야 할 빚을 낸 것이다. 2022년엔 유동비율이 13% 수준으로 급락했고, 2023년엔 유동비율이 57%로 높아졌지만 여전히 100% 밑이었다. 더구나 2023년엔 외부감사 의견이 '의견거절' 수준이었으므로 유동비율이 실제로 얼마인지에 대해선 의구심이 남아 있는 상태다.

이런 식으로 재무제표를 통해 몇 가지만 점검해봐도 '반드시 피해가야 할 기업'을 골라낼 수 있다. 흔히 코스피 상장기업은 코스닥 상장기업보다 안전하다고 여겨지지만 코스피 상장기업 사례에서도 재무제표가 엉망인 기업을 찾을 수 있다는 점에서 재무제표로 걸러내야 할 기업은 코스피 기업과 코스닥 기업을 가리지 않는다.

채권금리와 가격은
반대로 움직인다

팝콘 쿠폰이 붙어 있는 영화 티켓이 좋아,
팝콘과 오징어 쿠폰까지 붙은 티켓이 더 좋아?
답은 정해져 있지! 내 맘도 네 맘과 같아!

우리는 은행에 돈을 빌려주고 이자(금리)를 받는다. 정기예금 금리와 정기적금 금리가 바로 그것이다. 은행의 정기예금과 정기적금은 금리가 높을수록 좋다. 그래서 금리를 높게 주는 곳으로 찾아다닌다. 중간에 해지할 의사가 없기 때문이다. 만기 3년짜리 정기적금을 들었는데 중간에 해지한다면 높은 금리는 아무런 소용이 없게 된다.

그런데 채권이라면 어떨까? 은행에 돈을 빌려주고 정기예금·정기적금이라는 이름으로 받게 되는 금리가 은행에 돈을 빌려준 대가로 받게 된 '채권'의 금리라고 생각해보자. 실제로 은행도 본인의 신용으로 돈을 빌리기 위해 '은행채'를 발행한다. 은행채 투자자는 정기예금·정기적금처럼 만기 때까지 보유할 의사가 별로 없다. 채권도 만기 전에 주식처럼 가격이 오르면 팔아버리고 다른 채권으로 갈아타고 싶다. 그렇다면 언제 채권의 가격이 오르고 내리는 것일까?

채권 가격이 오른다는 것의 의미

채권은 기업·정부가 돈을 빌리기 위해 발행하는 빚 문서와 같다. 이 채권에 투자하면 기업·정부로부터 채권에 대한 이자를 받고, 만기가 도래할 경우 원금을 받을 권리가 생긴다. 채권금리가 연 5%라는 것은, 1천만 원을 빌려주면 연간 50만 원의 이자를 받게 된다는 것을 의미한다.

그런데 이러한 채권을 거래한다면 얼마에 사고팔아야 할까? A씨는 1만 원짜리 영화 티켓을 갖고 있다. 이 영화 티켓에는 1천 원짜리 팝콘 한 봉지를 교환할 수 있는 쿠폰이 담겨 있다. 그런데 이 영화관에서 프로모션을 강화한다고 1만 원짜리 영화 티켓에 1천 원짜리 팝콘 한 봉지를 교환할 수 있는 쿠폰 외에 1천 원짜리 오징어까지 교환할 수 있는 쿠폰을 얹어 팔기 시작했다. A씨가 기존에 갖고 있던 영화 티켓은 얼마에 팔아야 팔릴까?

아마 A씨의 1만 원짜리 영화 티켓을 1만 원에 사려는 사람은 아무도 없을 것이다. 영화관에서 1만 원짜리 티켓을 사면 1천 원짜리 팝콘과 1천 원짜리 오징어를 받게 되어 2천 원이 이득이지만, A씨의 영화 티켓은 팝콘만 교환 가능해 1천 원만 이득이 된다. A씨 영화 티켓은 가만히 있었을 뿐인데 1만 원보다 가치가 떨어지게 된다. 반대로 A씨의 영화 티켓은 1천 원짜리 팝콘을 교환할 수 있는 쿠폰이 있는데 영화관에서 프로모션 비용이 너무 많이 든다며 이러한 쿠폰 제도를 없앤 채 영화 티켓을 판다면 A씨의 영화 티켓은 1만 원보다 더 높게 팔릴 수 있을 것이다.

영화 티켓을 채권이라고 생각해보자. A씨가 5%의 금리를 주는 은행채에 투자했다. 그런데 다음 주 은행채 금리가 6%로 올라간다. 사람들은 6%를 주는 은행채를 더 선호할 것이다. 이렇게 되면 A씨가 투자한 5% 금리의 은행채 가격은 떨어지게 된다. 반대로 은행채 금리가 4%로 떨어지면 A씨의 5% 은행채 가격은 상승하게 된다. 즉 보유한 채권금리 대비 시중에 유통되는 금리가 올라가면 보유 채권의 가격은 떨어지고, 시중 유통 금리가 하락하면 보유 채권 가격은 올라간다. 이처럼 채권금리와 가격은 서로 반대로 움직이게 된다.

경기가 안 좋을 때 채권이 웃게 된 사연

채권투자자는 언제 행복하게 될까? 채권 가격이 오를 때다. 채권금리가 떨어지기 시작했을 때가 가장 신이 날 것이다.

금리는 언제 하락할까? 경기가 나빠지면서 돈을 빌려갈 사람이 점점 줄어든다면 은행들은 금리를 낮춰서라도 대출 영업을 강화할 것이다. 경기가 나빠져서 중앙은행이 기준금리라도 내리는 상황이 된다면 시중금리가 낮아지면서 이후 기업·정부 등에서 발행되는 금리도 하락할 것이다. 시중금리가 하락하는 이때, 채권 보유자의 채권 가격은 상승한다.

반면 경기가 살아나기 시작하면 돈을 빌려가려는 자금 수요가 증가하고, 은행은 굳이 대출금리를 낮춰 영업할 필요가 없어진다. 중앙은행까지 기준금리를 올리는 상황이라면 시중금리는 더 올라가게 된다. 채권금리는 올라가고, 기존 채권 보유자의 채권 가격은 하락하게 된다.

물가 상승률이 오르게 된다면 돈의 가치가 하락하고, 채권에서 주는 금리의 가치도 하락한다. 뿐만 아니라 중앙은행은 금리를 올려 시중금리를 높이려 할 것이다. 그러니 채권 가격은 하락한다. 반면 물가 상승률이 하락하게 된다면 중앙은행은 금리를 내릴 수 있게 되고, 시중금리는 하락하게 된다. 그러면 채권 가격은 오르는 쪽으로 작용할 수 있다.

2008년 글로벌 금융위기 이후 전 세계적으로 저물가·저금리가 장기간 지속되면서 '채권 매매를 통한 차익실현'의 의미가 퇴색되었다. 금리의 오르내림, 즉 가격 변동이 워낙 적은 데다 만기까지 보유해봤자 저금리에 떨어지는 이자도 적었기 때문이다. 반면 팬데믹 이후 고물가 시기가 오자 전 세계적으로 기준금리가 상승하면서 채권 가격이 뚝뚝 떨어진 바 있다.

재정지출 강화와의 악연

세상의 모든 가격이 그렇듯이 채권 가격도 수요와 공급에 의해 움직인다. 정부에서는 경제를 살리겠다며 재정지출을 확대하겠다는 발표를 하기도 한다. 이는 정부가 대규모 빚을 내겠다는 말과 크게 다르지 않다. 정부가 돈을 쓰려면 세금을 왕창 거두거나 국채를 발행해 빚을 내야 하는데, 세금을 올리는 것은 쉽지 않은 일이다. 그러니 국채 발행을 통해 자금을 조달해 재정지출을 하게 된다.

채권시장에서 투자할 돈(수요)은 한정되어 있는데 국채 발행(공급)이 늘어나게 되면 어떻게 될까? 투자금은 한정되어 있어서 더 많은 금리를 주겠다고 해야 투자금을 유치할 수 있을 것이다. 그러니 국채 금리를 비롯한 채권금리가 모두 올라가고, 채권 가격은 떨어지게 된다. 반대로 투자금은 남아도는데 발행되는 채권이 거의 없다면 채권금리는 하락하고, 채권 가격은 오르게 된다. 정부가 재정 긴축 정책을 펼칠 때 나타나는 현상이다.

주식회사 대한민국에 '국채'로 투자하기

개인도 주식 청약처럼 국채에 청약할 수 있어.
5년, 10년, 20년 동안 오래 묵힐 돈이라면
최소 10만 원부터 직접 국채 투자가 가능해!

 개인투자자들이 증권 계좌를 활용해 주식 외에 회사채 등에 투자하는 사례도 종종 있다. 일반적으로 주식 투자가 채권 투자보다 더 위험하다고 알려져 있지만 꼭 그런 건 아니다. 회사채도 잘못 투자하면 손실 위험이 크다. 대기업이라도 결코 안전하진 않다. 역사적으로 보면 외환위기 때 대우가 망했고, 2017년엔 한진해운이 문을 닫았다. 즉 회사채는 비교적 높은 금리로 투자자를 유혹하나 반드시 안전하다고는 볼 수 없다.

 그렇다면 국채는 어떨까? 국채는 나라가 망하지 않는 한 안전하다고 볼 수 있다. 그러나 개인이 직접 국채에 투자하는 것은 쉽지 않다. 국채 투자는 기관투자가들의 전유물처럼 느껴져온 것이 사실이다. 그로 인해 우리나라 개인투자자의 국채 보유 비중은 고작 0.1%(2021년 말)에 불과하다.

정부는 개인투자자들이 국채에 직접 투자할 기회를 확대하기 위해 2024년 6월부터 '개인투자자 전용' 국채를 발행하기 시작했다. 국민의 노후를 대비해 새로운 재테크 수단을 제공하기 위함이다. 기관투자가들이 국채 가격의 오르고 내림을 활용해 이익을 챙기는 것과 달리 개인투자자용 국채는 매도를 제한한다. 개인투자자용 국채는 만기까지 보유해야 가장 최대의 이익을 얻을 수 있도록 설계했다.

5년물, 10년물, 20년물에 투자

개인투자자용 국채는 1월부터 11월까지 매달 발행되어 연간 11회 발행된다. 초기엔 10년 만기 국채와 20년 만기 국채만 발행되었는데, 3월부터 5년물이 새롭게 추가되었다. 기획재정부가 홈페이지를 통해 전월 말일에 그다음 달 발행될 개인투자자용 국채 발행 규모와 금리 등의 조건을 공개한다.

개인투자자용 국채에 투자하기를 원하는 투자자들은 미래에셋증권에서 개인투자자용 국채 전용 계좌를 개설한 후 청약 신청을 하면 된다. [2024년 9월 기준 개인 투자용 국채를 투자할 수 있는 곳은 미래에셋증권이 유일하다.] 통상 해당 월의 중순쯤 5영업일간 청약 신청을 받는데, 당초 3영업일에서 확대되었다.

최소 청약 금액은 10만 원으로, 10만 원 단위로 신청해 연간 1인당 1억 원까지 매입이 가능하다. 신청 금액 전액을 청약증거금으로 납부해야 한다. 청약자에게 개인별로 청약 배정 결과가 고지된 후 매월 20일에 발행된다.

개인투자자용 국채 투자 청약금을 최대한 받기 위해선 한꺼번에 목돈을 태우는 것보다 소액으로 나눠서 청약하는 것이 유리하다. 많은 사람에게 개인투자자용 국채 투자 혜택을 주기 위해 균등 배정 방식을 채택하고 있다. 예컨대 10년물 국채 발행 규모가 1천억 원인데 청약금이 3천억 원 들어왔다면, 1차적으로 모든 청약자에게 기준금액 300만 원씩을 배정한다. 300만 원 이상 청약한 사람들은 300만 원을, 그보다 적은 금액을 청약한 사람들은 청약액만큼 배정한다. 그다음 남은 금액을 청약액에서 기준금액을 뺀 금액을 기준으로 비례해 배정한다. 이러한 절차에 의해 소액을 청약하면 소액이 전액 청약되지만, 금액이 많을수록 그 금액을 전액 청약받기가 어려워진다.

국채 20년물은 20년 후에 원금의 2배 확보

개인투자자용 국채의 가장 큰 장점은 만기까지 보유했을 때 가산금리에 복리에 분리과세 혜택까지 얻을 수 있다는 점이다. 보통 국채에 투자하면 1년에 두 번씩 이자가 지급되지만, 개인투자자용 국채는 중간에 이자가 지급되지 않는다. 만기 때 한꺼번에 이자가 지급된다는 점이 특징이다. 이자가 재투자된다.

　기획재정부에 따르면 2024년 6월 10년물 표면금리는 연 3.540%, 가산금리는 0.15%였는데, 만기까지 보유하면 만기수익률이 표면+가산금리 기준 44%(세전)에 달했다. 20년물의 경우 표면금리가 3.425%, 가산금리가 0.30%였는데 만기 후 수익률이 108%로 높았다. 10년물 국채를 1억 원가량 매입하면 10년 후에 약 1억 4,370만 원을 받게 되고, 20년물을 1억 원 매입하면 20년 후 약 2억 780만 원을 받게 된다. [개인 투자용 국채 표면금리는 계속해서 하락하고 있다. 2025년 5월 기준 5년물 표면금리는 2.44%, 10년물과 20년물은 각각 2.7%, 2.56%를 기록하고 있다.]

　목돈을 투자하는 것이 부담스럽다면 매월 돈을 나눠서 국채에 청약할 수도 있다. 40세부터 59세까지 20년간 20년물 국채를 매월 50만 원씩 매입했다면, 60~79세까지 20년간 매월 약 100만 원을 받게 된다. 이미 정해진 수익률을 그대로 받기 때문에 안심하고 노후 자금으로 활용할 수 있다는 장점이 있다. 자녀 학자금으로도 활용할 수 있다. 자녀 나이 0~4세까지 20년물을 매월 30만 원씩 매입했다면, 자녀가 20~24세가 되었을 때 매월 약 60만 원씩 받을 수 있다.

　투자금 2억 원까지는 분리과세가 적용되어 이자소득 세율 14%, 지방세를 포함할 경우 15.4%의 세율이 적용된다. 이자·배당 소득이 연 2천만 원을 넘으면 금융투자종합과세로 더 높은 세율이 적용되지만 투자금 2억 원까지는 낮은 세율이 적용되는 셈이다.

까다로운 중도환매 규정

개인투자자용 국채는 노후 자금 마련 등에 초점이 맞춰진 만큼 단기 투자가 제한된다. 만약 목돈을 투입했다가 급한 일이 생겨 국채를 팔고 싶다면 투자한 후 1년이 지나길 기다려야 한다. 투자 후 1년이 지난 시점부터 '중도환매'가 가능하다. 2024년 6월에 처음으로 개인투자자용 국채가 발행되었으니 2025년 7월부터 '중도환매'가 가능한 것이다.

기획재정부는 중도환매에 대해 매월 한도를 발표하고, 그 한도 내에서만 선착순으로 중도환매를 신청받는다. 이 역시 매월 20일에 일괄 상환된다.

개인투자자용 국채를 만기까지 보유할 경우 '표면금리, 가산금리'에 '복리, 분리과세 혜택'까지 주어지지만 중도환매를 할 경우에는 '표면금리, 단리'만 적용된다. 은행 정기적금을 중도환매할 때는 정해진 금리에 패널티가 적용되어 대폭 금리가 깎이지만 최소한 개인투자용 국채는 표면금리 전체를 모두 받을 수 있다는 점이 장점이다. 만기가 되기 전에 투자자가 사망할 경우에는 배우자, 자녀 등에게 상속도 가능하다.

One Point
Lesson

물가연동국채와 BEI

국채에 투자하고 있는데 물가가 오르면 어떻게 될까? 물가 상승에 따른 자산 가치가 떨어지는 것은 물론이거니와 금리가 오름에 따라 국채 투자 손실도 커질 것이다. 이를 보완하기 위해 물가연동국채(TIPS, Treasury Inflation-Protected Securities)가 나왔다.

물가연동국채는 말 그대로 인플레이션으로부터 보호를 받는 채권이다. 물가 상승에 따른 손실을 방지할 수 있다. 물가연동국채도 정부가 주기적으로 발행하는데, 표면금리는 그대로이지만 물가가 상승하면 원금이 변동한다. 예컨대 액면가액 100만 원짜리 채권의 표면금리가 3%라고 하자. 1년 후 물가 상승률도 3%라고 보자. 일반 채권이라면 이자를 포함해 103만 원을 받게 되지만 물가 상승률 3%를 고려하면 실질 이자율은 0%에 불과하다. 그러나 해당 채권이 물가연동국채라면 채권의 액면금액은 103만 원으로 높아지고, 이에 따른 이자는 3만 900원으로 올라간다.

물가연동국채 금리가 변화했다면?

물가가 오를 것이라는 확신이 든다면 국채에 투자하는 것보다는 물가연동국채에 투자하는 것이 유리할 수 있다. 물가연동국채 매입 수요가 증가하면서 물가연동국채 금리가 하락한다면, 앞으로 물가가 오를 것이라는 예상이 많아지고 있음을 의미한다.

일반적으로 물가연동국채 금리는 일반 국채 금리에서 기대인플레이션율을 제거한 값으로 표현된다. 일반 국채 금리의 변동성이 크지 않다면 기대인플레이션율, 즉 물가 상승 심리가 커질 때 물가연동국채 금리는 하락한다. 물가연동국채에 수요가 몰리면 물가연동국채 가격은 오른다는 의미다. 반대로 기대인플레이션율은 크게 변화가 없는데도 일반 국채 금리가 하락해 물가연동국채 금리가 하락했을 수도 있다.

물가연동국채 금리가 변화했다면 어떤 부분이 금리를 움직이게 했는지를 구분해 살펴볼 필요가 있다. 예를 들어보자. 2022년 물가 상승률 급등기 때 미국의 10년물 물가연동국채 금리는 마이너스로 내려갔다. 2020년 3월부터 2022년 4월까지 2년 넘게 물가연동국채가 마이너스를 기록했다. 물가연동국채 금리가 마이너스라는 것은 해당 국채를 만기 때까지 보유한다면 오히려 수수료를 내야 할 수 있음을 의미한다.

이러한 물가연동국채에 투자한 이유는 만기 때까지 보유할 의사가 없고 중간에 매매 차익을 얻기 위함일 것이다. 당시 미국의 물가연동국채 금리는 왜 마이너스까지 떨어졌을까? 연준이 2020년 3월 기준금리를 0~0.25%로 급격하게 낮췄다. 물가연동국채 금리는 일반 국채 금리에 연동되어 하락했을 것이다. 그렇다면 당시의 기대인플레이션율은 어땠을까? 기대인플레이션율은 뉴욕 연방준비은행 중앙값 기준으로 2020년 4월 0% 수준에서 그해 12월 3.6%를 찍고 2021년 5월 6.2%까지 계속해서 우상향했다. 물가연동국채 금리가 마이너스로 간 것이 연준의 금리 인하 영향도 있지만 기대인플레이션율이 오른 영향도 크다는 점을 방증한다.

연준이 2022년 3월에 기준금리를 올리고 나서야 물가연동국채 금리의 마이너스 폭이 줄어들기 시작했다. 연준의 기준금리가 5.25~5.5% 수준까지 높아지자 물가연동국채 금리는 2023년 10월 2.4%를 넘어서기도 했다. 일반 국채 금리가 오른 영향이 반영된 것이다.

우리나라에서는 해석에 주의가 필요하다

물가연동국채 금리의 오르내림만으로 물가 하락 또는 상승 심리가 커지고 있음을 파악하기는 어렵다. 연준의 기준금리 결정 등 일반 국채 금리가 오르고 내림에 물가연동국채 금리도 영향을 받기 때문이다. 그렇기에 일반 국채 금리와 물가연동국채 금리 간의 차이를 살펴보는 것이 더 정확하다. 이 차이를 보여주는 지표가 BEI(Breakeven Inflation Rate, 손익분기인플레이션율 또는 시장 예상 인플레이션율)다. BEI는 물가연동국채 금리와 잔존 만기가 같은 명목 국채 금리의 차이를 보여주는 지표로, 물가가 오를 것이라는 심리가 커지면 물가연동국채 금리는 하락할 것이기 때문에 BEI 수치는 확대될 것이다.

미국 10년물 BEI는 2020년 3월 0%대에 불과했으나 서서히 물가 상승 심리가 높아지면서 물가 상승률이 올라가자 2022년 4월 2.9%대까지 높아졌다. 그 뒤로 서서히 낮아져 2024년 8월 2% 초반 수준으로 내려왔다.

우리나라도 2022년 고물가기를 거치면서 물가연동국채 금리, BEI 등이 미국과 유사한 흐름을 보였다. 다만 우리나라는 물가연동국채가 2007년 처음 나온 만큼, 그 역사가 길지 않아 거래가 활발하지 않다. 그러다 보니 수급 변동에 따라 물가연동국채 금리가 오르고 내리는 일이 많을 수 있기 때문에 해석에 주의가 필요하다.

원자재 시장은 실물경제와 가장 가까이에 있는 자산시장이면서도 어느 때는 가장 멀리 떨어져 있는 자산처럼 느껴지기도 한다. 그만큼 예측이 어렵다는 것이다. 국제유가뿐 아니라 커피, 원당, 옥수수 등 국제 곡물 가격은 철저하게 수요와 공급에 의해서 좌우되는 것처럼 보이지만 투기 세력이나 특이한 상황들이 겹치면서 가끔 이해할 수 없는 현상이 벌어지기도 한다. 2020년 4월 20일 서부텍사스산원유(WTI) 5월 인도분은 배럴당 마이너스(-) 40달러를 기록했다. 사상 첫 마이너스다. 팬데믹으로 석유 소비가 급감한 상황에서 원유가 공급 과잉을 보였다. 원유를 보관하는 데 들어가는 비용이 더 커졌다. 그 뒤 2년도 채 되지 않아 WTI는 130달러를 돌파했으니 그야말로 '미친 변동성'이다. 비트코인 등 가상자산도 롤러코스터급 변동성을 보여준다. 이들 자산의 오르고 내림은 과연 어떤 의미가 있는 것일까?

PART 6

원자재와 가상자산, 너네는 왜 오르고 내리니?

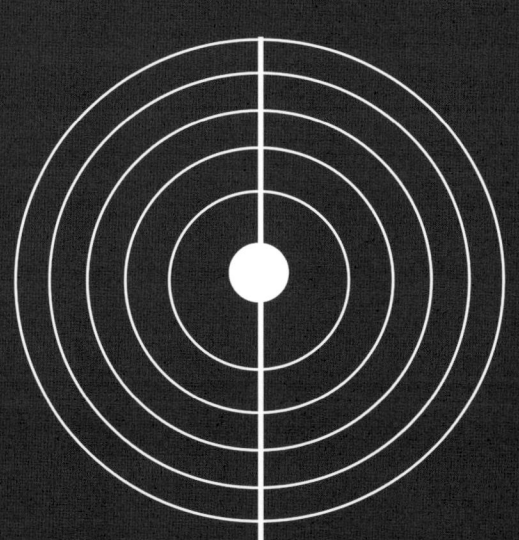

왜 이렇게 금값이 올라?
안전자산 '금'의 미스터리

> 물가가 오를 때도 금! 금리가 내릴 때도 금!
> 불안해도 금! 지정학적 리스크가 커져도 금!
> 안전자산이지만 변동성도 큰 금!

금은 한때 화폐로 쓰였을 정도로 세계에서 가장 오래된 자산이다. 그러나 가장 알기 어려운 자산이기도 하다. 금은 통상 안전자산이자 인플레이션 헤지 자산으로 불리고 있지만 그게 전부는 아니다.

금은 지정학 시대에 투자 매력이 커지고 있다. 금은 통상 달러화 가치가 하락할 때 그 가치가 높아지는 것으로 알려져 있는데 지정학 시대에 달러화가 흔들릴 때 금이 주목받을 수 있다. 지정학 시대는 트럼프 미 대통령이 하듯이 관세 부과 등 무역 분쟁이 수시로 촉발될 뿐 아니라 러시아-우크라이나 전쟁처럼 물리적 충돌이 언제든지 일어날 수 있음을 의미하기 때문이다. 이는 안전자산이자 인플레이션 헤지 자산으로서의 금 매력이 더 커질 수 있음을 시사한다.

안전자산이자 인플레이션 헤지 자산

금의 매력이 가장 부각되는 때는 '불안감'이 고조되었을 때다. 불안할 때는 '현찰'이 최고라고 하는데, 금은 그 현찰보다도 더 우위에 있다. 현찰도 현찰 나름이라 글로벌 금융위기처럼 전 세계 금융시장이 흔들릴 때는 '원화'도 별 소용이 없다. 이럴 땐 달러화와 금이 최고다.

달러화와 금은 서로 반대로 움직인다고 하지만 금융위기 같은 상황에서는 둘 다 안전자산으로서의 투자 매력이 부각되면서 가격이 오른다. 실제로 2020년 팬데믹이 전 세계를 덮쳤을 당시 금값은 온스당 24% 넘게 올라 온스당 2천 달러를 넘었다. 금은 전 세계 어디를 가도 그 가치를 인정받을 수 있기 때문이다. 2024 파리올림픽을 떠올려보면 쉽다. 1등을 차지하면 '금메달'을 주는데, '금'이 필요 없다며 이를 달러화로 달라거나 원화로 달라는 선수는 없을 것이다.

금을 인플레이션 헤지 자산이라고 한다. 이것도 금의 가치가 전 세계 어디에서도, 어느 시대에도 통용되었던 자산이라는 점에서 출발한다. 물가 상승률이 높아지면 세상 모든 자산의 가치가 하락한다. 돈의 가치가 떨어지기 때문이다. 그러나 금의 가치는 좀처럼 변하지 않는다. 그러니 물가 상승률이 높아지면 금에 대한 수요가 더욱 높아진다.

2022년에 전 세계 물가 상승률이 고점을 향해 갈 때 금값은 어땠을까? 금값은 2022년 들어 3월 초까지만 해도 급등세를 보이며 다시 2천 달러대를 회복하는 것처럼 보였다. 그러나 그 뒤로 내내 하

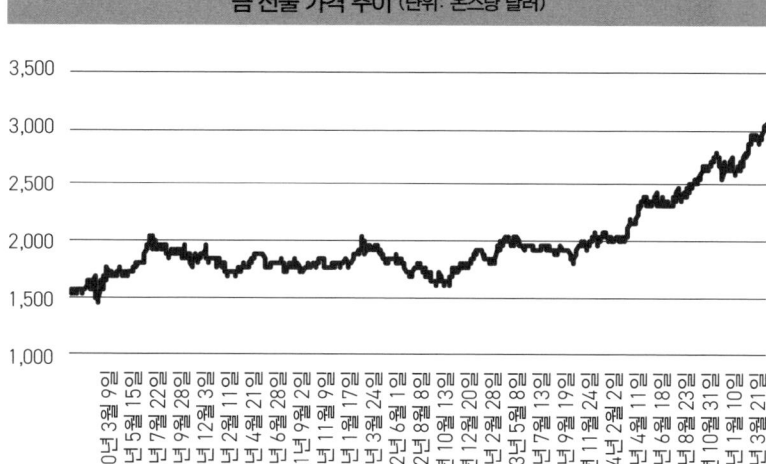

출처: 뉴욕상업거래소(NYMEX)

락세를 걸었다. 2022년 9월에는 1,600달러대까지 떨어졌다. 2022년 초반까지만 해도 금은 '인플레이션 헤지 자산'으로서의 매력이 부각된 것으로 보였다. 연준이 인플레이션 퇴치를 위해 기준금리를 0.75%P씩 네 차례 연속 올리는 등 저금리 상황이 순식간에 고금리로 바뀌자 금에 대한 매력이 떨어졌다. 미국의 물가 상승률은 2022년 6월 9%대를 향해 계속해서 올랐지만 그만큼 금리도 무서운 속도로 높아졌다.

금은 이자를 주지 않기 때문에 고금리보다 저금리 때 더 주목받는 자산이다. 시장금리가 높아지면 금에 투자하는 것이 나은지, 이자를 주는 채권이나 은행 예금에 투자하는 것이 나은지에 대한 저울질이 시작되기 때문이다. 그래서 금은 저금리 시기에, 즉 '실질금리가 마이너스이고 이자에 대한 기회비용이 낮을 때 오른다'는 분석이 나온다. 금은 인플레이션 초기에는 '인플레이션 헤지 자산'으로서 매력이 있을지 몰라도 중앙은행이 인플레이션에 대응해 금리를 올리기 시작하면 투자 매력이 떨어지게 된다.

고금리 때 금은 매력 없다며? 그런데 왜 올라?

'금'을 여기까지만 알았더라면 최근 2년간(2023~2024년) 금값이 왜 계속 오르는지 완전하게 이해할 수 없었을 것이다. 금값은 2024년 9월 온스당 2,600달러까지 높아졌다. 2023년 14% 가까이 오른 후 2024년 들어서도 27%가량 상승했다. 전 세계 인플레이션은 고점을 찍고 내려왔고 '연준이 금리를 내릴 것'이라는 기대는 커졌다. 그러니 금리가 내려가고 유동성이 풀릴 것이라는 기대감에 금이 올랐을 수도 있다. 그런데 실제로 2024년 8월 연준의 금리가 5.25~5.5%로 금리 인하를 시작하지 않았음에도 금값이 계속해서 고공행진을 하는 것은 이해하기 어렵다. [연준이 2024년 9월 금리를 0.5%P 인하한 이후로도 금값은 더 올랐다. 2025년 3월 기준 금값은 3천 달러를 넘고 있다.]

때로 금은 무기가 될 수 있다. 2022년 2월 러시아가 우크라이나를 침공했다. 미국, 유럽 등 서방 국가들은 러시아가 달러·유로화 사용을 하지 못하도록 제재했다. 러시아, 중국 등 반서방 국가와 서방 국가 간 긴장감이 고조되면서 지정학 시대가 본격화되었다. 중국, 러시아는 석유를 사고파는 데도 달러화를 사용하지 않았다. '페트로 달러'가 흔들리면서 중국, 러시아 등이 선택한 자산은 '금'이다. 중국, 러시아는 외환보유액에서 금의 비중을 늘리기 시작했다. 서방 국가와 반서방 국가 간의 갈등이 심해질수록 '금'에 대한 매력은 높아질 수밖에 없다. 지정학적 갈등 외에도 달러화 지위가 흔들려도 달러화와 함께 안전자산으로 불리는 '금'의 상대 가치는 높아진다.

세계금협회(WGC)에 따르면 중국 인민은행은 2023년 한 해에만 225톤을 매입해 1977년 이후 가장 많은 금을 매입했다. 중국은 외환보유액을 통해 2024년 1분기 2,262톤을 보유했다. 전체 외환보유액의 5%에 못 미치는 비중이다. 러시아의 금 보유액은 2,333톤이다. 2024년 1분기 기준 중국과 러시아는 금 보유액 기준 각각 6위, 5위 수준이다. 중국, 러시아가 금 매입을 늘렸다고 해도 금 보유액 1위는 미국이다. 미국은 8,133톤을 보유하고 있다. 2위인 독일의 3,353톤과도 크게 차이가 난다. 1944년 브레턴우즈 체제 당시 미국 달러화는 금으로 교환이 가능한 유일한 통화였기 때문에 미국은 다른 나라로부터 금을 받고 달러화를 교환해줬던 역사적 배경으로 미국의 금 보유량이 절대적으로 많다는 분석이 있다. 기축통화인 달러화로 금을 용이하게 확보할 수 있다는 점도 유리하게 작용했다.

제조업이 살아나려나?
'구리' 값을 보라

**'닥터쿠퍼' 구리 값이 오르면
제조업 업황이 좋아질 것이라는 기대가 생겨!
제조업 업황이 좋아지면 한국 수출도 파란불!**

구리는 자동차, 건설, 해운, 가전, 전기 등 산업 생산 곳곳에 안 쓰이는 곳이 없어 '산업의 쌀'이라고 불린다. 인공지능(AI) 등 4차 산업혁명에 필수적인 데이터센터를 짓는 데도 구리가 쓰인다. 데이터센터의 인프라에서 구리는 필수적인 재료로 사용되고 있다.

그만큼 구리는 전 세계 제조업 경기의 바로미터가 되고 있다. 그래서 구리에는 똑똑한 경제 박사님이라는 뜻의 '닥터쿠퍼(Doctor Copper)'라는 별칭이 붙는다. 구리의 수요와 공급을 좌우하는 최대 변수는 중국이다.

중국은 전 세계 최대 구리 소비국

중국을 흔히 '세계의 제조업 공장'이라고 한다. 아무리 탈세계화, 지정학 시대라고 해도 '메이드 인 차이나(Made in China)'를 제외하고 산업이 돌아가기는 어려운 것이 사실이다. 실제로 중국은 전 세계 제조업 부가가치의 약 30%를 차지한다. 이런 특이점 때문에 중국은 전 세계 구리의 절반 이상을 소비하는 '최대 소비국'이다.

중국에서 구리 수요가 많아진다는 것은 단순히 중국의 경기만 살아나는 것이 아니라 전 세계 제조업 경기가 반등하는 신호가 될 수 있다. 반대로 구리 수요가 적어져 구리 가격이 하락한다면 중국 경기뿐 아니라 전 세계 제조업 경기가 꺾일 수 있음을 의미한다.

팬데믹 당시 '집콕' 유행으로 자동차, TV 등 각종 전자제품이 불

출처: 런던금속거래소(LME)

티나게 팔리고 비대면이 활발해지면서 데이터센터 수요가 급증하자 구리 가격은 2020년과 2021년에 연간 25%씩 올랐다. 그 뒤 2022년과 2023년 팬데믹이 종식되고 대면 거래가 살아나면서 제조업 업황이 약해지고 서비스업 업황이 살아나자 구리 가격은 2022년 13% 하락했다.

2023년에는 소폭 회복했긴 하지만 고작 2% 오르는 데 그쳤다. 중국의 제조업 경기 반등으로 구리 가격이 오른다면 이는 전 세계 제조업의 회복 신호로 볼 수 있다. 그러나 중국의 부동산 가격이 상승하면서 중국의 부동산 회복이 구리 가격 상승을 자극한다면 이는 반드시 전 세계 제조업 경기 반등으로 이어지지는 않을 수 있다. 이는 한때 '닥터쿠퍼'에 대한 의구심으로 번졌다. '구리 가격이 올랐는데 왜 제조업 경기가 살아나지 않느냐'는 의문이었다.

중국 경기를 좌우하는 '부동산'

중국 국내총생산(GDP)의 4분의 1이 부동산이다. 중국 정부는 부동산 투자를 늘리고 관련 대출을 확대하는 방식으로 경기 부양을 해왔다. 건설경기가 살아나면 전선·케이블 제조업체들도 호황을 맞으면서 구리 수요가 커진다. 그러니 중국 내 부동산 경기가 살아나도 구리 가격이 오를 수 있다.

그런데 빚으로 빚은 부동산으로는 안정적인 경제 성장에 한계가 있다. 중국의 부동산 경기는 2021년 후반부터 흔들리기 시작했다. 중국 정부도 돈을 부어 부동산 경기를 살리는 것을 멈추면서 부동산 투자 회사들이 파산하기 시작했다. 2022~2023년에 구리 가격이 하락한 배경에는 중국의 부동산 경기 악화 영향도 있을 것이다.

구리 가격을 9~12개월 선행하는 것으로 알려진 중국의 신용 창출도 위축되고 있다. 부동산 경기는 빚 의존도가 높은데, 대출이 위축된다는 것은 부동산 업황이 약해졌음을 의미하기 때문이다.

블룸버그에서 집계하는 중국의 총신용창출지수(credit impulse index)는 2020년 11월 32선을 찍은 후 급락해 2021년 10월에는 23선까지 떨어졌다. 그 뒤로 20 중반 선을 중심으로 오르락내리락했지만 2025년 2월에는 23 밑으로 내려앉았다. 구리 가격은 어땠을까? 구리 가격은 2024년 들어 중국 정부의 경기 부양과 전 세계 금리 인하 기대감에 투기 세력이 붙으면서 5월 톤당 1만 달러(3개월 선물)를 넘어서며 고공행진을 하는 듯했으나 중국 경기가 기대만큼 살아나지 않고 있다는 인식이 커지면서 6월, 7월에 각각 약 5%씩 하락했다.

구리 가격이 중국에 의해 좌지우지되니 중국 내 구리 재고가 얼마나 쌓여 있는지도 중요한 지표가 될 수 있다. 중국 상하이선물거래소(SHFE)에 따르면 구리 재고는 2024년 초 30만 톤 이하로 떨어졌으나 상반기 내내 급증해 6월 초에는 34만 톤 가까이 늘어났다. 팬데믹이었던 2020년 3월 이후로 최대 수준이다.

'정제 구리' 최대 생산국도 중국

원자재 가격을 결정하는 변수로는 '공급'이 있다. 전 세계 최대 구리 생산국은 칠레다. 미국 지질조사국에 따르면 2023년 전 세계 구리 생산량은 2,200만 톤에 달하는데 칠레가 500만 톤을 생산했다. 칠레가 전 세계 구리 생산량의 23%를 차지한 것이다.

세계 최대 구리 광산업체가 칠레에 몰려 있다. 2위와 3위 생산국은 각각 페루와 콩고다. 이들은 각각 260만 톤, 250만 톤을 생산했다. 이들 세 국가에서 전 세계 구리의 절반가량을 생산하고 있는 것이다. 그다음이 중국, 미국이다.

광산에서 채굴한 구리는 불순물이 많아서 대부분 산업용으로 적합하지 않다. 그래서 구리의 불순물을 제거하는 등의 정제 과정을 거쳐야 한다. 이렇게 '정제된 구리'의 최대 생산국이 바로 중국이다. 2023년 중국의 정제 구리 생산량은 1,200만 톤으로, 전 세계 정제 구리 생산량의 44% 이상을 차지했다. 정제 구리를 세계에서 두 번째로 많이 생산하는 국가는 칠레인데, 중국은 칠레의 6배가량을 생산한다. 그러니 닥터쿠퍼 '구리'의 운명은 중국에 달려 있다고 해도 결코 과언이 아니다.

우리나라 물가가 오르려나?
'유가'를 보라

기름이 안 나오는 우리나라는 '유가'가 중요해.
국제유가의 움직임에 따라 국내 물가가 출렁!
기관들이 유가를 예측하지만 썩 잘 맞지는 않아.

국제유가가 오를 것인지 떨어질 것인지에 따라 우리나라 경제 환경이 크게 달라진다. 국제유가가 오른다면 원유 수입 물가가 오를 테고, 휘발유·경유 등 국내 기름값이 연쇄적으로 상승하게 된다. 자동차 연료뿐 아니라 전기·가스 요금, 공장을 가동하는 데 들어가는 각종 연료 등 기름이 안 쓰이는 곳이 없는 만큼 우리나라 물가 전반을 끌어올릴 수 있다.

기름 가격이 오른다고 해도 마땅한 대체재가 있는 것이 아니기 때문에 물가 상승이 고스란히 생활비 부담으로 작용한다. 유가가 오르면 수입이 수출보다 더 많이 증가해 무역수지도 적자를 보일 수 있다. 다른 나라와 무역을 해봤자 벌어들이는 것보다 내주는 돈이 더 많아진다는 의미다. 국제유가 상승은 우리나라와 같은 원유 수입국에는 취약하다. 이는 원화 약세에도 영향을 준다.

철저한 '공급자' 우위 시장

　석유수출국기구(OPEC)는 전 세계가 인증한 공식적인 카르텔 집단이다. OPEC 회원국은 세계 최대 원유 생산국인 사우디아라비아를 비롯해 중동 국가들로 구성되는데, 이들은 철저히 자신들에게 유리하게 원유 생산량을 결정한다. 이들은 주기적으로 회의를 해서 원유를 얼마나 생산할지를 정한다.

　유가가 일정 수준으로 올라야 산유국들에 이득이 되기 때문에 생산량을 크게 늘리지 않는 것이 일반적이다. 예컨대 유가가 배럴당 70~80달러 수준에서 유지될 수 있도록 감산 또는 증산을 결정한다. 그렇다고 생산량을 마구 줄이지도 않는다. 시장 점유율을 유지하기 위함이다.

　한때 미국 셰일업체들이 원유 생산을 늘리면서 미국이 원유 수입국에서 수출국으로 변모하자 사우디아라비아는 미국과 시장 점유율 경쟁을 벌이기도 했다. 사우디아라비아가 감산을 통해 유가를 끌어올리면 수지타산이 맞아진 미국 셰일업체들은 적극적으로 원유 생산을 늘려 시장 점유율 쟁탈전을 벌였다. 이러한 쟁탈전이 한창이던 2014년과 2015년에는 서부텍사스산원유(WTI)가 각각 46%, 30%가

출처: 뉴욕상업거래소(NYMEX)

량 하락했다. 2014년 7월 WTI가 배럴당 100달러에 육박하다가 계속해서 우하향해 2016년 2월 30달러 아래로 빠졌다.

국제유가는 산유국들이 어떤 전략을 갖고 원유를 생산하고 있는지, 산유국들의 정세가 어떤지에 따라 급등락할 수 있다. 이란, 이스라엘 등 중동 국가 간 분쟁이 번진다거나 OPEC 회원국은 아니지만 또 다른 산유국인 러시아에서 원유 생산이 어려워진다면 국제유가가 급등할 수 있다.

과거에는 국제유가가 급등하면 미국이 원유 수입국으로서 OPEC을 향해 목소리를 냈으나 미국은 이제 더 이상 그럴 필요가 없어졌다. 셰일업체로부터 자체 조달이 가능하기 때문이다. 미국은 탄소중립 정책으로 셰일업체들의 적극적인 원유 생산이 제한되고 있지만 그럼에도 미국 내에 공급하기에는 충분하다.

주요국들이 '2050년 탄소제로' 정책을 외치고 있지만 산유국들의 힘은 크게 약해지지 않는 모습이다. 실제로 '탄소 제로(이산화탄소 배출량을 줄이거나 상쇄해 실질적인 탄소 배출을 '0'으로 만드는 것)'까지 가기에는 현실의 장벽이 크다.

탄소제로 정책을 실시한다며 원유 생산을 줄였다간 자칫 국제유가가 폭등할 가능성을 배제하기 어렵다. 원유 수요가 줄어들지 않은 상황에서 '탄소제로'에 맞춰 무조건 원유를 줄이기는 어려운 상황이라고 볼 수 있다.

수요 전망에 따른 편차

국제유가는 예측이 가장 어려운 원자재로 꼽힌다. 공급 측면에서의 변수가 클 뿐 아니라 수요도 전망하는 기관에 따라 제각각이기 때문이다. 원유 소비를 예측하는 데는 미국과 중국의 경기가 가장 중요하다. 국제 통계 사이트 월드오미터(Worldometer)에 따르면 미국은 하루에 원유를 2천만 배럴 가까이 소비해 전체의 20%를 차지하고 있다. 그다음이 중국이다. 중국은 1,300만 배럴가량 소비해 세계에서 두 번째로 많이 원유를 소비한다.

미국이나 중국 정부가 소비 진작 등 경기 부양책을 내놓을 경우 '원유 수요가 증가할 것'이라는 전망이 커질 수 있다. 반면 미국 에너지정보청(EIA)이 발표한 원유 재고가 늘어났거나 중국 부동산 경기가 꺾이면서 침체 우려가 커질 경우에는 '원유 수요가 줄어들 것'이라는 생각이 강해지면서 국제유가가 떨어진다.

휘발유 가격은 미국 경제에 미치는 영향이 크기 때문에 미국 정부는 전략비축유(SPR)를 보유하고 있다. 세계 최대 규모의 원유 비축 시스템이다. 미국 정부가 국가 비상 상황에 대비해 비축유를 늘린다고 하면 원유 수요는 늘어날 수 있다. 미국 정부는 국제유가가 과도하게 올라간다고 판단되면 비축해두었던 원유를 풀기도 한다. 미국과 중국은 전 세계 GDP의 40%를 차지하는 G2이기 때문에 결국 원유 소비를 예측하는 일은 전 세계 경제가 어떻게 돌아가고 있느냐를 예측하는 것과 다름없다.

국제유가 전망을 제대로 하기 어렵다는 것은 우리나라 정부나 기업들이 유가 전망을 근거로 정책을 펴거나 경영 전략을 짜기가 어렵다는 것을 의미한다. 특히 지정학 시대에서는 러시아·우크라이나 전쟁, 중동 간 분쟁에서 보듯이 공급 측의 변수 또한 예측하기 어려울 정도로 변동할 가능성이 높다. 이는 특정한 유가 전망에 기대기보다 유가가 급변동할 가능성에 대비할 필요성이 더욱 커지고 있음을 의미한다.

극심한 기후변화가
인플레이션을 부추긴다

사과가 안 오르면 배추가 올라버리고,
배추가 떨어지면 시금치가 올라버리고….
기후변화의 상시화, 이젠 식량 안보가 문제야!

2024년에 이른바 '금사과' 논란이 커졌다. 2024년 상반기 당시 사과 작황이 악화하면서 공급 부족에 사과 가격이 너무 비싸진 영향이다. 당시 사과 1개에 1만 원을 넘었을 정도였다.

사과뿐이 아니었다. 대파 논란도 번졌다. 당시 윤석열 대통령이 2024년 3월 민생을 점검하겠다며 하나로마트에 방문했다가 대파가 한 단에 875원인 것을 보고 "합리적인 가격"이라고 하면서 논란이 커졌다. 대통령 방문 기념으로 특가 세일을 해놓은 가격을 보고 합리적이라고 하면서 "대통령이 대파 한 단 가격도 제대로 모르냐"는 비판이 쏟아졌다. 그 당시 대파 한 단 가격은 4천 원을 넘어선 때였다. 대파 논란 때문인지 알 수 없지만 그다음 달 있었던 '4월 총선'에서 여당은 참패하게 된다. 우리나라에서 먹는 것, 즉 식품 가격의 민감도를 보여주는 대표적인 사례다.

이러한 식품 가격은 예측 불가할 정도로 들쭉날쭉하다. 기후변화가 심해지면서 전 세계 곳곳에서 작황을 망치는 곡물들이 늘어나고 있기 때문이다. 2024년 7월 발표된 유엔(UN) 보고서에 따르면, 2023년 지구 표면 온도는 1961~1990년 평균온도보다 1.1도 상승했다. 기록적으로 가장 따뜻했던 해였다. 전 세계 곳곳에서 가뭄, 산불, 홍수, 폭염, 허리케인 등 예측하기 어려운 기상 이변이 나타났다. 이러한 현상은 해를 거듭할수록 심해지고 있다.

코코아 가격과 올리브 가격의 급등세

2024년은 코코아와 올리브 가격이 급등했던 해였다. 코코아 가격은 2024년 4월에 미터톤당 1만 1천 달러를 기록했을 정도로 많이 올랐다. 코코아 가격은 2000년 이후 2천 달러대에서 장시간 움직여 왔는데 2023년부터 서서히 오르기 시작하더니 2024년에 급속하게 상승했다. 코코아는 초콜릿의 원료가 되는 만큼 코코아 가격 상승은 초콜릿 가격 상승으로 이어진다.

코코아는 주로 서아프리카에서 재배된다. 서아프리카가 전 세계 코코아 생산량의 약 80%를 차지하는 것으로 알려져 있다. 그러나 가뭄으로 인해 코코아 생산량이 줄었다. JP모건 등에 따르면

2023~2024년 전 세계 코코아 공급량이 약 11% 감소할 것으로 예상되었다.

올리브 가격도 크게 치솟았다. 세인트루이스 연방준비은행에 따르면 전 세계 올리브유 가격은 2000년부터 2022년까지만 해도 메트릭톤당 2천~6천 달러 미만에서 움직였는데, 2023년에 6천 달러를 뚫고 올라서더니 2024년 1월에는 1만 달러를 돌파했다.

올리브유 가격의 상승 역시 이상기후 때문이다. 스페인은 전 세계 올리브유 공급의 40%를 넘게 담당하고 있는데 2023년에 기록적으로 더운 날씨를 기록했다. 이탈리아, 그리스, 포르투갈 등 다른 올리브 재배국의 상황도 비슷했다. 그로 인해 올리브유 보관에 문제가 발생했다.

기온이 오를수록 인플레이션이 심해져

2024년에는 코코아 가격과 올리브유 가격이 올랐지만 다음에는 어떤 곡물이 오를지 알 수 없다. 전 세계 곳곳에서 이상기후가 예고 없이 나타나고 있기 때문이다. UN은 "과거에는 이상기후로 인한 공급 충격이 제한적이고 이상기후가 나타나더라도 특정 상품이나 특정 원자재로 그 영향이 국한되었지만 이제는 여러 번의 이상기후가 한꺼번에 발생하거나 한 번의 이상기후가 매우 강력하게 발생해 공급 충격으로 인한 인플레이션이 일시적으로 목표 수준(중앙은행들의 물가 상승률 목표치는 2%)을 넘어설 정도로 크게 나타난다"고 밝혔다.

유럽중앙은행(ECB)과 포츠담기후영향연구소(PIK)의 2024년 3월 보고서에 따르면, 기온 상승으로 2035년까지 식량 인플레이션은 연간 3.2%P 상승하고, 전체 인플레이션은 연간 1.2%P 상승한다. 1996년 이후 121개국의 식품·기타 상품의 월별 가격과 기후 요인 등을 살펴본 결과다.

이상기후는 단순히 식량 가격만 올리지 않는다. 곡물을 원재료로 하는 가공식품 등의 연쇄 상승이 외식비 상승 등으로 이어질 수 있다. 또한 재해 증가로 인해 각종 보험료 등도 올라갈 수 있다.

이상기후로 인한 인플레이션은 중앙은행이 물가 안정을 관리하기 어려워짐을 의미한다. 중앙은행은 물가가 올라가면 기준금리를 올려서 수요 측면의 물가 상승을 억제해왔으나, 이상기후 등 공급 측면에서 물가가 오르기 때문에 중앙은행이 물가 안정을 위해 할 수 있는 역할이 제한된다. 공급 부족을 핑계로 투기 세력이 붙으면서 곡물 가격이 더 오를 가능성도 커졌다. 이는 인플레이션 심리를 부추겨 시장금리를 상승시키는 등 금융시장에 영향을 주게 된다.

세계 10대 자산인 비트코인, 어떻게 볼 것인가?

유동성과 이벤트를 먹고 쑥쑥 자라는 비트코인,
이젠 제도권의 ETF까지 보란 듯이 진출했어!
투자 포트폴리오에서 결코 무시 못 할 자산이야!

비트코인이 탄생한 지 20년이 다 되어간다. '사토시 나카모토'라는 가명을 사용하는 비트코인 발명가는 2008년 10월 '비트코인 : P2P 전자화폐 시스템'이라는 논문을 공개한다. 이후 그는 비트코인 소프트웨어 첫 번째 버전인 '비트코인 Qt 0.1'을 발표하고 사람들에게 사용해볼 것을 권했다. 해당 시스템 코드가 오픈소스(무료로 사용할 수 있고 수정할 수 있는 공개된 소프트웨어)였기 때문에 누구나 다운로드해서 활용하고 수정하는 등의 과정을 거쳤다.

비트코인은 얼굴도 모르는 사람과 국적이나 각국의 통화와 무관하게 비트코인이라는 디지털 화폐로 거래를 할 수 있다는 점에서 주목받았다. 블록체인 기술을 활용해 탈중앙화할 수 있었기 때문이다.

그러나 초창기의 비트코인 가격은 1페니도 안 되었다. 그러다 2010년 '비트코인으로 피자를 주문했더니 왔더라, 비트코인으로 포르쉐를 사봤다' 등의 경험 등이 전파되며 2013년 말까지 달러 환산 시 1억 달러 이상의 금액이 비트코인으로 거래되었다. 그래서 당시 비트코인은 '화폐냐, 아니냐'라는 논란에 휩싸였다.

다수의 생각은 '화폐가 아니다'로 정리되고 있다. 화폐라고 하기에는 비트코인의 가격 변동성이 과도하게 크기 때문이다. 또한 비트코인은 채굴할 수 있는 개수가 2,100만 개로 제한되어 있어 경기 상황에 따라 화폐 발행을 줄였다가 늘렸다가 할 수 없다는 점도 화폐로서의 기능을 제약하는 요인으로 지목된다.

화폐가 아니라면 가치가 없나?

비트코인은 화폐가 아니기 때문에 가치가 없다고 하기에는 그 규모가 너무 커졌다. 시가총액 기준으로 비트코인은 세계 10위권에 자리를 잡고 있다. 1~10위권 자산 중 1위가 금, 8위가 은이고, 나머지는 애플, 마이크로소프트, 엔비디아 등의 주식이 자리 잡고 있다. 버크셔해서웨이, TMSC 등보다 비트코인의 시가총액 규모가 더 크다. 이 정도로 규모가 커진 자산을 그냥 가치가 없다고 치부하기에는 무리가 있다.

그러나 비트코인의 가치를 평가하기란 쉽지 않다. 예컨대 상장회사의 경우 계속해서 영업이익을 창출하고 자산이 불어나는 것을 확인할 수 있다. 만약 그 회사가 잘못했다면 책임을 져야 할 주체도 명확하다. 그러나 비트코인은 '사토시'라는 발명가가 만들었다고 하지만 그가 누구인지, 이름대로 일본인인지 아닌지조차 도통 알 수가 없다. 비트코인을 관리하는 회사도 없고, 비트코인에 대한 규칙은 바꿀 수도 없다.

사토시가 처음에 개발했던 그대로 비트코인을 채굴할 수 있는 개수는 2,100만 개로 제한되고, 4년마다 반감기가 있다는 것도 그대로다. [비트코인 채굴자에게는 보상이 주어지는데, 일정한 주기로 보상을 절반으로 줄이는 시기인 반감기를 통해 비트코인 채굴량이 점점 줄어든다.] 때로는 '비트코인이 반감기에 접어들면서 가격이 오른다'는 얘기도 하지만 이미 비트코인이 탄생할 때부터 반감기가 예정되어 있기 때문에 '이미 알고 있던 사실'에 금융상품의 가격이 반응한다는 것도 아이러니한 점이다.

비트코인 가격을 움직이는 변수 중 가장 분명한 것은 '유동성'이다. 실제로 비트코인 가격이 어마무시하게 상승했던 것도 2020년 팬데믹 당시 연준 등 주요국 중앙은행들이 기준금리를 내렸을 때다. 실제로 비트코인 가격은 2019년 말 7,300달러 수준이었으나 2021년 4월에는 6만 달러로 상승했다. 그로 인해 비트코인 가격을 예측하는 방법은 투자심리나 기술적 분석에 따른 가격 추정일 뿐, 비트코인의 펀더멘털을 기반으로 한 가격 전망은 거의 나오지 않는다.

비트코인에도 반전이 될 만한 사건이 있었다. '가상자산계의 저승

사자'라고 불렸던 게리 겐슬러 미국 증권거래위원회(SEC) 위원장이 2024년 1월에 비트코인 현물 상장지수펀드(ETF)를 승인한 것이다. 물론 이는 '울며 겨자 먹기' 식이었다. 가상자산 자산운용사 그레이스케일이 2021년 비트코인 신탁 상품인 'GBTC'를 ETF로 전환한다는 내용의 신청서를 SEC에 제출했지만 SEC는 이를 반려했고, 이에 그레이스케일은 부당하다며 소송을 제기했다. 마침내 2023년 8월 미국 연방항소법원은 그레이스케일의 손을 들어줬다. SEC는 패소한 지 5개월 만에 비트코인 현물 ETF 승인에 나선 것이다.

최대한 시간을 끌다가 더 이상 미루기 어려운 시점에서야 비트코인 현물 ETF를 승인하면서 겐슬러 위원장이 얼마나 승인하기 싫었냐가 느껴진다는 평가까지 나왔다. 실제로 겐슬러 위원장은 비트코인 현물 ETF를 승인하는 공식 성명에서 "SEC는 2018년부터 2023년 3월까지 20개 이상의 비트코인 현물 ETP(상장지수상품) 신청 건을 승인하지 않았지만, 그레이스케일 GBTC의 현물 ETP 전환 관련 소송에서 패소하면서 상황은 바뀌었다"며 "중요한 것은 오늘 위원회 조치가 비증권 상품인 비트코인을 보유한 ETP에 국한되어 있다. 이는 위원회가 가상자산 증권에 대한 상장 기준을 승인할 의향이 있다는 신호가 결코 아니다"고 밝혔다. 이어 "비트코인을 승인하거나 보증하지 않기 때문에 투자자들은 비트코인을 포함한 가상자산의 가치가 연계된 상품과 관련한 위험에 대해 주의를 기울여야 한다"고 강조했다. 비트코인 ETF를 승인하면서도 구구절절 승인하기 싫음을 드러낸 것이다.

각종 자금이 가상자산으로 몰릴 가능성

비트코인 ETF 등장으로 비트코인에 대한 투자가 쉬워지면서 기관투자가들의 자금이 비트코인으로 몰렸다. 비트코인 가격은 ETF 출시 이후인 2024년 3월에 7만 3천 달러까지 치솟기도 했다. 이후 7월에는 이더리움 ETF까지 출시되었다. 비트코인을 담은 금융상품이 제도권에 진입하면서 비트코인을 둘러싼 유동성이 풍부해진 것이 사실이다. 일부 자산가들은 비트코인을 '미래 자산'으로 보고 자산 포트폴리오 구성을 다변화한다는 측면에서 접근하고 있다.

분명한 것은 '비트코인은 주식보다 더 위험한 자산'이라는 점이다. 유동성 외에는 비트코인이 도대체 왜 오르고 떨어지는지를 주식보다 더 설명하기 어렵기 때문이다.

그러나 2025년 시작된 트럼프 2기 체제에서는 비트코인 등 가상자산이 크게 수혜를 볼 가능성이 높아졌다. 트럼프는 후보 시절부터 "미국을 가상자산 수도로 만들겠다"며 자신을 '가상자산 대통령'이라고 칭했다. 그는 가상자산에 대한 각종 규제완화 방안을 제시하며 "취임 후 즉시 겐슬러 위원장을 해고하겠다"고까지 말했다. 또한 비트코인을 미국 정부의 전략 비축자산으로 삼는 방안을 추진하고 있다. 미국 정부가 보유한 비트코인을 5배 늘리는 방안이 입법되고 있다. 비트코인 매수 주체로 미국 정부가 등장하는 것인 만큼 기관 등 각종 자금이 비트코인 등 가상자산으로 몰릴 가능성이 높아졌다.

One Point
Lesson

원자재 최대 생산·소비국인 중국을 보라

글로벌 원자재 시장에서 중국의 영향력이 그 어느 때보다 커지고 있다. 중국은 전 세계에서 원자재를 가장 많이 소비할 뿐 아니라 공급 측면에서도 절대적인 영향력을 행사한다.

특히 미래 먹거리로 불리는 반도체, 2차전지 등에 필수적인 규소·리튬 등의 원자재에서 중국의 영향력이 크다. 이는 곧 중국이 앞으로 자원을 무기화할 수 있음을 의미한다.

실제로 2021년 우리나라에는 '요소수 대란'이 불었다. 요소수는 요소에 물을 섞은 것을 말하는데, 경유 차의 배기가스를 줄이는 데 필요한 액체이다. 그런데 당시 중국이 요소 수출을 갑자기 중단하면서 우리나라는 요소수를 구하지 못해 경유로 달리는 화물차가 멈추기도 했다. 중국이 자국 내 요소 부족에 대응해 수출을 금지한 것이라고 해도 이러한 돌발적인 공급망 중단 사태는 앞으로도 계속해서 늘어날 가능성이 크다.

원자재 최대 포식자가 된 '중국'

세계 원자재 시장에서 중국은 생태계 파괴자라고 해도 결코 과언이 아니다. 국제금융센터의 보고서 '글로벌 원자재 시장에서 중국의 영향력 확대와 시사점'에 따르면, 글로벌 원자재 소비에서 중국의 비중은 2021년 50%를 넘어섰다. 중국은 한때 '세계의 공장'이라고 불렸는데, 그만큼 원자재 소비가 절대적으로 많은 나라다.

글로벌 원자재 공급 측면에서도 중국의 영향력은 크다. 2020년 유럽위원회가 경제성과 공급 리스크를 토대로 분류한 주요 30개 광물 중 중국이 66% 품목의 최대 공급자로 부각되었다. 2위, 3위가 각각 남아프리카공화국, 콩고인데 이들 국가의 비중이 9%, 5%라는 점을 고려하면 중국의 영향력은 절대적이다. 의약품·시멘트·금속제련 등에 사용되는 마그네슘뿐 아니라 전기차·휴대폰·배터리 등에 사용되는 희토류에서 중국의 공급 비중은 각각 89%, 86%로 절대적이다. 갈륨, 게르마늄의 공급 비중도 80%에 이른다. 우리나라의 주요 수출품도 중국의 원자재 공급 없이는 불가능할 정도다.

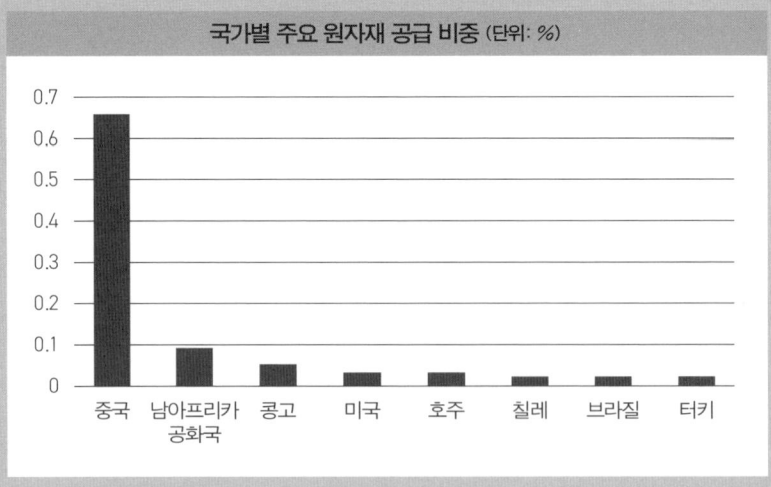

출처: 유럽위원회, 2020년

한국무역협회에 따르면 반도체 생산에 필요한 산화텅스텐, 탄화규소의 3분의 2 이상을 중국에 의존하고 있다. 배터리 생산에 들어가는 전구체, 수산화리튬은 80~90%가량을 의존한다. 자동차 생산 필수재인 마그네슘은 중국에서 100% 수입한다. 중국은 각종 원자재에서 최대 공급자로서 군림하고 있지만 중국의 에너지 소비는 1999년부터 생산을 초과하고 있다. 그 격차도 점점 벌어지는 추세다. 즉 중국은 계속해서 원자재를 수입해야만 소비를 감당할 수 있는 수준이다.

이런 상황을 고려해 중국은 아프리카 등 자원 부국으로 적극적으로 진출해 일찌감치 원자재 확보에 나섰다. RMG 컨설팅에 따르면 중국 기업들은 아프리카 구리 생산의 약 30%, 코발트 생산의 최대 50%를 통제하고 있다. 미국과 중국 간의 패권 경쟁과 탄소중립 정책은 중국이 원자재 확보를 더 강화하게 만든다. 중국은 반도체 등 첨단산업의 자립도를 높여가고 있다. 이를 위해선 원자재 확보가 필수적이다. 중국 정부는 2025년까지 10대 산업의 부품 국산화율을 70%로 높이겠다는 목표를 설정했다. 또한 중국은 '2060년 탄소중립'을 선언했는데 그로 인해 알루미늄, 리튬, 코발트 등 친환경 원자재 확보도 필수 과제가 되었다. 리튬의 전체 수요 중 전기차·에너지 저장장치에 쓰이는 비중이 3분의 1에 달한다.

지정학 시대에 무기가 된 원자재

지정학 시대로 가면 갈수록 중국이 원자재를 무기로 삼을 가능성은 점점 커졌다. 중국은 2021년 요소 수출을 금지한 데 이어 2023년에도 갈륨과 게르마늄의 수출을 통제한 바 있다. 갈륨이나 게르마늄은 전략 반도체와 화합물 반도체에 들어가는 물질인데, 우리나라가 주력하는 메모리반도체 제조에 직접적으로 쓰이는 물질이 아니라서 그나마 피해가 제한되었다.

이런 식으로 중국은 의도하든 의도하지 않았든, 중국 자체의 필요로 특정 원자재에 수출 금지 조치를 내릴 가능성이 높다. 이에 대비해 특정 원자재에 대한 중국의 의존도를 낮춰야 한다고 하지만 그것이 말처럼 쉽지 않다.

일상을 너무 열심히 바쁘게 살다 보면 노후 준비를 완전히 놓쳐버릴 수 있다. 국민연금만 20~30년 동안 열심히 붓다가 퇴직할 때가 가까워 'DC형(확정기여형)이 뭐야'라고 하거나, 투자 상품을 쉽게 바꿀 수 있었는데도 은행 정기예금만 쫓아다니고 있지는 않은가. 아니면 퇴직연금으로 한탕 하려다가 수익률이 마이너스로 쭉쭉 내려가고 있지는 않은가. 아무리 바빠도 한 번쯤 인생을 되돌아본다는 차원에서 내가 퇴직 후 받을 수 있는 돈이 얼마인지 계산기를 두드려볼 필요가 있다. 100세 시대에 가장 늦게까지 일을 하는 게 최고의 노후 준비라고 하지만 언제 어떻게 아프게 될지 알 수 없다. 직장을 벗어난 망망대해에서 노후를 위한 퇴직연금은 구명조끼 같은 역할을 할 것이다.

PART 7

국민연금만 알면 퇴직한 후에 '쪽박' 찬다

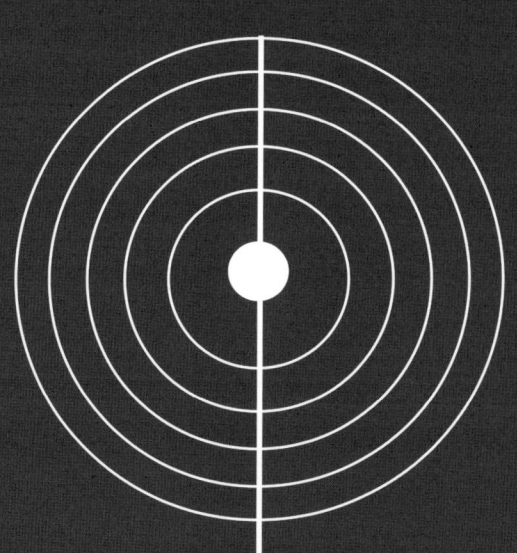

퇴직 후 나를 지켜줄
든든한 '3대 연금'

'국민연금, 퇴직연금, 개인연금',
퇴직하면 나를 먹여 살려줄 3대 연금!
특히 퇴직연금과 개인연금은 내가 하기 나름!

100세 시대에는 최대한 건강하게 장기간 일을 하는 것이 '최고의 노후 준비'라고 하지만 그게 말처럼 쉽지는 않다. 뼈 빠지게 30년 직장 생활을 하고 나면 좀 쉬고 싶기도 하고, 일을 하더라도 예전의 직장에서 받았던 월급보다는 훨씬 줄어들게 될 것이다.

퇴직을 한 후 매달 나에게 떨어지는 돈은 얼마나 될까? 직장 생활을 열심히 하면서 국민연금도 꼬박꼬박 냈고, 퇴직연금도 열심히 붓고, 가끔 연말정산 때 세금을 물어내다 보니 연금저축도 든 것 같은데 말이다.

3층 구조의 '노후생활 준비'

우리나라 국민의 노후 준비는 크게 3단계로 나눠진다. 국민연금, 퇴직연금, 개인연금이 바로 그것이다.

1단계로 국민연금이 있다. 국민연금은 가입 기간과 나이에 따라 받을 수 있는 시기가 달라진다. 1952년 이전 출생자는 60세부터 받을 수 있다. 1969년 이후 출생자는 65세부터 받게 된다. 다만 가입 기간이 10년 이상이고 소득이 없거나 일정 수준 이하일 경우에는 5년 일찍 국민연금을 받을 수 있다. 먼저 받게 된다고 좋은 것은 아니다. 일찍 받게 되면 받을 수 있는 금액이 줄어든다. 1년마다 6%씩, 월마다 0.5%씩 감액되어 지급된다. 그러니 5년 먼저 받으면 30%가 감액된다.

2단계는 퇴직연금이다. 근로자는 한 달치 월급을 열두 번으로 나눠 매달 퇴직연금에 적립금을 쌓고 있다. 퇴직연금은 크게 확정급여형(DB형)과 확정기여형(DC형)으로 나뉜다.

DB형은 근로자가 나중에 받게 될 퇴직급여 수준이 사전에 결정된다. 회사가 알아서 운영하고, 근로자는 사전에 정해진 퇴직연금을 받는다. 연봉 인상률이 높으면 높을수록 DB형이 유리하다. 그러나 DB형의 경우 근로자가 받게 될 퇴직연금이 정해져 있기 때문에 회사는 무리하게 퇴직연금의 수익을 극대화하도록 노력할 필요가 없다. 무조건 안정적으로 운영하는 것이 일반적이다. 반면 DC형은 근로자가 퇴직연금을 얼마나 잘 운영해 수익률을 높였는가에 따라 퇴

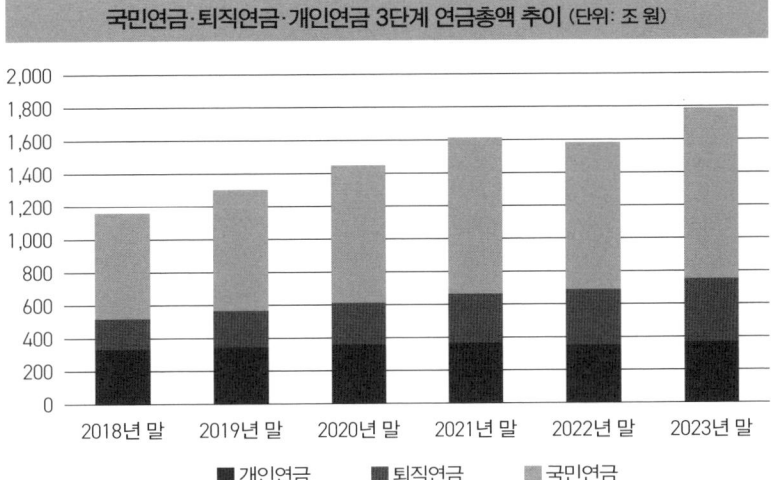

출처: 금융감독원

직연금 규모가 달라진다.

　노후생활을 좀더 평안하게 보내기 위해서는 퇴직연금 수익률을 높일 필요가 있다. 이에 대한 책임이 근로자 본인에게 생기기 때문에 열심히 투자 상품을 찾아봐야 한다. 퇴직연금을 정기예금 상품 등으로 안정적으로만 운영한다면 수익률이 저조할 것이고, 퇴직연금으로 '한탕' 하려고 했다가는 쪽박 차기 쉬울 것이다. 퇴직연금의 목적은 안정적인 노후생활을 지원하기 위한 것이므로 DC형으로 위험한 상품에 투자하는 것을 제한하고 있다. 손실 가능성이 큰 상품의 보유 비중은 전체 자산의 70%로 한도를 두고 있다.

　3단계는 개인연금이다. 국민연금, 퇴직연금 모두 각각 근로자 본인의 의지와 무관하게 강제로 월급에서 돈을 떼어내 적립했다면 개인연금은 철저하게 근로자 본인의 선택에 의한 것이다. 개인연금은 IRP(개인형 퇴직연금)와 연금저축(연금저축펀드, 연금저축보험)으로 나뉜다. 한 직장에 다니다가 퇴직하거나 이직하게 되면 해당 퇴직금을 IRP 계좌로 받도록 강제화하면서 IRP 계좌 개설과 IRP 납입 금액이 늘고 있다. 근로자가 아닌 프리랜서, 자영업자, 퇴직연금 미가입자는 2단계인 퇴직연금이 없는 대신 3단계인 개인연금에 적립해 노후생활에 대비할 수 있다. IRP와 연금저축은 일반적으로 55세 이상이고 계좌 가입 기간이 5년이 지나야 연금으로 받을 수 있다.

난 퇴직하면 얼마나 받게 되는 걸까?

우리나라의 연금제도는 근로자에게는 '국민연금, 퇴직연금, 개인연금'의 3단계 구조로 되어 있고, 자영업자에게는 '국민연금, 개인연금'의 2단계 구조로 되어 있다. 관건은 '퇴직한 후에 내가 받게 되는 돈이 얼마냐'는 것이다.

금융감독원에 따르면 '국민연금-퇴직연금-개인연금'으로 쌓이고 있는 총연금 적립금은 2023년 말 기준 1,788조 1천억 원 규모다. 5년 전(1,160조 8천억 원)과 비교해 무려 54% 급증했을 정도로 빠르게 늘어나고 있다. 이 중 가장 큰 비중을 차지하는 것은 국민연금인데, 1,035조 8천억 원으로 전체의 57.9%를 차지한다. 퇴직연금과 개인연금은 각각 382조 4천억 원, 369조 9천억 원으로 21.4%, 20.7%

를 차지하고 있다. 이는 대부분의 국민이 노후 자금을 상당 부분 국민연금에 의존하고 있음을 의미한다. 그런데 국민연금은 그리 안정적이지 않다. 내야 하는 돈은 늘어나고 받게 되는 돈은 줄어드는 연금 개혁이 추진될 가능성이 높다. 국민연금만으로는 노후 대비가 어려울 것이라는 방증이다. 국민연금을 추후 얼마나 받게 되는지는 국민연금공단에서 확인할 수 있다. 퇴직연금, 개인연금을 포함해 퇴직 후 나에게 떨어지는 돈은 얼마일까도 계산해볼 필요가 있다.

퇴직 후 월평균 받았으면 하는 돈은 400만~500만 원으로 조사되었다. 하나금융그룹이 2020년 '100년 행복연구센터' 개소를 기념으로 수도권과 광역시 거주 50세 이상 남녀 퇴직자 1천 명에게 물어봤더니, 이들이 생각하는 금액은 400만~500만 원이었다. 200만~300만 원일 경우에는 남에게 손 안 벌리고 먹고 살 수는 있지만 여가 활동 등 인생을 즐기기에는 충분하지 않다고 보았다. 그렇다면 노후에도 삶을 즐기면서 행복하게 살기 위해서는 얼마나 연금을 더 부어야 할지 고민일 것이다.

금융감독원은 이를 계산해서 쉽게 보여준다. 금융감독원 홈페이지 상단의 '금융소비자보호'에서 '통합연금포털'을 통해 '내 연금 조회 및 재무설계'를 클릭하면 국민연금-퇴직연금-개인연금까지 한꺼번에 보여준다. 연금 정보를 최초 조회할 경우 3영업일이 걸린다. '노후 재무설계'에서 은퇴 예상 연령과 월 생활비 필요액을 입력하면 지금부터 추가 적립해야 할 연금이 어느 정도인지를 알려주고, 투자 성향에 맞는 연금 상품도 검색할 수 있다.

낮은 퇴직연금 수익률, 어떻게 극복하나?

퇴직연금이 DC형이라면 '샀다 팔았다'가 돼!
TDF, 자산배분 펀드, ETF까지 모바일로 매매가 돼!
어렵다면 그냥 '디폴트 옵션'으로!

노후를 평안하게 보내기 위해서는 국민연금 외에 월마다 추가 소득이 들어오도록 하는 구조를 확보하는 것이 매우 중요하다. '퇴직연금과 개인연금에 얼마나 관심을 두고 운용하느냐'가 중요해지는 이유다. 그러나 안타깝게도 퇴직연금, 개인연금의 수익률은 국민연금만 못하다.

국민연금은 연평균 누적수익률이 5.92%에 달한다. 1988년부터 2023년 말까지 연평균으로 따지면 6% 가까운 수익률을 내왔다는 의미다. 그런데 퇴직연금과 개인연금의 최근 10년 연 평균 수익률은 고작 2%대에 불과하다. 원금보장형이나 원금비보장형 상품이나 수익률이 크게 차이가 나지 않는다는 점이 충격적이다. 확정기여형

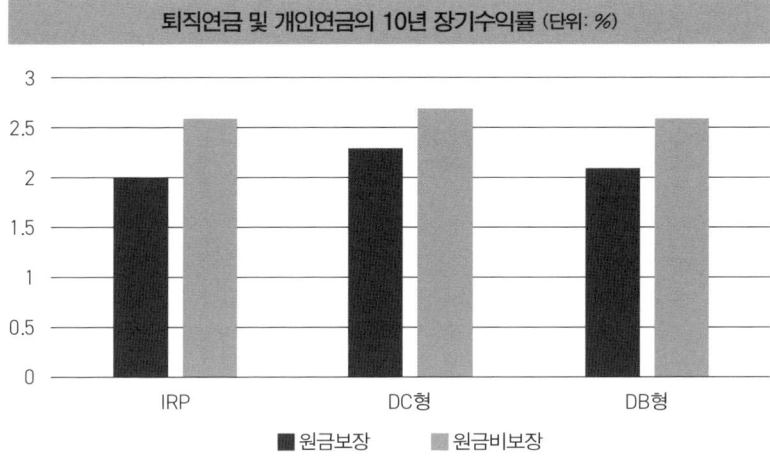

*원금보장형은 38개 금융회사를 기준으로 하고, 원금비보장형은 30개사를 기준으로 함.

출처: 금융감독원

(DB형)이나 확정급여형(DC), IRP 간의 수익률 차이도 없다. 금융감독원에 따르면 DB형·DC형·IRP의 10년 연평균 수익률은 원금보장형의 경우 2.1%지만 원금비보장형은 2.6%로 크게 차이가 없다. DB형의 경우 원금보장형은 10년 수익률이 2.1%, 원금비보장형은 2.6%다. DC형은 원금보장형이 2.3%, 원금비보장형이 2.7%이다.

퇴직연금을 근로자 본인이 직접 운영하든 회사가 하든, 원금보장형이든 아니든 수익률 차이가 없기 때문에 퇴직연금 운용에 무관심할 수밖에 없는 환경이다. 그로 인해 전체 퇴직연금 382조 3천억 원(2023년 말) 중 DB형은 205조 3천억 원으로 전체의 53.7%에 달한다. DC형 규모는 100조 1천억 원으로 26.2%를 차지한다. DC형 퇴직연금 중에서도 원금보장형을 선택하는 금액이 80%를 넘어선다.

원금을 잃지 말아야 한다는 강박

근로자 개인이 퇴직연금을 운용할 때 가장 먼저 고려하는 것이 원금을 잃어서는 안 된다는 '안정성'일 것이다. 그러다 보니 대부분의 상품이 은행 정기예금 등 원금보장형 상품에 몰린다. 특히 나이가 들수록 주식과 같은 위험 자산 상품은 쳐다보지도 않고 무조건 안정에 치중하고 있다.

그런데 다른 나라도 그럴까? 미래에셋투자와 연금센터에 따르면 미국 자산운용사 뱅가드(Vanguard)가 55세 이상 투자자들을 대상으로 미국 퇴직연금 제도인 401k 은퇴연금을 조사한 결과, 포트폴리오 비중의 70%가 주식으로 되어 있다. 또 다른 자산운용사 피델리티 인베스트먼트(Fidelity Investment)의 펀드에 투자한 65세~69세 고령 투자자도 포트폴리오의 3분의 2를 주식으로 보유하고 있다. 60세에 은퇴한다고 해도 앞으로 최장 40년을 더 살아가야 하기 때문에 그 기간에도 자산을 늘릴 필요성이 더 커지고 있다.

우리 정부가 미국 등의 퇴직연금 수익률이 비교적 높은 점에 착안해 2023년 7월부터 퇴직연금(DC형), IRP에 '디폴트옵션(Default option, 사전지정운용제도)'이라는 제도를 도입했다. 근로자가 본인의 퇴직연금 적립금을 운용할 금융상품을 지정하지 않을 경우 사전에 정해진 방법으로 운용토록 하는 제도다.

예컨대 근로자가 퇴직연금으로 운용하는 정기예금 만기가 끝난 후 4주가 지나도록 별다른 운용지시를 하지 않으면 디폴트옵션으로 운용된다고 근로자에게 통지되고, 그럼에도 조치가 없을 경우 2주 후에 디폴트옵션 방법으로 운용된다. 총 6주간의 기간을 주고도 근로자가 별도로 자신의 퇴직연금을 방치할 경우 디폴트옵션 금융상품으로 운영되는 것이다.

고용노동부의 승인을 받은 상품만 디폴트옵션 금융상품에 포함되는데, 디폴트옵션은 크게 '초저위험, 저위험, 중위험, 고위험'의 4가지로 분류된다. 사전에 4가지 중에서 본인의 성향에 맞게 선택하면 된다. 그런데 여기서 말하는 '고위험'은 일반적인 금융상품으로 따지면 거의 위험하지 않은 상품에 가깝다. 초저위험은 당연히 은행 정기예금이나 보험회사 원리금보장상품인 '초저이율보증보험(GIC, 보험사가 고객에게 받은 자금을 채권, 주식 등에 투자해 발생한 수익을 돌려주는 상품으로 일정 기간 최소한의 이자율을 보장해줌)' 등을 한두 개 섞어 투자한다. 저위험과 중위험은 정기예금 등 원리금 보장 상품에 타깃데이트 펀드(TDF, Target Date Fund), 자산 배분형 펀드 등을 포함해 투자하고, 고위험은 TDF 등을 몇 개 섞어 만든다.

그런데도 디폴트옵션을 선택한 퇴직연금 중 위험별 적립 규모를 보면 초저위험 상품 비중이 전체의 89%에 달한다. TDF가 주목받았던 것은 미국 디폴트옵션에서 가장 많이 선택되는 금융상품이었기 때문이다. 결과적으로 '디폴트옵션'을 도입해 퇴직연금 수익률을 올리려고 했던 정부의 계획은 현재로선 실패했다. 디폴트옵션의 상품 구성 자체가 과도하게 안정적으로 구성된 측면이 있는 데다가 '고위험'에 대한 오해도 큰 탓으로 보인다.

하나의 상품에서 주식과 채권에 고루 투자한다

　주식과 채권을 고루 섞어 투자하면서도 비교적 안정적인 수익률을 낼 수 있는 대표 투자 상품으로 TDF가 거론된다. TDF는 미국의 대표 퇴직연금 401k 투자의 핵심 상품으로 불렸다. TDF 상품명에는 '2045' '2050' 등으로 숫자가 쓰여 있는데 이때를 만기, 즉 이 시점을 퇴직 시기라고 가정하고, 초기에는 주식 비중을 80~90%로 많이 두었다가 중간단계에서는 주식과 채권으로 비중을 반반으로 했다가 마지막 단계에서는 채권 비중을 주식보다 더 많이 늘리는 방식으로 투자하도록 설계한다.

　TDF는 펀드 가입 기간, 즉 연령에 따라 자동으로 위험 자산과 안전자산 비중을 조정해 글로벌 자산에 분산 투자한다는 강점이 있다. 투자자산은 단순히 주식, 채권에 그치지 않고 원유 등의 원자재나 미국과 같은 선진국이나 이머징마켓 시장을 고루 투자해 글로벌 자산을 다양하게 투자한다. TDF 수익률은 운용사별로 차이가 있지만 최근 5년 수익률 기준으로 20% 안팎의 수익률을 내고 있다.

　다만 퇴직연금을 통해 TDF에 투자하다가 이를 매도하면 매도금이 계좌에 입금되기까지 걸리는 시간이 상당히 길다. 상장지수펀드(ETF)는 상장된 펀드이기 때문에 'T(매매일)+2거래일' 내에 매도 금액이 입금되나 TDF는 펀드이기 때문에 최장 9거래일이 걸린다. 그런데 중간에 연휴까지 있다면 실질적으로 훨씬 더 오랜 시간이 걸린다. 그러니 단기간에 샀다 팔았다 하는 투자 전략은 퇴직연금에서는 맞지 않는다.

타깃인컴 펀드(TIF, Target Income Fund)는 정해진 수익을 꼬박꼬박 받을 수 있는 상품이지만 원금보장형은 아니다. 타깃인컴 펀드는 매달 퇴직연금을 적립하는 시기에 투자하기보다 퇴직연금 목돈을 한꺼번에 투자한 후 현금흐름을 확보하는 방식으로 투자하는 것이 바람직하다.

퇴직 이후에 꾸준히 돈이 나왔으면 하는데 그 방식이 퇴직연금으로 운용중인 자산을 계속해서 매도하는 방식은 아닐 것이다. 그러니 퇴직연금에 투자한 후 배당, 이자 등을 통해 현금이 지급되도록 하는 방식으로 운용된다. 주로 주식 배당금, 채권 이자, 부동산 임대 수익 등에 투자한다. 배당주, 리츠 투자와 유사한 것처럼 보이지만 더 고르게 자산이 배분되어 있다는 점이 다르다.

퇴직연금에서 'ETF' 투자하기

엔비디아, 테슬라 주식이 급등할 때 '퇴직연금에서도 이렇게 미국 개별종목에 투자할 수 있었다면 얼마나 좋을까' 하는 생각이 들었을 것이다. 그러나 퇴직연금에서는 개별종목 주식에 투자를 못 한다. 그나마 주식처럼 거래가 가능한 '상장지수 펀드(ETF)'에는 투자가 가능하다.

ETF도 2배 레버리지, 인버스 같은 위험 상품은 투자가 불가하다.

2배 레버리지 ETF는 기초지수나 주식이 10% 오르면 2배인 20% 수익을 내고 10% 떨어지면 거꾸로 20% 손실을 보게 되는 위험 상품이다. 인버스 ETF는 기초지수나 주식이 10% 오르면 거꾸로 10% 손실을 보고, 10% 하락하면 반대로 10% 이익을 보는 상품이다.

원자재나 달러선물 ETF 투자도 불가하다. 퇴직연금에서 투자할 수 있는 ETF가 제한되어 있지만 국내뿐 아니라 미국 바이오·2차 전지·빅테크·에너지 등 ETF에는 투자할 수 있다.

ETF를 고를 때는 운용자산 규모가 크고 일평균 거래대금이 높은 것을 선택해야 ETF를 사고 싶을 때 사고 팔고 싶을 때 자유롭게 팔 수 있다. 다만 해외 자산운용사가 만든 ETF에는 직접 투자할 수 없고, 국내 자산운용사나 해외 자산운용사의 재간접 펀드에만 투자할 수 있다. '피델리티 글로벌 테크놀로지 증권펀드' 등이 대표적이다.

퇴직연금, 개인연금의 투자 상품을 다른 상품으로 갈아타기도 쉬워졌다. DC형 퇴직연금이나 IRP에 가입하고 있는 금융회사의 앱을 통해 퇴직연금에 투자한 상품을 매도하고 다른 상품을 매수하면 된다. 주식 거래를 하듯이 편안하게 말이다. 과거에는 상품을 변경하기 위해 금융회사에 직접 찾아가야 했으나, 이제는 영업일에 스마트폰으로 손쉽게 변경할 수 있다.

연말정산 때 돈 토해 낸다면
'연금저축'이나 'IRP'

정부가 연말정산으로 가장 많은 혜택을 주는 곳!
그것도 소득공제가 아닌 세액공제 혜택을 주는 곳!
세액공제 혜택도 계속해서 늘어나는 곳!

정부에서 일반 직장인 등에게 제공하는 세제 혜택 중 퇴직연금 세제 혜택만큼 큰 것은 없다. 연말정산에서 계속해서 돈을 토해 내고 있다면 연금저축이나 개인형 퇴직연금(IRP) 납입액을 늘려보는 것이 가장 크게 절세하는 방법이다.

연금저축은 연간 납입액 600만 원 한도 내에서 세액공제가 제공되고, 개인형 퇴직연금(IRP)은 연금저축과 합산해 총 900만 원 한도 내에서 세액공제가 제공된다. [참고로, 세제 혜택은 크게 소득공제와 세액공제로 나뉜다. 소득공제는 세금 납부의 대상이 되는 소득을 줄여주는 것이고, 세액공제는 이미 산출된 세액에서 세금이 깎아지는 것이기 때문에 소득공제보다 훨씬 더 직접적인 절세 효과가 있다.]

연간 소득액이 얼마냐에 따라 적용되는 세액공제율이 다르지만 (총급여액 5,500만 원 이하, 종합소득금액 4,500만 원 이하의 경우 세액공제율 16.5% 적용, 이를 초과하면 13.2% 적용), 최대 148만 5천 원까지 공제된다. 연간 내야 할 소득세에서 이 금액이 깎아지는 것이기 때문에 상당히 큰 세제 혜택이라고 할 수 있다.

연금저축이 뭐길래?

연금저축은 은퇴 후 노후생활에 대비하기 위한 장기 저축 상품이다. 연금저축은 최소 5년 이상 납입해야 하고, 55세 이후부터 10년 이상의 기간으로 나눠 연금을 받는 상품이다. 정부는 연금저축에 돈을 납입하면 연간 600만 원 한도 내에서 세액공제를 제공한다. 은행, 보험사, 증권사 등에서 가입할 수 있다.

저축을 통해 노후를 대비하면서도 동시에 세제 혜택을 받을 수 있다는 점이 연금저축의 강점이다. 연금저축은 연금저축펀드와 연금저축보험으로 크게 나뉜다.

연금저축펀드는 증권사에서 가입 가능하고, 자유롭게 원하는 금액을 납입할 수 있다. 다만 펀드인 만큼 원금이 보장되지 않는다.

연금저축보험은 보험사에서 가입하며, 정기적금처럼 정기적으로 일정 금액을 납입하도록 하고 있다. 정해진 이자를 받고, 원금 및 이자를 합해 1인당 최고 5천만 원까지 보호된다.

그런데 묘하게 '연금보험'이라는 상품도 있다. '연금저축보험'과 이름이 비슷해 보이지만, 세제 혜택 등에서 크게 차이가 있다. 두 상품의 공통점은 매달 일정 금액을 납입한 후 일정 기간 이후에 연금을 수령한다는 점이다. 그러나 '연금저축보험'은 세액공제가 적용되나 연금보험은 별도의 세액공제가 제공되지 않는다. 다만 연금보험은 추후 연금을 받게 될 때 차익에 대해 이자소득세(지방소득세 합산 세율 15.4%)가 비과세된다. [은행에서 판매하는 '연금저축신탁'은 2018년부터 신규 가입이 중지되었다. 그전에 가입했던 연금저축신탁에 대해서만 원금 보장이 가능하다.]

연금저축에 연간 한도를 꽉 채워 600만 원씩 납입하고 있는 근로자의 총급여액(종합소득금액 4,500만 원 이하)이 5,500만 원 이하라면 연간 99만 원의 세금을 줄일 수 있다. 600만 원에 세액공제율 16.5%가 적용된 액수다. 총급여액이 5,500만 원(종합소득금액 4,500만 원 초과)을 초과한다면 세액공제율이 13.2%로 낮아져 최대 79만 2천 원의 세금을 아낄 수 있다.

연금저축만으로 아쉽다면 IRP

연금저축 외에 IRP로도 세액공제를 받을 수 있다. 연금저축과 IRP 납입액을 합해 연간 900만 원 한도로 세액공제를 받게 된다. 연금저축에 연간 세액공제 한도 600만 원을 꽉 채워 납입하고 있다면 IRP

에서는 300만 원까지만 세액공제된다. 반면 연금저축은 없는데 IRP로만 연간 900만 원을 납입하고 있다면 연금저축 계좌에서는 세액공제를 받을 수 없게 된다.

연금저축과 IRP는 가입 대상이 다르다. 연금저축은 직업이 없어도 누구나 가입할 수 있는 반면, IRP는 소득이 있는 근로소득자나 자영업자만 가입이 가능하다. IRP는 여러 개 계좌를 개설할 수 있지만 같은 금융회사에서는 1개의 계좌만 개설할 수 있다.

세제혜택은 전체 IRP계좌 납입 금액을 합쳐 계산한다. 세액공제 한도는 연금저축과 IRP를 합해 연간 900만 원이지만 연간 납입 한도는 1,800만 원이다.

연금저축과 IRP를 통해 얼마나 세금을 덜 낼 수 있을까? 연금저축, IRP에 연간 900만 원을 납입하고 있다면 총급여액 5,500만 원 이하(종합소득금액 4,500만 원 이하)인 경우 148만 5천 원까지 연간 내야 할 세금을 덜 낼 수 있다. 세액공제율 16.5%를 적용한 결과다. 총급여액 5,500만 원을 초과(종합소득금액 4,500만 원 초과)한 경우에는 세액공제율이 13.2%만 적용되어 최대 118만 8천 원이 공제된다.

퇴직연금은
세금도 다르게 매긴다

퇴직금을 받을까, 퇴직연금을 받을까?
세액공제를 받은 연금인가, 아닌가?
머리가 아플 정도로 복잡한 퇴직연금 세금!

퇴직연금 세제의 가장 큰 장점은 금융상품에 투자해 이익을 보더라도 이익을 본 시점에 세금이 부과되지 않는다는 점이다. 돈을 은행 정기적금에 넣을 경우 만기 때 이자소득세 15.4%(지방소득세 포함)가 공제된 채 수익이 돌아오는데, 퇴직연금에서 넣은 정기적금은 만기가 도래하더라도 이자소득세를 바로 떼지 않는다. 이자소득세로 내야 할 자금까지 재투자가 가능하다는 것이 퇴직연금의 가장 큰 강점이다.

연간 개인형 퇴직연금(IRP)의 세액공제 한도는 연금저축을 합해 900만 원이나, 연간 납입 금액은 그의 2배인 1,800만 원이다. [ISA가 만기되었을 경우 이를 IRP로 전환하면 해당 금액은 연간 IRP 납입 한도에

상황에 따른 연금 세금 분류		
퇴직할 때	일시금 수령 시	퇴직소득세
	연금수령 시	퇴직소득세의 60~70%만 세금
개인적으로 가입한 연금수령 시+세액공제 받은 금액 합산	연간 운용수익 1,500만 원 이하	연금소득세로 나이에 따라 5.5~3.3%
	연간 운용수익 1,500만 원 초과	16.5% 세율 VS 종합소득세 선택
중도인출 시	주택 구입 등의 사유	기타소득세로 16.5% 세금
	파산, 6개월 이상 요양, 천재지변	연금소득세로 나이에 따라 5.5~3.3%

서 제외되어 IRP에 추가 납입이 가능하다.] 굳이 세액공제가 아니더라도 IRP 계좌를 통해 투자했을 때 이자소득세가 아닌 연금소득세가 적용되기 때문에 얻을 수 있는 이익이 크다.

퇴직 때 한꺼번에 받을래? 아니면 나눠서 연금으로?

근로자가 퇴직하게 되면 퇴직금을 받게 된다. 퇴직금을 받을 때 근로자는 퇴직금을 한꺼번에 받을지, 아니면 10년, 20년 이상 나눠서 연금 형태로 받을지 선택할 수 있다. 어느 쪽을 선택하느냐에 따라 내야 할 세금이 달라진다. 한 회사에 오래 근무할수록 실제로 내야 할 퇴직소득세가 줄어드는데, 장기간 근무할 경우 퇴직소득세 실효세율은 5% 미만으로 떨어지는 것으로 알려졌다. 예컨대 한 퇴직자가 1억 원의 퇴직금을 일시에 수령할 경우 퇴직소득세 실효세율

4%를 적용해 400만 원의 세금을 내야 한다고 치자. 만약 이 퇴직자가 1억 원을 10년 동안 나눠 연금으로 받는 방식으로 선택할 경우 퇴직소득세의 70%만 세금으로 내면 되므로 280만 원만 내면 된다. 그러나 이마저도 한꺼번에 280만 원을 부담하는 것이 아니라 10년간 나눠 받기로 했으므로 연간 28만 원씩 분할 납부하면 된다.

참고로, 연금수령 10년 차까지는 퇴직소득세액의 70%를 부과하고 11년 차부터는 60%를 부과한다. 다만 퇴직소득이 연금수령 한도 이내일 경우에만 이러한 혜택이 적용된다. 연금수령 한도를 초과하는 금액은 연금으로 수령하면 퇴직소득세로 과세한다. 연금수령 한도는 연금계좌 평가액을 11에서 연금수령 연차를 뺀 값으로 나눈 후 1.2를 곱해 계산한다. 퇴직연금뿐 아니라 개인연금도 같은 방식으로 적용되며, '납입 5년 경과, 만 55세 경과'를 모두 충족해 연금을 수령할 수 있는 날이 속하는 연도를 '1'로 본다. 그러니 연금수령 연차 11년 차가 되면 연금수령 한도는 사라진다.

회사에서 뗀 거야? 따로 가입한 거야?

퇴직과 관련된 세금이 여기서 끝났더라면 쉬웠을 것이다. 그런데 나라에서는 내 퇴직소득에 의외로 관심이 많다. 회사에서 월급을 지급할 때 퇴직연금의 일부를 떼는데, 해당 퇴직연금이 이렇게 만들어진 소득인지, 아니면 개인적으로 연금저축이나 IRP를 가입해 만들어진 소득인지를 묻는다. 또한 퇴직 전에 만들어진 소득인지, 퇴직 이후에 만들어진 소득인지도 묻는다. 이에 따라 내야 할 세금이 다르게 매겨진다.

퇴직 시점까지 발생한 운용수익은 퇴직금을 일시금으로 받을 것이냐, 연금으로 받을 것이냐에 따라 다르게 세금이 매겨지는 것을 이제 알았다. 그런데 개인적으로 가입했던 연금저축이나 IRP 등에서 운용수익이 발생하고 퇴직 이후에도 돈을 잘 굴려 운용수익이 발생했다면 세금은 어떻게 매겨질까? 이러한 운용수익은 연금저축이나 IRP에 돈을 납입하면서 받았던 세액공제 받은 금액과 합산해 별도로 '연금소득세'가 부과된다. 연간 연금소득이 1,500만 원 이하인 경우에는 나이에 따라 3.3~5.5%의 세율이 적용된다. [70세 미만은 5.5%, 70~80세 미만은 4.4%, 80세 이상은 3.3%의 세율을 적용한다. 연금수령 기간이 별도로 없는 '종신형'의 경우 80세 미만까지는 4.4%, 80세 이상은 3.3%의 세율을 적용한다.] 그런데 연간 1,500만 원의 연금소득이 발생한 경우에는 16.5%의 세율을 적용받든지, 다른 소득과 합산해 종합소득세(과세표준에 따라 6~45% 세율 적용)로 과세된다.

개인적으로 가입한 연금저축, IRP 납입액 중 세액공제를 받지 않은 경우에는 과세 대상에서 제외된다. 이러한 영향 때문인지 사람들은 연금저축을 세액공제 받을 수 있는 것보다 더 많이 납입하고 있다. 금융감독원에 따르면 우리나라의 연금저축 총액은 2023년 말 기준 369조 8천억 원인데, 이 중에서 세액공제가 적용되지 않은 금액이 전체의 54.4%인 201조 1천억 원에 달한다.

돈이 급해서 중도인출한다면 세금은?

연금저축이나 IRP에 가입하기 부담스러운 이유는 중도에 인출이 어렵다는 점이다. 퇴직연금(DB형은 제외)을 포함한 개인연금을 중도에 인출하기 위해서는 엄격한 요건이 적용된다. 무주택자인 가입자가 본인 명의로 주택을 구입하거나 전세보증금을 납입해야 하는 경우, 6개월 이상 요양이 필요한 가입자나 가입자의 배우자 등 부양가족이 있어 의료비로 갑자기 목돈이 필요한 경우, 중도인출 신청 날로부터 거꾸로 계산해 5년 내 파산선고나 개인회생절차를 개시한 경우 등으로 제한되어 있다.

이렇게 중도인출하면 기타소득세로 세율이 16.5% 적용되어 세금을 내야 한다. 연금소득세율이 3.3~5.5%라는 점을 고려하면 훨씬 더 많은 세금을 내야 하는 것이다. 그러나 파산이나 개인회생, 6개월 이상 요양이 필요한 경우, 천재지변이나 전염병 등 재난이 발생한 경우로 중도인출을 할 경우에는 연금소득세율이 적용되어 3.3~5.5%의 세율이 적용된다.

One Point
Lesson

정부가 키우는
ISA계좌 활용하기

개인종합자산관리계좌(ISA)는 정부가 키우는 대표적인 금융상품이다. ISA에 대한 세제혜택 등이 날이 갈수록 늘어나고 있다. ISA는 2016년 3월 처음 도입되었다. 투자 방식과 소득에 따라 투자하는 방식이나 세제혜택 등이 다르긴 하지만 큰 줄기는 비슷하다. ISA는 하나의 계좌 안에 다양한 금융상품을 선택해 투자할 수 있고 이를 통합 관리할 수 있는 계좌다. 그 안에서 손실을 보든, 이익을 보든 투자한 금융상품의 손익을 통산해 세금이 부과된다. 그것도 10% 미만의 저율로 세금이 과세된다. 이자·배당소득 세율이 15.4%인 것을 고려하면 낮은 세율을 적용받아 세금을 아낄 수 있게 된다.

ISA는 소득과 투자 방식에 따라 나뉜다

ISA는 19세 이상(근로소득자는 15세 이상)의 거주자가 가입할 수 있고, 전 금융회사에서 1인 1계좌만 허용된다. 소득에 따라 '서민형, 농어민형, 일반형'으로 ISA가 나뉜다. 근로소득이 5천만 원 이하이거나 종합소득이 3,800만 원 이하인 서민의 경우 서민형 ISA에 가입할 수 있다. 농어민이면서 종합소득이 3,800만 원 이하인 경우에는 농어민형 ISA에 가입한다. 이 2가지 소득 유형에 모두 해당되지 않는다면 일반형 ISA에 가입하게 된다.

소득에 따른 ISA 가입 유형이 다른데, 이들은 세제혜택에서 차이가 벌어진다. 다만 연간 이자·배당소득 합계액이 2천만 원을 초과해 '금융소득종합과세자'에 해당한다면 ISA에 가입할 수 없다.

참고로, ISA 개설 시점을 기준으로 직전 3개 연도 동안 1회 이상 금융소득종합과세 대상자가 된 경우에는 ISA 가입이 불가하다. 그러나 정부는 2024년 세법 개정안을 통해 '국내투자형(국내 상장주식, 국내 주식 펀드 등) ISA'를 신설해 금융소득종합과세자도 ISA에 가입하도록 허용하는 방안을 추진하고 있다.

ISA는 투자 방식에 따라 '일임형, 신탁형, 중개형'으로 나뉜다. 일임형은 가입자의 투자 성향에 따라, 금융회사가 사전에 설정한 포트폴리오에 따라 투자하는 방식이다. 신탁형은 예금을 비롯해 펀드, 상장지수펀드(ETF), 주가연계증권(ELS) 등 파생결합증권, 환매조건부채권(RP), 리츠 등에 투자가 가능하며, 투자하는 상품을 가입자가 직접 고를 수 있다. 중개형은 예금에는 투자가 불가하며, 그 대신 국내 상장주식에 투자할 수 있다. 나머지 투자할 수 있는 금융상품은 신탁형과 같다. 신탁형은 국내 상장주식에 투자할 수 없다. ISA에서 해외주식에 직접 투자하지는 못한다.

ISA에 투자하면 뭐가 좋은데?

ISA에 투자했을 때 얻을 수 있는 가장 큰 혜택은 다양한 금융상품을 하나의 계좌에서 투자하면서 손익을 통산해 세금이 부과된다는 데 있다. 일정 금액까지는 비과세 혜택을 받게 된다. 서민 및 농어민형 ISA의 경우 400만 원까지, 일반형 ISA는 200만 원까지 비과세된다. [정부는 2024년 세법 개정안을 통해 일반형 ISA의 비과세 한도를 200만 원에서 500만 원으로, 서민·농어민형 ISA의 비과세 한도를 400만 원에서 1천만 원으로 상향 조정하는 방안을 추진했으나 그해 법안 통과가 무산되었다.] 비과세 한도를 초과하는 순이익에 대해서는 9.9% 저율로 분리과세된다.

ISA를 통해 국내 주식에만 투자한다면 이러한 비과세 혜택을 실질적으로 느끼기 어려울 것이다. 국내 주식에 그냥 투자하게 되더라도 대주주가 아니라면 양도차익에 대해 비과세가 적용되기 때문이다. ISA가 빛을 발할 때는 펀드에 투자해서 이익을 봤는데 국내 주식에서 손실을 봤을 때다. 손익을 통산하기 때문에 내야 할 세금이 없어지거나 200만 원 또는 400만 원 한도 내에서 비과세 혜택을 받게 된다.

다만 ISA 납입 한도는 연간 2천만 원, 최대 1억 원 내에서만 가입할 수 있다. [정부는 2024년 세법 개정안을 통해 ISA 납입 한도를 연간 4천만 원, 최대 2억 원으로 2배 늘리는 방안을 추진했으나 그해 법안 통과가 무산되었다.]

ISA는 연금저축, 개인형 퇴직연금(IRP)과 연계해 없던 '세액공제' 혜택을 만드는 마술을 부릴 수 있다. ISA는 의무가입 기간 3년만 넘기면 언제 해지하더라도 불이익을 받지 않는다. ISA를 해지한 후 그 돈을 어떻게 할까에 대해 별로 고민할 필요가 없다.

ISA에서 가장 아쉬운 것은 '세액공제' 혜택이다. 연금저축과 IRP를 합해 연간 900만 원까지 세액공제가 제공되는데, ISA에 돈을 납입하더라도 이러한 세액공제 혜택이 없다.

그러나 의무가입 기간이 지난 ISA를 해지한 후 ISA만기 도래 자금을 60일 이내에 연금저축이나 IRP계좌로 이체할 경우 최대 300만 원(세액공제율 10%)까지 세액공제가 주어진다. 그러니 ISA 납입액 3천만 원까지 연금저축이나 IRP계좌로 넘길 경우 세액공제 혜택이 어마어마해진다. 연금저축과 IRP 납입액 900만 원과 ISA에서 연금저축이나 IRP계좌로 넘어간 ISA납입액 300만 원을 합해 총 연간 1,200만 원의 세액공제 혜택이 주어진다. 이러한 기회는 ISA의무가입 기간이 지나는 3년에 한 번씩 찾아온다. IRP 연간 납입 한도는 1,800만 원이라고 했으나, ISA 만기 도래 자금이 IRP로 이체될 경우에는 이러한 한도를 적용받지 않는다.